Springer-Lehrbuch

Rudolf Marty

Methodik der Programmierung in Pascal

Mit 33 vollständigen Programmbeispielen

Vierte Auflage

Springer-Verlag
Berlin Heidelberg New York
London Paris Tokyo
Hong Kong Barcelona
Budapest

Prof. Dr. Rudolf Marty

Institut für Informatik, Universität Zürich
Winterthurerstraße 190, CH-8057 Zürich

Die früheren Auflagen erschienen in der Studienreihe Informatik,
Hrsg. W. Brauer und G. Goos.

ISBN-13:978-3-540-58093-5   e-ISBN-13:978-3-642-79056-0

DOI: 10.1007/978-3-642-79056-0

Die Deutsche Bibliothek – CIP-Einheitsaufnahme
Marty, Rudolf: Methodik der Programmierung in Pascal: mit 33 vollständigen Programmbeispielen /
Rudolf Marty. – 4. Aufl. – Berlin; Heidelberg; New York; London; Paris; Tokyo; Hong Kong;
Barcelona; Budapest: Springer, 1994
   (Springer-Lehrbuch)
   ISBN-13:978-3-540-58093-5

SPIN 10470053   45/3140 – 5 4 3 2 1 0 – Gedruckt auf säurefreiem Papier

Vorwort

Das vorliegende Buch ist eine Einführung in die Programmierung von Digital-
computern. Es lehrt einerseits zeitgemäße Methoden des Programmentwurfs,
der Überführung von realen Problemvorgaben in abstrakte algorithmische Abläufe also. Andererseits vermittelt das Buch Schritt um Schritt die zur Programmierung der abstrakten Abläufe notwendigen Teile der Programmiersprache
Pascal. Das Ziel des Lehrtextes ist es, ein solides Grundwissen an Programment-
wurfsmethoden für kleinere Dialogprogramme zu schaffen, sowie die Sprache
Pascal an vielen Beispielen einzuüben. Das Buch richtet sich an Hochschulstu-
denten in Informatik-Grundkursen, an Schüler auf Gymnasial- oder höheren
Berufsschulstufen, die im Rahmen einer Einführung in die Programmierung
mit modernen Dialogcomputern in Kontakt kommen, wie auch an Hobbypro-
grammierer zum Selbststudium.

Die Motivation zur Ausarbeitung eines Vorlesungsmanuskripts zu einem Buch
lag für den Autor in der Realisierung der folgenden Zielvorstellungen in einem
einzigen Lehrtext:

- Die Stoffvermittlung soll nicht ausschließlich von der Struktur von Pascal
  diktiert sein, sondern sich stark an Problemlösungsklassen anlehnen. Das
  Problem steht im Vordergrund, dann werden die zur Lösung dieses Problems
  notwendigen Pascal-Konstruktionen besprochen. Es soll nicht eine Pascal-
  Konstruktion in den Raum gestellt und danach Probleme dafür gefunden
  werden.
- Die Methoden des Programmentwurfs und die Programmbeispiele sollen sich
  überwiegend am Modell der Dialogdatenverarbeitung orientieren, das heißt,
  auf einen interaktiven Terminal als Schnittstelle zwischen Benutzer und Computer abstellen.
- Der Lehrtext soll mit vielen, vollständigen Beispielprogrammen ergänzt sein.
  Dabei sind diese Beispiele aus einem breit gestreuten Anwendungsbereich
  des Computers auszuwählen (kommerziell-administrative und technisch-wis-
  senschaftliche Datenverarbeitung, Textverarbeitung, einfache Mathematik,
  graphische Datenverarbeitung, u.a.m.)
- Der Pascal-Sprachumfang soll dem vorgeschlagenen ISO-Standard entsprechen (gegenwärtig bereits als britisches Standard-Pascal akzeptiert).

Zu beurteilen, ob diese Zielvorstellungen realisiert wurden, bleibt natürlich einzig und allein dem Leser vorbehalten.

Ich möchte mich beim Verlag für die gute Zusammenarbeit bedanken. Die Be-
reitschaft der Druckerei, den auf Magnetband gelieferten Rohtext auf ihre Be-
dürfnisse anzupassen, hat viel zum Erscheinungsbild dieses Buches beigetragen

und ersparte mir viel Arbeit. Zuletzt, aber nicht minder herzlich, denke ich dankend an die unzähligen Hinweise, Anregungen und Kritiken meiner Studenten und meiner Mitarbeiter am Institut für Informatik der Universität Zürich. Meine Frau möge die vielen einsamen Stunden in der Wohnstube vergessen, während denen ich im Arbeitszimmer über dem Manuskript brütete.

Zürich, Oktober 1982   R. Marty

Vorwort zur zweiten Auflage

Die zunehmende Verbreitung von Pascal und das steigende Interesse an dieser Programmiersprache haben dazu beigetragen, daß bereits nach anderthalb Jahren eine Zweitauflage dieses Buches notwendig wurde. Angesichts der kurzen verflossenen Zeit schien es nicht sinnvoll, eine Überarbeitung des Stoffes vorzunehmen. Die bislang erkannten Fehler wurden jedoch korrigiert. Diesbezüglich gebührt meinen Mitarbeitern am Institut und meinen Studenten ein Dankeswort für die Hinweise auf die fehlerhaften Stellen.

Zürich, Mai 1984   R. Marty

Inhaltsverzeichnis

Kapitel 1: Einleitung

Bevor ein angehender Buchhalter sich an die Bildung von Buchungssätzen macht, muß er lernen, was Aktiven und Passiven sind, und was Soll und Haben bedeutet. Ähnlich der junge Elektriker, der vor seinem ersten Arbeitsauftrag unter anderem zu wissen bekommt, was Phase und Nulleiter sind, und wofür man gelbe und rote Drähte zu verwenden hat. Genauso kommen wir Pascal-Novizen nicht um einige Begriffsbüffeleien herum. Zugegeben, gerade interessant fällt das nicht aus, insbesondere weil wir noch nicht in der Lage sind, für die erlernten Begriffe einen Sachbezug herzustellen. Dies wird sich jedoch bald bessern.

1.1 Zeilen- und Symbolstruktur eines Pascal-Programmes

Das folgende kleine Pascal-Programm weist den Computer an, die Summe von $27 + 14$ auf dem Terminal auszuschreiben.

```
program Summe (input,output);
begin
    write('Summe = ', 27+14)
end.
```

So kurz dieses Programm auch ist, erlaubt es uns doch, einige grundsätzliche Eigenschaften eines Pascal-Programmes zu erkennen.

Die erste Feststellung betrifft die *Zeilenstruktur* des Programmes. Schreiben wir einen längeren deutschen Text nieder, so sind wir durch die begrenzte Breite des Schreibpapiers gezwungen, ihn auf mehrere Zeilen zu verteilen. In der gleichen Art wird ein Pascal-Programm auf mehrere Zeilen geschrieben, weil eine Bildschirmzeile nur eine Breite von üblicherweise 80 Zeichen hat. Der Inhalt, die Semantik, eines deutschen Textes wird durch die Zeilenstruktur des geschriebenen Textes nicht beeinflußt – wenn wir ihn vorlesen, erkennt der Zuhörer ja auch keine Zeilenstruktur. Entsprechend wird die Meinung eines Pascal-Programmes in keiner Weise durch dessen Zeilenstruktur bestimmt. Unser Summen-Programm könnte also ohne weiteres auch so geschrieben werden:

```
program Summe (input,output); begin write(
'Summe = ', 27+14) end.
```

Obschon korrekt, verliert ein derart geschriebenes Pascal-Programm an Übersichtlichkeit. Wir wählen die Darstellung unserer Pascal-Programme stets so, daß sie möglichst leicht lesbar sind.

Die zweite Feststellung, die wir an diesem Programm machen, ist, daß ein Pascal-Programm aus einer Folge von *Symbolen* besteht. Ein Pascal-Symbol kann sein:

- ein Wort (z.B. `program`)
- eine Zahl (z.B. 27)
- ein Text oder, im korrekten Fachausdruck, eine Zeichenkette (z.B. `'Summe = '`)
- ein Spezialsymbol (z.B. `;`)

Wir behandeln hier nun selbstverständlich nicht alle möglichen Symbole, bevor wir überhaupt wissen, wozu sie gebraucht werden. Zwei wichtige Regeln merken wir uns aber schon jetzt:

1. Ein Pascal-Symbol darf niemals auf zwei Zeilen verteilt werden; so etwas wie Worttrennung gibt es in Pascal nicht.
2. Zwischen zwei Pascal-Symbolen darf soviel Platz frei bleiben, wie Ihnen lieb ist. Mit Platz sind in diesem Zusammenhang Leerstellen und ganze Leerzeilen gemeint. Zwei Pascal-Symbole können auch ohne Leerplatz unmittelbar aneinander geschrieben werden, sofern sich ihre Meinung dadurch nicht verändert, weil sie zu einem einzigen Symbol verschmelzen (z.B. `if wert` zu `ifwert`).

1.2 Darstellung der Syntax

Programmiersprachen sind sogenannte *formale Sprachen*. Formale Sprachen heben sich von natürlichen Sprachen durch eine große Redundanzfreiheit und eine relativ einfache, aber peinlich genau zu befolgende Syntax ab. Wir werden deshalb stets gezwungen sein, nicht nur die Meinung (d.h. Semantik) aller Pascal-Konstruktionen zu definieren, sondern auch deren präzise Syntax.

Wir verwenden zur Definition der Syntax von Pascal eine speziell für solche Zwecke geschaffene Notation, die sogenannten *Syntaxdiagramme*. Zur Illustration der Syntaxdiagramme wollen wir die Bedienung eines einfachen Taschenrechners mit den vier Grundrechenoperationen syntaktisch genau definieren. Als erstes bestimmen wir, wie eine ganze Zahl (das heißt eine Zahl ohne Dezimalpunkt) eingetippt wird:

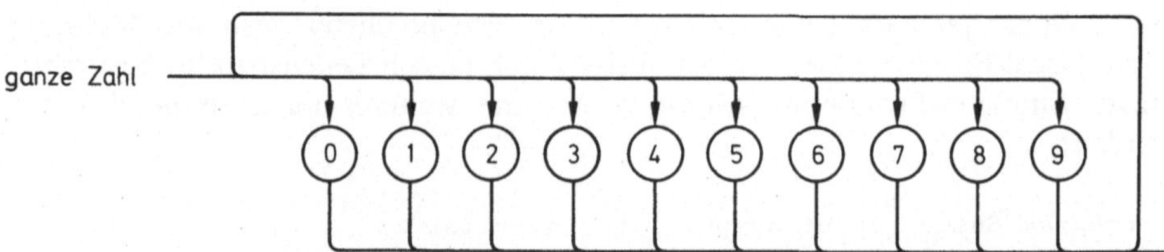

Stellen Sie sich ein Syntaxdiagramm als Geleiseplan einer Eisenbahn vor. Sie beginnen die „Fahrt" am linken Eintrittspunkt, der mit dem Namen des Syntaxdiagrammes bezeichnet ist. An einer Weiche sind Sie frei in der Wahl des einzuschlagenden Weges. Treffen Sie auf einen Kreis, so ist die entsprechende Taste auf dem Taschenrechner zu drücken. Finden Sie irgendeinen Weg durch das Syntaxdiagramm, so daß Sie es schließlich verlassen können, dann ist die Konstruktion syntaktisch in Ordnung.

Durchlaufen wir übungshalber das Syntaxdiagramm *ganze Zahl* für die Zahl

376

Zuerst haben wir die Ziffer 3 zu behandeln und schlagen dabei den folgenden Pfad ein:

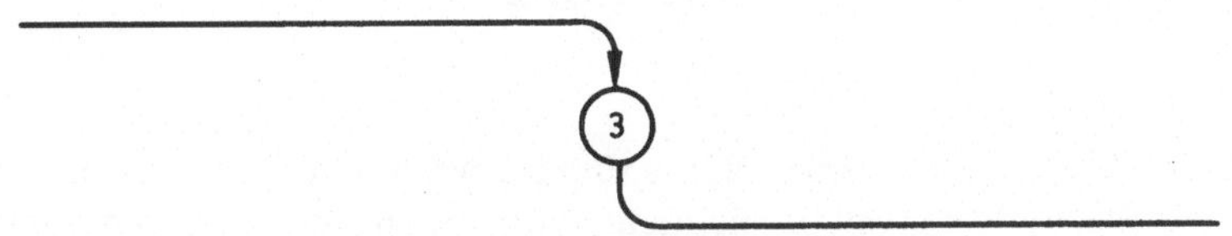

Nach Rückkehr zum Eingang und erneutem Durchlauf (für die Ziffer 7) sind wir wieder kurz vor dem Ausgang des Syntaxdiagrammes:

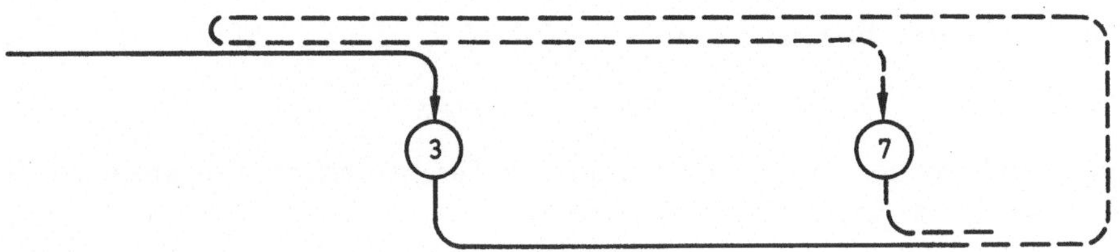

Es verbleibt ein weiterer Durchlauf für die Ziffer 6:

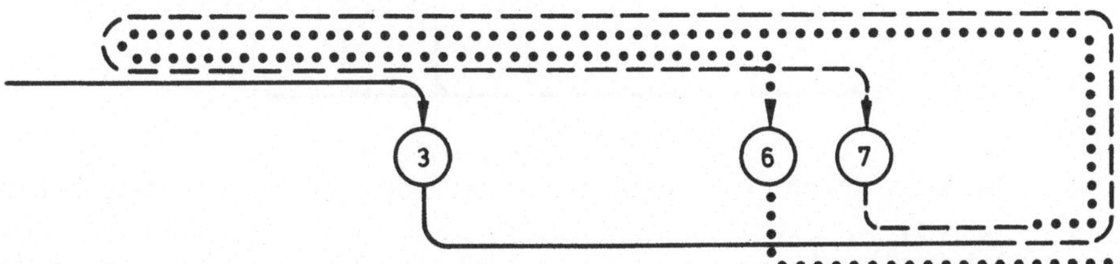

Wir können nun das Syntaxdiagramm verlassen und haben deshalb die Gewähr, daß 376 eine syntaktisch korrekte ganze Zahl ist.

Versuchen Sie dasselbe Spiel mit

28x4   32. 0

Für beide Konstruktionen finden Sie keinen Weg durch das Syntaxdiagramm *ganze Zahl*, also ist weder die eine noch die andere dieser Konstruktionen eine gültige ganze Zahl.

Gehen wir einen Schritt weiter, und betrachten wir das Syntaxdiagramm für eine beliebige auf unserem Taschenrechner gültige Zahl:

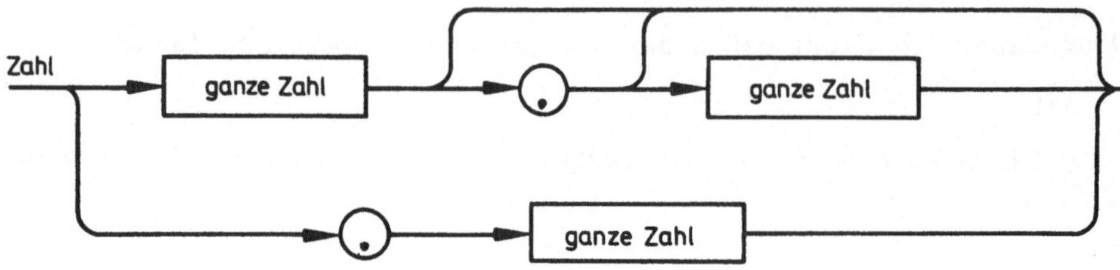

Treffen wir beim Durchlaufen eines Syntaxdiagrammes ein Rechteck an, so ist an dieser Stelle das im Rechteck bezeichnete Syntaxdiagramm zu durchlaufen.

Gemäß dem Syntaxdiagramm *Zahl* sind folgende Konstruktionen gültige Zahlen:

    35   621.007   43.   .5

Ungültig wären beispielsweise:

    38a7   13.5.1982   19,72   41=5

Nun verbleibt uns für die Definition der Taschenrechner-Eingaben lediglich noch die Syntax einer ganzen Rechnung:

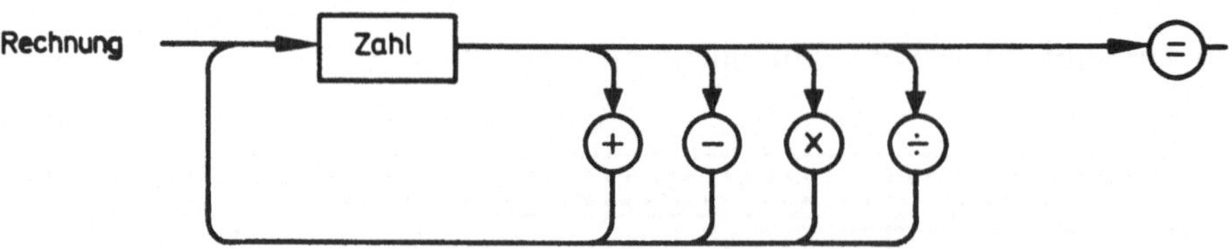

Das heißt, eine Rechnung besteht aus einer Zahl, gefolgt von einer beliebig langen Sequenz von jeweils einer Rechenoperation und einer Zahl. Die Rechnung wird immer abgeschlossen durch Drücken der = Taste. Eine gültige Rechnung auf unserem Taschenrechner ist somit beispielsweise:

    17−3.28x25+.789÷23.=

Ein Beispiel für eine ungültige Rechnung ist:

    ÷19+2.876.5x=

Syntaxdiagramme für Pascal

In den Syntaxdiagrammen zur Definition von Pascal erscheinen natürlich nicht Tasten in den Kreisen und Ovalen der Syntaxdiagramme, sondern Pascal-Symbole. Eine Rechnung auf dem Taschenrechner besteht eben aus einer Folge von Tastendrucken, ein Pascal-Programm aus einer Folge von Pascal-Symbolen.

Wenn Sie ein bißchen in diesem Buch blättern, so stellen Sie fest, daß alle Pascal-Syntaxdiagramme in einem Anhang zusammengefaßt sind. Im laufenden Text werden die Pascal-Konstruktionen durch Erklärungen und Beispiele definiert. Verstehen Sie die Syntax einer Konstruktion trotz der Erklärungen und Beispiele nicht, so schauen Sie im Anhang nach.

Die Syntaxdiagramme fehlen im laufenden Text, weil wir oft zuerst nur einen Teil einer Konstruktion besprechen, um diese dann in späteren Abschnitten vertieft zu behandeln. Das entsprechende Syntaxdiagramm müßte also im laufenden Text mehrfach in unterschiedlichen Vollkommenheitsgraden gezeigt werden, was zu Verwirrungen führen könnte.

1.3 Pascal-Namen

In jedem Pascal-Programm werden wir bestimmten Objekten Namen geben müssen. Wir haben das Programm zu benennen, wir müssen Speicherplätze (sog. Variablen) mit Namen versehen, Funktionen bekommen Namen, etc. Solche Namen können frei erfunden werden, soweit sie nach folgender Regel aufgebaut sind:

> Ein Name besteht nur aus Buchstaben (a..z, A..Z) und aus Ziffern (0..9). Das erste Zeichen eines Namens muß ein Buchstabe sein.

Die folgenden 35 Wortsymbole sind in Pascal reserviert und dürfen nicht als Namen gewählt werden:

```
and        end        nil        set
array      file       not        then
begin      for        of         to
case       function   or         type
const      goto       packed     until
div        if         procedure  var
do         in         program    while
downto     label      record     with
else       mod        repeat
```

Gehen Sie nun aber nicht an die Arbeit, diese Wortsymbole auswendig zu lernen. Ihr Pascal-Übersetzer (Compiler) wird schon reklamieren, wenn Sie eines dieser Wortsymbole als Name für ein eigenes Objekt wählen. Mit fortschreitender Übung werden Sie die 35 Wortsymbole ohnehin im Kopf haben.

Beispiele für Pascal-Namen:

gültige	ungültige	
`lohnprogramm`	`Seiten Nummer`	(enthält Leerstelle)
`TagesSumme`	`3fach`	(beginnt nicht mit Buchstabe)
`CODE28`	`grenz-wert`	(enthält Spezialzeichen)
`y`	`var`	(reserviertes Wortsymbol)

Groß- und Kleinbuchstaben werden in Pascal nicht unterschieden, das heißt,

```
tagessumme
TAGESSUMME
TagesSumme
```

ist ein und derselbe Name.

Ein Pascal-Name kann beliebig lang sein[1]). Die Regel, wonach kein Pascal-Symbol auf zwei Zeilen verteilt sein darf (siehe 1.1), limitiert die Maximallänge eines Pascal-Namens in der Praxis jedoch auf die Breite einer Programmzeile, also üblicherweise auf die Breite eines Terminal-Bildschirms.

1.4 Zeichenketten

In der Mehrzahl der Pascal-Programme sehen wir uns vor die Aufgabe gestellt, Texte auszuschreiben und Texte an Datenobjekte zuzuweisen. Betrachten wir unser altes Summen-Programm:

```
program Summe (input, output);
begin
    write('Summe = ', 27+14)
end.
```

Offensichtlich soll in der Schreibanweisung `write` vor dem Resultat von 27+14 der Text

```
Summe =
```

auf den Bildschirm ausgegeben werden. Die ganze Ausgabezeile erscheint dann als

```
Summe =    41
```

---

1 Manche Pascal-Implementationen beschränken jedoch die Länge eines Namens auf 8 Stellen oder betrachten nur die ersten 8 Stellen eines Namens als signifikant (`Wochensumme` und `Wochensuppe` wären dann identische Namen, da ihre ersten 8 Buchstaben gleich sind).

Ein Text wird in einem Pascal-Programm als sogenannte *Zeichenkette* programmiert. So wie durch Aneinanderreihen von Perlen eine Perlenkette entsteht, bildet eine Aneinanderreihung von Zeichen (Buchstaben, Ziffern, Sonderzeichen) in Pascal eine Zeichenkette.

Jede Zeichenkette wird links und rechts von Apostrophen ' eingeschlossen (und nicht etwa von " Zeichen!). Getreu der Regel der Untrennbarkeit von Pascal-Symbolen (siehe 1.1), muß eine Zeichenkette auf derselben Zeile abgeschlossen werden, auf der sie begonnen wurde.

Muster für Zeichenketten:

```
'Summe = '
'Durchschnitt aller %-Werte: '
'Der Schauspieler Peter O''Toole'
```

Das letzte Beispiel zeigt, wie ein Apostroph als Teil einer Zeichenkette programmiert wird: Man schreibt zwei Apostrophe unmittelbar hintereinander. Diese zwei unmittelbar aufeinanderfolgenden Apostrophe innerhalb einer Zeichenkette werden dann vom Pascal-Übersetzer zu einem einzigen Apostroph zusammengefaßt.

1.5 Der Pascal-Programmrahmen

Das folgende Programm ermittelt das Quadrat einer am Terminal eingetippten Zahl und schreibt das Resultat auf dem Terminal aus:

```
program Quadrat (input,output);
    var Zahl    : integer;
begin
    read(Zahl);
    write('Das Quadrat von ', Zahl, ' ist ', Zahl*Zahl)
end.
```

Vergleichen wir dieses Programm mit dem Summen-Programm in 1.1, so können wir aus den übereinstimmenden Teilen beider Programme einen fixen Programmrahmen herauskristallisieren, der für alle Pascal-Programme gilt:

```
program P (input,output);
        +-----------------------+
        |    Deklarationsteil    |
        +-----------------------+
begin
        +-----------------------+
        |    Anweisungsteil      |
        +-----------------------+
end.
```

Am Anfang eines Pascal-Programmes steht also stets das Wortsymbol `program`, gefolgt vom frei wählbaren Namen des Programmes (im obigen Programmrahmen als P angegeben), gefolgt von

```
(input, output)
```

gefolgt von einem Strichpunkt. Wir kümmern uns vorerst nicht darum, was `(input, output)` bedeutet.

Abgeschlossen wird jedes Pascal-Programm durch das Wortsymbol `end`, gefolgt von einem Punkt. Das Wortsymbol `begin` trennt den Deklarationsteil vom Anweisungsteil.

Über den Aufbau des Deklarations- und Anweisungsteils werden wir in den kommenden Kapiteln sprechen. Hier sei lediglich vorausgeschickt, daß der Deklarationsteil zur Spezifikation von Datenobjekten, Prozeduren und Funktionen dient, währenddem der Anweisungsteil eine Sequenz von Anweisungen an den Computer enthält. Die einzelnen Anweisungen im Anweisungsteil eines Programmes werden durch Strichpunkt voneinander getrennt:

```
begin
    Anweisung₁;
    Anweisung₂;
    .
    .
    Anweisung_{n-1};
    Anweisung_n
end.
```

Der Strichpunkt beendet also nicht etwa eine Anweisung, sondern er trennt zwei Anweisungen voneinander. Deshalb folgt auf die letzte Anweisung im Anweisungsteil auch kein Strichpunkt.

Kapitel 2: Rechnen mit ganzen Zahlen

Nachdem wir im Kapitel 1 einige grundlegende Begriffe erarbeitet haben, wollen wir jetzt daran gehen, die ersten Pascal-Programme zu schreiben. Wir beschränken uns dabei auf die Behandlung der ganzen Zahlen:

```
... , -3 , -2 , -1 , 0 , 1 , 2 , 3 , ...
```

Ganze Zahlen werden in Pascal mit dem entsprechenden englischen Ausdruck `integer` bezeichnet.

2.1 Konstanten und Wertebereich von ganzen Zahlen

Ganzzahlige Werte werden in einem Pascal-Programm als gewöhnliche Dezimalzahlen geschrieben:

```
278        4721
  0         278
```

Man nennt solche Werte *Konstanten*, weil sie einen fixen Wert darstellen, der durch den Programmlauf nicht beeinflußt wird – der Wert bleibt also konstant.

Eine ganzzahlige Konstante besteht aus einer Folge von Ziffern. Diese Definition ließe beliebig große ganzzahlige Konstanten zu, was der mathematischen Definition der ganzen Zahlen, die keine Begrenzung des Wertebereiches beinhaltet, entspräche. Der Computer ist aber nur eine Maschine (wenn auch eine relativ raffinierte), und keine von Menschenhand erschaffene Maschine bietet unendliche Ressourcen. Der Speicherplatz eines Computers ist beschränkt, seine Rechengeschwindigkeit ist zwar erheblich, aber eben doch nur endlich schnell, und auch der Wertebereich der ganzen Zahlen ist immer limitiert.

Wir können keinen generell für Pascal gültigen Wertebereich der ganzen Zahlen angeben, denn dieser kann von jedem Pascal-Implementator nach eigenem Ermessen angesetzt werden. Die beiden üblichsten Wertebereiche sind

$$-32767 \;..\; +32767 \qquad\qquad (32767 \;=\; 2^{15} - 1)$$

$$-2147483647 \;..\; +2147483647 \qquad (2147483647 \;=\; 2^{31} - 1)$$

Entsprechend liegen vorzeichenlose, ganzzahlige Konstanten im geschlossenen Intervall `0..32767`, bzw. `0..2147483647`.

2.2 Ausdrücke

Wir wissen jetzt, wie wir ganze Zahlen zu formulieren haben, und daß ganzzahlige Werte durch einen Computer nur in einem endlichen Bereich korrekt verarbeitet werden können. Als nächstes geht es darum, welche Pascal-Konstruktionen zur Formulierung von Rechnungen wie beispielsweise diesen zwei zu verwenden sind:

$$62 + 5 \cdot 1386 \qquad \frac{37 + 285 \cdot -1928}{310 \cdot (262 - 83)}$$

Im Zusammenhang mit Programmiersprachen bezeichnet man eine solche Konstruktion als *Ausdruck*. Beschäftigen wir uns also im folgenden mit der Bildung von Ausdrücken.

In Pascal sind auf ganzen Zahlen folgende Operationen erlaubt:

Einwertige Operatoren (Vorzeichen)

Symbol	Operation	Beispiele	
+	Identität	+(7)	ergibt 7
		+(-3)	ergibt -3
-	Vorzeichen-Umkehrung	-(9)	ergibt -9
		-(-12)	ergibt 12

Zweiwertige Operatoren

Symbol	Operation	Beispiele	
+	Addition	35 + 16	ergibt 51
		3 + (-5)	ergibt -2
-	Subtraktion	24 -8	ergibt 16
		63 -(-12)	ergibt 75
*	Multiplikation	23 * 12	ergibt 276
		(-8) * (-4)	ergibt 32
div	ganzzahlige Division ohne Rest	15 div 4	ergibt 3
		16 div 4	ergibt 4
		(-28) div 5	ergibt -5
mod	Modulo-Division (Divisionsrest)	15 mod 4	ergibt 3
		16 mod 4	ergibt 0
		9 mod 13	ergibt 9

Merken wir uns drei wichtige Punkte zu den Operationen auf ganzen Zahlen:

1. Das Resultat der ganzzahligen Division ist stets ein ganzzahliger Wert. Dieser ergibt sich aus dem mathematisch exakten Resultat der Division durch Streichung aller Stellen nach dem Dezimalpunkt. Mit anderen Worten: Es wird immer gegen Null hin auf den nächsten ganzzahligen Wert gerundet. Eine Division durch Null ist ungültig.

2. Das Resultat des mod-Operators ist der Rest aus der ganzzahligen Division. Der rechte Operand eines mod-Operators muß größer als Null sein.

3. Das Resultat jeder Operation auf ganzzahligen Werten muß im Wertebereich der ganzen Zahlen liegen. Andernfalls wird bei der Programmausführung eine entsprechende Fehlermeldung ausgegeben (hoffentlich).

Prioritätsregeln

Im Unterschied zu vielen Taschenrechnern, wo alle Operationen sofort ausgeführt werden, wenn die entsprechende Taste gedrückt wird, hält sich Pascal an die Prioritätsregeln, die wir aus der Algebra kennen:

```
erste Priorität:   Vorzeichenoperatoren      + -
zweite Priorität:  Multiplikationsoperatoren * div mod
dritte Priorität:  Additionsoperatoren       + -
```

Das Resultat von −3 + 6 * 8 ist also algebraisch korrekt 45 und nicht 24. Aufeinanderfolgende Operationen gleicher Prioritätsstufe werden wie üblich von links nach rechts ausgeführt. Das Resultat von 24 div 3 * 2 ist demnach 16 und nicht 4.

Zur Übersteuerung dieser Prioritätsregeln verwenden wir in Pascal genau wie in der Algebra Klammernpaare ( ) :

```
(3 + 5) * 8               ergibt  64
24 div (3 * 2)            ergibt  4
(6 * 5) -(3 * (4 + 7))    ergibt  -3
```

Klammernpaare können zur Verbesserung der Übersichtlichkeit eines Ausdrucks auch gesetzt werden, wo eigentlich gar keine nötig wären, wie beispielsweise um (6 * 5)im letzten Beispiel oben. Selbstverständlich können Klammernpaare verschachtelt werden, und zwar praktisch beliebig tief:

```
3 * (-(2 * (81 + 3)) div (7 * (5 + 2)))
```

Vorzeichen

Ein Vorzeichen darf nur als erstes Symbol eines Ausdrucks oder eines eingeklammerten Unterausdrucks vorkommen. Der Ausdruck

```
5 * -(3 div -7)
```

verwendet die beiden Vorzeichen – falsch. Richtig müßte dieser Ausdruck geschrieben werden:

```
5 * (-(3 div (-7)))
```

2.3 Ausschreiben von ganzzahligen Werten

Das Resultat eines ganzzahligen Ausdrucks kann mit einer `write`-Anweisung auf den Terminal ausgeschrieben werden. Im einfachsten Fall enthält eine `write`-Anweisung einen in das Klammernpaar ( ) eingeschlossenen Ausdruck, dessen Wert auszuschreiben ist:

```
write(5 + 27 div 2)
write(82)
write((5+6)*11)
```

Wir machen uns nun daran, unser erstes Pascal-Programm zu schreiben. Es sollen die auf ganze Grad abgerundeten Fahrenheit-Werte ausgedruckt werden, die -40, -20, 0, 20 und 40 Grad Celsius entsprechen.

```
program Fahrenheit (input,output);
begin
    write(-40 * 9 div 5 + 32);
    write(-20 * 9 div 5 + 32);
    write(  0 * 9 div 5 + 32);
    write( 20 * 9 div 5 + 32);
    write( 40 * 9 div 5 + 32)
end.
```

Dieses Programm produziert folgende Ausgabe:

```
   -40     -4     32     68    104
```

Jeder Wert wird in einem Normfeld für ganze Zahlen geschrieben. Die Breite eines Normfeldes ist implementationsabhängig. Wir nehmen hier sechs Stellen als Breite an. Die letzte Ziffer eines ganzzahligen Wertes steht stets in der am meisten rechts liegenden Position des sechsstelligen Feldes. Man sagt deshalb auch, der ganzzahlige Wert werde in einem sechsstelligen Feld *rechtsbündig* ausgeschrieben.

Mit einer einzigen `write`-Anweisung können auch mehrere Werte ausgeschrieben werden. Man gibt dazu die einzelnen Werte durch Komma getrennt an:

```
program Fahrenheit (input,output);
begin
    write(-40*9 div 5+32, -20*9 div 5+32, 0*9 div 5+32,
          20*9 div 5+32, 40*9 div 5+32)
end.
```

Die durch `write`-Anweisungen ausgeschriebenen Werte erscheinen auf dem Terminal alle auf derselben Zeile. Will man nach einer Ausgabe auf eine neue Zeile schalten, so verwendet man an Stelle der `write`-Anweisung die `writeln`-Anweisung (writeln = write line):

```
program Fahrenheit (input,output);
begin
    writeln(-40 * 9 div 5 + 32,   -20 * 9 div 5 + 32);
    writeln(  0 * 9 div 5 + 32);
    writeln( 20 * 9 div 5 + 32,    40 * 9 div 5 + 32)
end.
```

Die Ausgabe wird damit so aussehen:

```
-40     -4
 32
 68    104
```

Beachten Sie, daß erst *nach* der Ausgabe des *letzten* Wertes auf eine neue Zeile gesprungen wird.

Angabe einer Feldbreite

Möchte man statt des sechsstelligen Normfeldes für die Ausgabe eines ganzzahligen Wertes ein breiteres oder schmaleres Feld, so kann die gewünschte Feldbreite unmittelbar hinter dem auszuschreibenden Ausdruck, durch einen Doppelpunkt abgetrennt, angegeben werden:

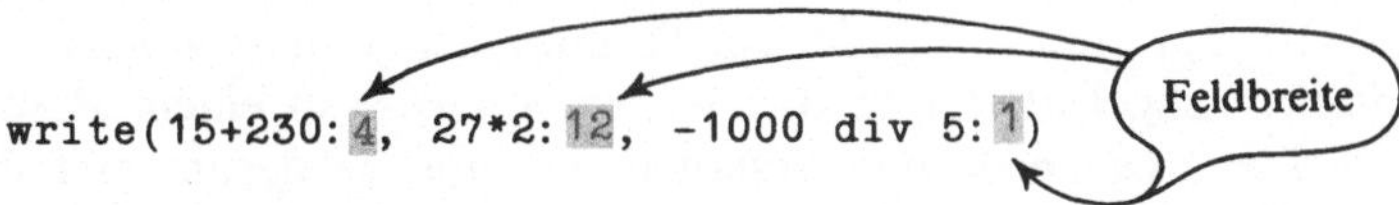

Diese Anweisung ergibt die Ausgabezeile

```
245          54-200
```

Für die Ausgabe des letzten Ausdrucks (`-1000 div 5`) wurde eine Feldbreite von 1 angegeben. Trotzdem erscheint −200, also ein vierstelliges Feld. Dies zeigt, daß die angegebene Feldbreite automatisch vergrößert wird, falls sie nicht ausreicht, um den ganzzahligen Wert darzustellen.

Ausschreiben von Zeichenketten

Beschließen wir die Besprechung der Ausgabe-Anweisungen `write` und `writeln` mit der Feststellung, daß wir damit auch Zeichenketten (siehe 1.4) ausschreiben können:

```
program Fahrenheit (input,output);
begin
    writeln('-40 Grad C = ',  -40*9 div 5+32:3,  ' Grad F');
    writeln('-20 Grad C = ',  -20*9 div 5+32:3,  ' Grad F');
    writeln('  0 Grad C = ',    0*9 div 5+32:3,  ' Grad F');
    writeln(' 20 Grad C = ',   20*9 div 5+32:3,  ' Grad F');
    writeln(' 40 Grad C = ',   40*9 div 5+32:3,  ' Grad F')
end.
```

Mit diesem Programm erhalten wir eine ansprechendere Ausgabe auf dem Terminal:

```
-40 Grad C = -40 Grad F
-20 Grad C =  -4 Grad F
  0 Grad C =  32 Grad F
 20 Grad C =  68 Grad F
 40 Grad C = 104 Grad F
```

Im Programm Fahrenheit erscheint eine Konstante als Feldbreite. Die Feldbreite kann jedoch durch einen beliebigen ganzzahligen Ausdruck angegeben werden.

2.4 Variablen

Tippt man auf einem Taschenrechner eine Zahl ein, so wird diese in einen internen Speicher abgelegt. Die Leuchtanzeige gibt den aktuellen Inhalt dieses Speichers wieder. Wird eine Rechentaste gedrückt (z.B. die Sinus-Taste), so wird die entsprechende Operation auf dem gespeicherten Wert durchgeführt. Das Resultat der Operation ersetzt den alten Wert und erscheint demzufolge auf der Leuchtanzeige.

Auch in einem Pascal-Programm wird jeder am Terminal eingetippte ganzzahlige Wert in einen Speicher abgelegt. Doch was ist ein *Speicher* in einem Pascal-Programm, wie wird er angesprochen? Schauen wir uns wiederum erst den Taschenrechner an: Bessere (und teurere) Modelle haben meist eine Anzahl sogenannte *Register* oder *Memories* zur Abspeicherung von Zwischenresultaten. Diese Register sind nummeriert, beispielsweise Register 1 bis Register 5.

Will man den auf der Leuchtanzeige dargestellten Wert in ein Register abspeichern, so drückt man die Taste STORE (to store = speichern, aufbewahren) und die Nummer des gewünschten Registers. Der neu abgespeicherte Wert überschreibt einen allenfalls bereits im Register abgespeicherten Wert. Der neue Wert bleibt solange im Register gespeichert, bis er seinerseits überschrieben

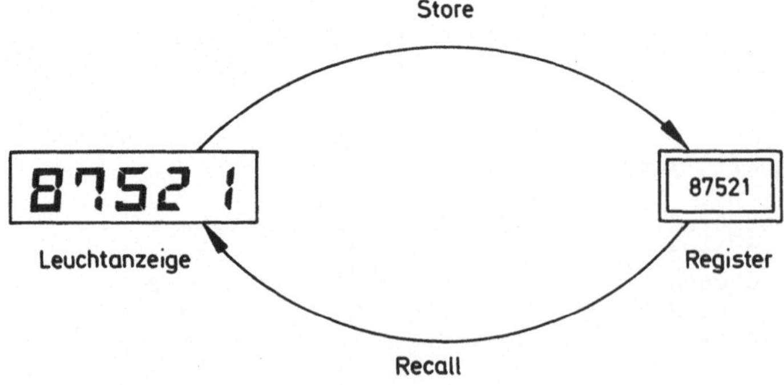

wird. Mit der Taste RECALL (to recall = zurückrufen) wird der im angegebenen Register enthaltene Wert auf die Leuchtanzeige kopiert. Wichtig ist, daß dieses Kopieren oder Zurückrufen eines Wertes aus einem Register den darin enthaltenen Wert nicht zerstört. Er kann beliebig oft aus dem Register zurückgerufen werden.

Haben wir die Vorgänge im Taschenrechner begriffen, so wird es uns kaum Schwierigkeiten bereiten, die entsprechenden Mechanismen im Pascal-Programm zu verstehen.

Ein Speicher in einem Pascal-Programm heißt nicht Register, sondern *Variable*. Im krassen Gegensatz zu Taschenrechnern gibt es in einem Pascal-Programm nicht eine vorgegebene Anzahl von Variablen, etwa Variable 1 bis Variable 5 oder ähnlich. Vielmehr werden die benötigten Variablen im Programm angegeben, wobei es im Rahmen der Computer-Ressourcen keine Beschränkung der Anzahl Variablen gibt. Zur Vereinfachung der Programmierung werden in Pascal die Variablen nicht mit Nummern bezeichnet wie die Taschenrechner-Register, sondern mit vom Pascal-Programmierer frei gewählten Namen (siehe 1.3).

Die Variablen für ein Programm werden im sogenannten Variablen-Deklarationsteil angegeben. Benötigen wir beispielsweise drei Variablen zur Abspeicherung von ganzzahligen Werten, und wollen wir ihnen die Namen `Tag`, `Monat` und `Jahr` geben, so schreiben wir im Deklarationsteil des Pascal-Programmes (siehe 1.5):

```
var Tag     : integer;
    Monat   : integer;
    Jahr    : integer;
```

Der Variablen-Deklarationsteil wird durch das Wortsymbol `var` eingeleitet. Darauf folgen die Deklarationen der Variablen, wobei für jede deklarierte Variable der Name und, nach einem Doppelpunkt, der Typ dieser Variablen angegeben wird. Da wir vorerst nur mit ganzen Zahlen umgehen, ist der Variablentyp bis auf weiteres stets `integer` (integer = ganze Zahl).

Zur Schreibersparnis können vor dem Doppelpunkt auch mehrere Variablennamen angegeben werden. Diese Variablen sind dann alle vom gleichen, nach dem Doppelpunkt angegebenen Typ. Die vorangehende Deklaration der drei Variablen `Tag`, `Monat` und `Jahr` könnte also auch so geschrieben werden:

```
var Tag, Monat, Jahr    : integer;
```

2.5 Einlesen von ganzzahligen Werten

Mit einer `read`-Anweisung kann ein am Terminal eingetippter Wert in eine Variable eingelesen werden:

```
read(Tag)
```

Schreiben wir als Illustration der read-Anweisung ein Programm, das uns die Anzahl Tage berechnet, die zwischen zwei eingegebenen Tagesdaten liegen. Ein Tagesdatum wird durch drei ganze Zahlen (Tag, Monat, Jahr) spezifiziert. Für die Berechnung der Tagesdifferenz verwenden wir die sogenannte *kaufmännische Methode*, die häufig bei Banken zur Anwendung gelangt: Jeder Monat wird zu 30 Tagen gerechnet, der Monatsletzte muß immer als der 30. angegeben werden.

```
program Tagesdifferenz (input,output);
    var Tag1, Monat1, Jahr1      : integer;
        Tag2, Monat2, Jahr2      : integer;
begin
    write('1. Datum: Tag?    ');  read(Tag1);
    write('          Monat? ');  read(Monat1);
    write('          Jahr?  ');  read(Jahr1);
    write('2. Datum: Tag?    ');  read(Tag2);
    write('          Monat? ');  read(Monat2);
    write('          Jahr?  ');  read(Jahr2);
    writeln('Anzahl Tage = ',
      (Jahr2-Jahr1)*360 + (Monat2-Monat1)*30 + Tag2-Tag1)
end.
```

Ein Beispiel für den Dialog mit dem Programm:

```
1. Datum: Tag?    13
          Monat? 8
          Jahr?  79
2. Datum: Tag?    4
          Monat? 3
          Jahr?  81
Anzahl Tage = 561
```

Zunächst zum Einlesen der ganzzahligen Werte. Eine read-Anweisung bewirkt folgende Aktionen:

1. Die Ausführung des Programmes bleibt bei der read-Anweisung stehen.

2. Sie tippen am Terminal einen ganzzahligen Wert mit folgender Syntax ein:

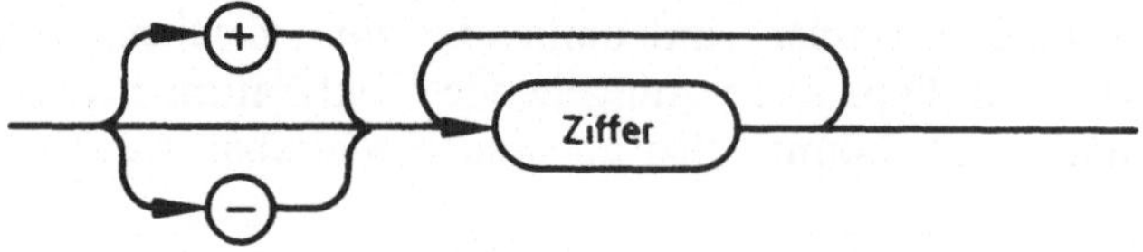

Dem eingegebenen Wert kann beliebig viel Leerplatz vorangehen. Das heißt, Sie dürfen vor dem Eintippen der Konstanten die Leertaste, Tabulationstaste und Zeilenendetaste (z.B. RETURN) drücken, sooft Sie wollen. Die erste Ziffer des eingegebenen Wertes muß unmittelbar auf ein allfälliges Vorzeichen folgen.

3. Nach Beendigung der Eingabe einer ganzzahligen Konstanten wird diese auf syntaktische Korrektheit und Einhaltung des Wertebereiches für ganze

Zahlen (siehe 2.1) überprüft. Ist alles in Ordnung, wird der eingegebene Wert in die angegebene Variable abgespeichert und die Programmausführung fortgesetzt. Wird ein Fehler entdeckt, so bricht die Programmausführung mit einer entsprechenden Meldung ab.

Im Programm Tagesdifferenz geht jeder read-Anweisung eine write-Anweisung voran. Diese bewirkt die Ausgabe des in ihr enthaltenen Textes als Aufforderung, etwas einzugeben. Es ist eine gute Gewohnheit, vor jeder read-Anweisung durch einen mehr oder weniger sinnvollen Text zu signalisieren, daß das Programm jetzt auf eine Eingabe wartet.

Variablen in Ausdrücken

Schauen wir uns die letzte Anweisung des Programmes Tagesdifferenz nochmals genauer an:

```
writeln('Anzahl Tage = ',
(Jahr2-Jahr1)*360 + (Monat2-Monat1)*30 + Tag2-Tag1)
```

Wir stellen fest, daß im Ausdruck zur Berechnung der Tagesdifferenz neben Konstanten auch Variablennamen verwendet werden. Eine Konstante repräsentiert in einem Ausdruck immer einen festen Wert (deshalb der Name *Konstante*). Demgegenüber wird bei der Berechnung des Resultates eines Ausdrucks ein Variablenname durch den aktuellen Inhalt der Variablen substitutiert. Ein Variablenname repräsentiert also nicht einen festen Wert wie eine Konstante, sondern einen variablen Wert.

Zeilenstruktur der Eingabe

Sollen zwei oder mehrere Werte eingelesen werden, beispielsweise durch die Anweisungen

```
read(a);
read(b);
read(c)
```

so können die drei Werte auch alle auf einer einzigen Zeile eingegeben werden, statt jeden Wert auf einer Eingabezeile für sich einzutippen. Die einzuhaltende Grundbedingung ist lediglich, daß zwei Werte auf derselben Zeile durch mindestens eine Leerstelle getrennt werden. Ob Sie also die drei Werte auf drei Zeilen verteilt eingeben, z.B.

```
25
-1482
126
```

oder alle drei hintereinander eintippen

```
25    -1482 126
```

spielt keine Rolle.

Zusammengesetzte `read`**-Anweisungen**

Noch eine letzte Ergänzung zu der `read`-Anweisung. Mit einer einzigen `read`-Anweisung können auch mehrere Werte eingelesen werden:

```
read(a, b, c)
```

Diese Form der `read`-Anweisung ist äquivalent mit

```
read(a); read(b); read(c)
```

Damit ergibt sich eine verbesserte Version des Programmes zur Berechnung von Tagesdifferenzen:

```
program Tagesdifferenz (input, output);
    var Tag1, Monat1, Jahr1      : integer;
        Tag2, Monat2, Jahr2      : integer;
begin
    write('1. Datum (Tag Monat Jahr)? ');
    read(Tag1,Monat1,Jahr1);
    write('2. Datum (Tag Monat Jahr)? ');
    read(Tag2,Monat2,Jahr2);
    writeln('Anzahl Tage = ',
    (Jahr2-Jahr1)*360 + (Monat2-Monat1)*30 + Tag2-Tag1)
end.
```

Ein Musterdialog mit diesem Programm:

```
1. Datum (Tag Monat Jahr)? 24 12 80
2. Datum (Tag Monat Jahr)? 13 2  81
Anzahl Tage = 49
```

2.6 Die Zuweisungs-Anweisung

Erweitern wir das Programm `Tagesdifferenz` des vorangehenden Abschnittes zu einem Zinsberechnungsprogramm. Uns interessiert, wieviel Zins wir für ein bestimmtes Kapital erhalten, das wir während einer gewissen Zeitspanne anlegen (ohne Zinseszins). Der Zins soll auf die nächste ganze Geldeinheit (DM, SFr, o.ä.) abgerundet und jeweils für 4%, 5% und 6% Zinsfuß berechnet werden.

Die der Zinsberechnung zugrundeliegende Formel ist:

$$\text{Zins} = \frac{\text{Kapital} \cdot \text{Zinsfuß} \cdot \text{Tage}}{100 \cdot 360}$$

Unser Programm in seiner ersten Form:

```
program Zins (input, output);
    var Tag1, Monat1, Jahr1      : integer;
        Tag2, Monat2, Jahr2      : integer;
        Kapital                  : integer;
```

```
begin
    write('1. Datum (Tag Monat Jahr)? ');
    read(Tag1,Monat1,Jahr1);
    write('2. Datum (Tag Monat Jahr)? ');
    read(Tag2,Monat2,Jahr2);
    write('Kapital? ');
    read(Kapital);
    writeln('4% Zins = ', Kapital * 4 * ((Jahr2-Jahr1)*360 +
            (Monat2-Monat1)*30 + Tag2-Tag1) div 100 div 360);
    writeln('5% Zins = ', Kapital * 5 * ((Jahr2-Jahr1)*360 +
            (Monat2-Monat1)*30 + Tag2-Tag1) div 100 div 360);
    writeln('6% Zins = ', Kapital * 6 * ((Jahr2-Jahr1)*360 +
            (Monat2-Monat1)*30 + Tag2-Tag1) div 100 div 360)
end.
```

Wir stellen fest, daß wir zur Berechnung jedes Zinsbetrages wieder den vollständigen, der Zinsformel entsprechenden Ausdruck hingeschrieben haben.
Stellen wir die Zinsformel etwas um:

$$\text{Zins} = \text{Zinsfuß} \cdot \frac{\text{Kapital} \cdot \text{Tage}}{100 \cdot 360}$$

Da sowohl das Kapital wie die Anzahl Tage für alle drei auszurechnenden Zinsbeträge invariant ist, ergibt sich eine bessere Lösung durch einmaliges Berechnen des Ausdrucks

$$\frac{\text{Kapital} \cdot \text{Tage}}{100 \cdot 360}$$

und der Abspeicherung des Resultates in einer Variablen, die fortan als Substitution des Teilausdruckes verwendet werden kann. Das Resultat eines Ausdruckes wird einer Variablen mit einer Zuweisungs-Anweisung zugewiesen:

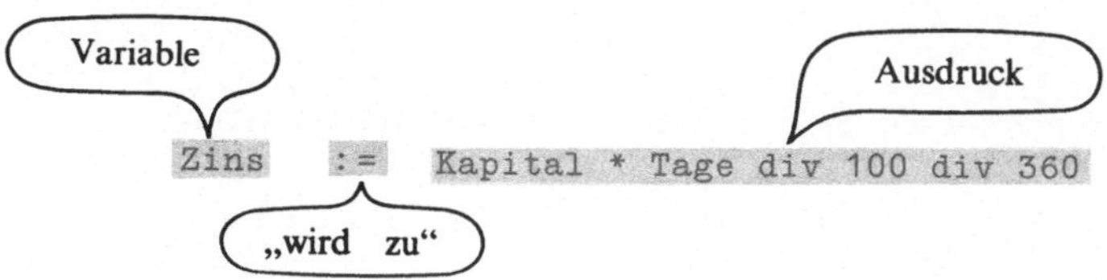

Das aus zwei Zeichen bestehende (und deshalb untrennbare!) Symbol := wird gelesen als „wird zu". Genau wie beim Einlesen eines Wertes in eine Variable (siehe 2.5) geht der alte Wert der Variablen auch bei einer Zuweisung verloren. Unter Verwendung einer Zuweisungs-Anweisung können wir das Programm Zins wie folgt vereinfachen:

```
program Zins (input,output);
    var Tag1, Monat1, Jahr1       : integer;
        Tag2, Monat2, Jahr2       : integer;
        Kapital,Tage,Zins         : integer;
```

```
begin
    write('1. Datum (Tag Monat Jahr)? ');
    read(Tag1,Monat1,Jahr1);
    write('2. Datum (Tag Monat Jahr)? ');
    read(Tag2,Monat2,Jahr2);
    write('Kapital? ');
    read(Kapital);
    Tage := (Jahr2-Jahr1)*360 + (Monat2-Monat1)*30 + Tag2-Tag1;
    Zins := Kapital * Tage div 100 div 360;
    writeln('4% Zins = ', 4 * Zins);
    writeln('5% Zins = ', 5 * Zins);
    writeln('6% Zins = ', 6 * Zins)
end.
```

Undefinierte Variablen

Die Elektronik der Taschenrechner ist so aufgebaut, daß alle internen Register nach dem Einschalten den Wert Null enthalten. Eine Variable hat im Unterschied dazu bei Beginn der Programmausführung einen *undefinierten Wert*: Vielleicht 3247, vielleicht -12680, vielleicht 0, vielleicht 1, ... – eben einen undefinierten Wert[1]).

Eine *undefinierte Variable* ist eine Variable, in die bisher weder ein Wert eingelesen noch durch eine Zuweisungs-Anweisung ein Wert übertragen wurde. Wird bei der Berechnung eines Ausdrucks eine undefinierte Variable angetroffen, so wird die Programmausführung mit einer entsprechenden Fehlermeldung abgebrochen.

---

1 In manchen (nicht dem Standard entsprechenden) Pascal-Implementationen wird der Speicherbereich für Variablen vor der Programmausführung gelöscht, indem alle binären Speicherstellen (bits) auf Null gesetzt werden. Dies resultiert dann in einem definierten Intitalwert der ganzzahligen Variablen von Null. Verlassen Sie sich jedoch besser nicht auf einen solchen definierten Initalwert, sonst werden Ihre Pascal-Programme auf anderen Pascal-Implementationen unter Umständen nicht mehr korrekt ablaufen.

Kapitel 3: Rechnen mit reellen Zahlen

Beim Gebrauch eines Taschenrechners kümmern wir uns kaum darum, ob wir mit ganzen oder mit reellen Zahlen umgehen. Der Taschenrechner ist so gebaut, daß er stets mit reellen Zahlen operiert. Weil jeder ganzzahlige Wert zugleich auch ein reeller Wert ist, ist dieses Vorgehen mathematisch korrekt. Wieso denn, fragen wir uns, haben wir in Pascal streng zwischen ganzzahligen und reellen Werten zu unterscheiden? Dies begründet sich wie folgt:

1. Verwenden wir Zahlen zum Zwecke der Abzählung irgendwelcher Objekte (Kardinalzahlen, z.B. 8 Frauen) oder zu Ordnungszwecken (Ordinalzahlen, z.B. der 3. Tag in der Woche), so sind nur ganzzahlige Werte sinnvoll. Hätten wir lediglich reelle Werte zur Verfügung, müßte jedesmal sichergestellt werden, daß der reelle Wert ganzzahlig ist. Bei ganzzahligen Werten (integer) entfällt dieser Test.

2. Zur Speicherung von reellen Zahlen wird auf einem Digitalcomputer in der Regel zwei- bis viermal mehr Platz benötigt als zur Speicherung von ganzzahligen Werten. Auch sind Rechenoperationen auf ganzzahligen Werten schneller als äquivalente Operationen auf reellen Werten. Es ist somit sinnvoll, nur dann reelle Werte zu verwenden, wenn man auch tatsächlich solche braucht.

Reelle Werte werden in Pascal mit dem englischen Ausdruck `real` bezeichnet.

3.1 Reelle Konstanten

Die erste Art der Schreibweise reeller Konstanten entspricht dem täglichen Gebrauch, wobei statt einem Dezimalkomma ein Dezimalpunkt verwendet wird:

```
35.789          3.14159
0.002491        702345549.0
```

Diese Schreibweise wird bei sehr großen und sehr kleinen reellen Werten recht unbequem:

```
0.000000000027                  (27 Picofarad)
373000000000000000000000.0      (Energieproduktion der Sonne in kW/sec)
```

Pascal kennt zur Vermeidung solch umständlicher Schreibweisen eine Notation von reellen Konstanten, die wir auch auf besseren Taschenrechnern finden (dort meist *scientific notation* genannt):

```
27e-12            (27 Picofarad)
3.73e23           (Energieproduktion der Sonne in kW/sec)
```

Die ganze Zahl nach e gibt die Zehnerpotenz an, mit der die Zahl vor
e zu multiplizieren ist, um den Konstantenwert zu erhalten. Oder anders
gesagt: Die Zahl nach e gibt an, um wieviele Stellen der Dezimalpunkt zu
verschieben ist (+ rechts, − links).

Ein paar Beispiele für reelle Konstanten:

```
0.0072        3.14159        273.19e5        3.1e+15        1e-7
```

Eine reelle Konstante gilt als ein einziges Pascal-Symbol. Sie darf deshalb
keine Leerstellen enthalten. Beachten Sie auch, daß sowohl vor wie nach
dem Dezimalpunkt mindestens eine Ziffer stehen muß, allenfalls eine Null:

falsch	richtig
27.	27.0
.2398	0.2398

3.2 Reelle Variablen

In Variablen vom Typ `integer` (siehe 2.4) können wir nur ganzzahlige
Werte abspeichern. Jeder Versuch, einer `integer`-Variablen einen reellen Wert
zuzuweisen oder einen reellen Wert in eine solche einzulesen, führt zu einem
Fehler.

Reelle Variablen werden entsprechend den `integer`-Variablen definiert, als
Typ wird aber `real` angegeben:

```
var  distanz    : real;
     anzahl     : integer;
     x,y,z      : real;
```

3.3 Ausdrücke mit reellen Werten

Auf reellen Werten sind folgende Operationen erlaubt:

Einwertige Operatoren (Vorzeichen)

Symbol	Operation	Beispiele	
+	Identität	+(23.867)	ergibt 23.867
		+(-0.035)	ergibt -0.035
−	Vorzeichen-Umkehrung	-(12e6)	ergibt -12e6
		-(-1e-36)	ergibt 1e-36

Zweiwertige Operatoren

Symbol	Operation	Beispiele	
+	Addition	12.6 + 8.0	ergibt 20.6
		8.25 + (-2.25)	ergibt 6.0
-	Subtraktion	7.0 - 0.001	ergibt 6.999
		12e2 - (-100.0)	ergibt 1300.0
*	Multiplikation	3.5 * 5.1	ergibt 17.85
		(-2.9) * (-1.8)	ergibt 5.22
/	Division	15 / 4	ergibt 3.75
		16 / 4	ergibt 4.0
		3.28 / 18.21	ergibt 0.18012081

Wir stellen fest, daß die Operationen auf reellen Werten bis auf die Division dieselben sind, wie die auf ganzzahlige Werte anwendbaren. Die ganzzahlige Division (`div`) und die Modulo-Division (`mod`) sind auf reellen Werten nicht definiert. Dafür finden wir neu das Operationssymbol `/`, das für die reelle Division steht. Merken wir uns besonders, daß das Resultat der reellen Division *stets* vom Typ `real` ist, selbst wenn sich aus der Division ein ganzzahliger Wert ergibt:

```
16 div 4    ergibt 4    (integer)
16 / 4      ergibt 4.0  (real)
```

Der Resultattyp einer Addition, Subtraktion oder Multiplikation ist `integer`, wenn beide Operatoren vom Typ `integer` sind. In allen anderen Fällen ist das Resultat ein `real`-Wert.

3.4 Ausschreiben von reellen Werten

Die Mengenangaben in Kochbüchern beziehen sich im allgemeinen auf ein Gericht für vier Personen. So finden wir beispielsweise für „Geschnetzeltes nach Zürcherart":

300 g	Kalbfleisch	1 dl	Weißwein
300 g	Kalbsnieren	2 dl	Brühe
300 g	Champignons	2 dl	Rahm
1/2	Zitrone	1	Zwiebel

Wir wollen ein Programm schreiben, das uns den Einkaufszettel für eine beliebige Anzahl Personen ausdruckt:

```
program Rezept (input,output);
    var Personen     : integer;
begin
    write('Anzahl Personen? ');
    read(Personen);
    writeln;
    writeln('Kalbfleisch: ', 300/4*Personen, ' g');
    writeln('Kalbsnieren: ', 300/4*Personen, ' g');
    writeln('Champignons: ', 300/4*Personen, ' g');
    writeln('Zitronen:    ', 0.5/4*Personen, ' Stueck');
    writeln('Weisswein:   ', 1/4*Personen, ' dl');
    writeln('Bruehe:      ', 2/4*Personen, ' dl');
    writeln('Rahm:        ', 2/4*Personen, ' dl');
    writeln('Zwiebeln:    ', 1/4*Personen, ' Stueck')
end.
```

Ein Musterdialog mit diesem Programm:

```
Anzahl Personen? 7

Kalbfleisch:    5.250000e+02 g
Kalbsnieren:    5.250000e+02 g
Champignons:    5.250000e+02 g
Zitronen:       8.750000e-01 Stueck
Weisswein:      1.750000e+00 dl
Bruehe:         3.500000e+00 dl
Rahm:           3.500000e+00 dl
Zwiebeln:       1.750000e+00 Stueck
```

Die acht Werte für die Mengenangaben werden, da wir nichts anderes angeben,
in einem Normfeld für reelle Werte ausgegeben. Die Breite dieses Normfeldes
ist, wie diejenige des Normfeldes für ganzzahlige Werte, implementationsabhängig. Wir nehmen an, sie betrage 13 Stellen (eine Vorzeichenstelle und zwölf
Stellen für den Wert). In diesem 13-stelligen Feld wird der reelle Wert rechtsju-
stiert in der sogenannten e-Notation ausgeschrieben. Die e-Notation haben
wir bereits bei der Besprechung von reellen Konstanten in 3.1 kennengelernt.

Angabe einer Feldbreite

Wünschen wir eine andere als die Breite des Normfeldes, so verwenden wir
dieselbe Konstruktion wie in der `write`-Anweisung für ganzzahlige Werte:

```
write('>', 123.456:11, '<')      ergibt   > 1.2346e+02<
write('>', -0.0298e-6:10, '<')   ergibt   >-2.980e-08<
write('>', 2486.13e+7:9, '<')    ergibt   > 2.49e+10<
```

Das letzte Beispiel zeigt, daß reelle Werte gerundet werden, falls die Feldbreite
nicht ausreicht, um alle signifikanten Ziffern des reellen Wertes auszugeben.

Ausgabe mit einer fixen Anzahl Kommastellen

In den recht häufig auftretenden Fällen, wo man reelle Werte statt in der
e-Notation lieber mit einer bestimmten Anzahl Stellen nach dem Dezimalpunkt

ausschreiben möchte, gibt man diese Anzahl hinter der Feldbreite an. Der
reelle Wert wird auf die entsprechende Anzahl Dezimalstellen gerundet:

```
write('>',   -125/7:8:3,  '<')     ergibt  > -17.857<
write('>', 15.2851:5:2,  '<')     ergibt  >15.29<
write('>', 15.2849:5:2,  '<')     ergibt  >15.28<
```

Auch die Anzahl der Kommastellen kann ein beliebiger Ausdruck vom Typ
`integer` sein:

```
var Anz      : integer;
    x        : real;
    .
    .
    .
write('Anz Kommastellen? '); read(Anz);
write(x:10:Anz)
```

Ein besseres Rezept-Programm

Durch die Ausgabe von Dezimalstellen erhalten wir ein Rezept-Programm,
das den Einkaufszettel „benutzerfreundlicher" ausdruckt als die Version mit
Normfeld-Ausgabe:

```
program Rezept (input, output);
    var Personen    : integer;
begin
    write('Anzahl Personen? ');
    read(Personen);
    writeln;
    writeln('Kalbfleisch:  ', 300/4*Personen:5:0, ' g');
    writeln('Kalbsnieren:  ', 300/4*Personen:5:0, ' g');
    writeln('Champignons:  ', 300/4*Personen:5:0, ' g');
    writeln('Zitronen:     ', 0.5/4*Personen:5:1, ' Stueck');
    writeln('Weisswein:    ', 1/4*Personen:5:1, ' dl');
    writeln('Bruehe:       ', 2/4*Personen:5:1, ' dl');
    writeln('Rahm:         ', 2/4*Personen:5:1, ' dl');
    writeln('Zwiebeln:     ', 1/4*Personen:5:1, ' Stueck')
end.

Anzahl Personen? 23

Kalbfleisch:   1725 g
Kalbsnieren:   1725 g
Champignons:   1725 g
Zitronen:       2.9 Stueck
Weisswein:      5.8 dl
Bruehe:        11.5 dl
Rahm:          11.5 dl
Zwiebeln:       5.8 Stueck
```

3.5 Einlesen von reellen Werten

Über das Einlesen reeller Werte brauchen wir nicht viele Worte zu verlieren.
Alles, was wir in 2.5 über das Einlesen von ganzzahligen Werten gesagt haben,

gilt auch für das Einlesen von reellen Werten. Als einzige Ergänzung bleibt zu bemerken, daß als Eingabe auf eine read-Anweisung in eine real-Variable nicht nur ganzzahlige Konstanten, sondern auch reelle Konstanten erlaubt sind. Die Eingabe hat also folgende Syntax:

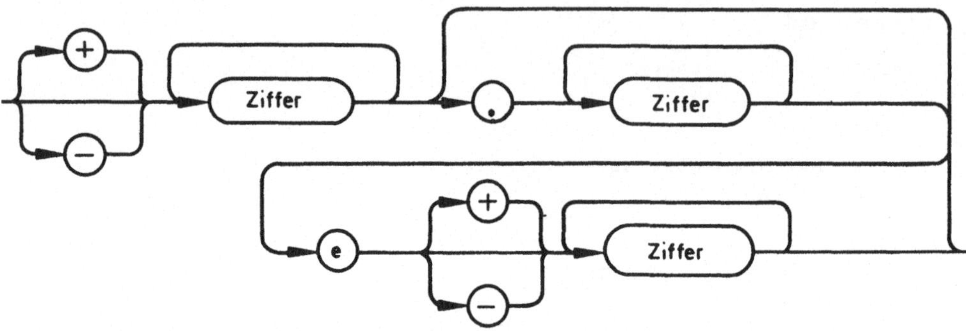

Auch hier gilt, daß die erste Ziffer der eingegebenen Konstanten direkt auf ein allfälliges Vorzeichen folgen muß.

Das folgende Programm errechnet aus Reisedistanz, Durchschnittsgeschwindigkeit und mittlerem Verbrauch an Treibstoff pro 100 km die Reisezeit und den Treibstoffverbrauch:

```
program Reise (input, output);
    var Distanz, Geschw, Verbrauch  : real;
begin
    write('Reisedistanz (km)?        '); read(Distanz);
    write('Geschwindigkeit (km/h)? '); read(Geschw);
    write('Verbrauch (1/100 km)?     '); read(Verbrauch);
    writeln('Reisezeit =         ', Distanz/Geschw:7:1, ' h');
    writeln('Gesamtverbrauch = ', Verbrauch/100*Distanz:7:1, ' l')
end.


    Reisedistanz (km)?        2563
    Geschwindigkeit (km/h)? 72
    Verbrauch (1/100 km)?    13.5
    Reisezeit =             35.6 h
    Gesamtverbrauch =      346.0 l
```

3.6 Standardfunktionen

Auf den meisten Taschenrechnern finden wir neben Tasten für die vier Grundrechenoperationen auch spezielle Tasten für höhere Operationen wie Quadrieren, Wurzelziehen, Logarithmieren, Sinus, etc. Das Pascal-Äquivalent zu diesen Tasten sind die Standardfunktionen.

Funktion	Typ des Argumentes	Typ des Resultates	Funktionsbeschreibung
`abs(x)`	`integer` `real`	`integer` `real`	der Absolutwert von x
`sqr(x)`	`integer` `real`	`integer` `real`	das Quadrat von x, `sqr` = square
`sqrt(x)`	`integer` `real`	`real`	die Quadratwurzel aus x ($x \geqslant 0$), `sqrt` = square root
`sin(x)`	`integer` `real`	`real`	der Sinus von x, x im Bogenmaß
`cos(x)`	`integer` `real`	`real`	der Cosinus von x, x im Bogenmaß
`arctan(x)`	`integer` `real`	`real`	der Arcus Tangens von x, Resultat im Bogenmaß
`exp(x)`	`integer` `real`	`real`	der Wert von e (2.71828...) hoch x
`ln(x)`	`integer` `real`	`real`	der Logarithmus von x zur Basis e ($x > 0$)

x steht in dieser Tabelle für einen beliebigen Ausdruck, der der Funktion als Argument übergeben wird. Die Funktion übernimmt den Argumentsausdruck und berechnet den entsprechenden Funktionswert (z.b. 144 für `sqr(12)`). Der Funktionswert wird als Resultat an die Stelle des Funktionsaufrufs zurückgegeben.

Einige Beispiele für Ausdrücke mit Standardfunktionen:

```
sqrt(sqr(a) + sqr(b))      Pythagoras
sin(alpha) / cos(alpha)    Tangens von alpha
4 * arctan(1)              die Zahl π
1 -exp(-(t/(R*C)))         Ladezustand eines Kondensators in
                           einem RC-Glied nach der Zeit t
```

3.7 Typenkompatibilität von real und integer

Gemäß der mathematischen Definition von ganzen und reellen Zahlen ist jede ganze zugleich auch eine reelle Zahl, nicht aber umgekehrt. Die Typenkompatibilität der Pascal Typen `real` und `integer` entspricht diesem Grundsatz: Ein `integer`-Typ ist immer auf einen `real`-Typ abbildbar; ein `real`-Typ ist nicht auf einen `integer`-Typ abbildbar.

Gegeben die Variablendeklarationen

```
var i,j,k  : integer;
    x,y    : real;
```

sind die folgenden Anweisungen alle gültig:

```
x := i mod j
x := i div j
x := i / j
```

Falsch aber sind:

```
x := i mod y      (real Operand für mod)
k := y            (real-Wert wird integer-Variablen zugewiesen)
k := 8 / 4        (real-Wert wird integer-Variablen zugewiesen)
x := x div y      (real-Operand für div)
```

Die Typenkompatibilität von `real` und `integer` wird Ihnen kaum große Schwierigkeiten bereiten. Merken Sie sich jedoch nochmals, daß der /-Operator stets einen Wert vom Typ `real` produziert, selbst wenn dieser Wert ganzzahlig ist.

Was aber, wenn wir wirklich einmal einen Wert vom Typ `real` in einen Wert vom Typ `integer` umwandeln möchten? Zu diesem Zweck stehen zwei besondere Standardfunktionen zur Verfügung:

Funktion	Typ des Argumentes	Typ des Resultates	Funktionsbeschreibung
`trunc(`x`)`	`real`	`integer`	der ganzzahlige Teil von x
`round(`x`)`	`real`	`integer`	der x nächstliegende ganzzahlige Wert

Beispiele:

```
trunc(12.4)    ergibt 12
trunc(-27.8)   ergibt -27
round(12.4)    ergibt 12
round(-27.8)   ergibt -28
```

3.8 Exponentiation

Es ist Ihnen bestimmt aufgefallen, daß es in Pascal keinen Exponentiationsoperator gibt. Wie können wir also a^b berechnen? Wir behelfen uns wie folgt:

```
b ist vom Typ integer:
 0
a   = 1
 b
a   = a*a*...*a       (b>0)
 -b
a   = 1/(a*a*...*a)   (b>0)


b ist vom Typ real:
 b
a   = exp(b*ln(a))    (a>0)
```

Vorerst macht die b-malige Multiplikation von a mit sich selbst (a*a*...*a) noch Mühe, da wir bislang keine Pascal-Anweisungen kennen, um das durchzuführen. Mit der for-Anweisung, die wir im Kapitel 5 behandeln werden, wird dieses Problem aber recht trivial.

3.9 Genauigkeit und Wertebereich reeller Zahlen

Bei der Behandlung von ganzen Zahlen war der Wertebereich mit ein paar wenigen Sätzen erklärt (2.1). Über die Genauigkeit der ganzen Zahlen haben wir uns gar nicht unterhalten. Dies aus einem einfachen Grund: Ganze Zahlen werden im Computer immer mathematisch exakt gespeichert (d.h. dargestellt), und alle Operationen auf ganzen Zahlen sind, solange der Wertebereich eingehalten wird, mathematisch genau.

Leider liegt die Sache bei reellen Zahlen wesentlich komplizierter. Beginnen wir bei der internen Darstellung von reellen Werten im Computer. Ein reeller Wert wird im Computer durch ein Wertepaar abgebildet:

Mantisse	Exponent

Der reelle Wert ist gleich

Mantisse $* 10^{\text{Exponent}}$

Die Genauigkeit und der Wertebereich reeller Werte ist gegeben durch die Anzahl Dezimalstellen in der Mantisse und durch den Wertebereich des stets ganzzahligen Exponenten. Diese zwei Größen sind für Pascal nicht generell festgelegt, sie sind implementationsabhängig. Nehmen wir für die folgende Diskussion an:

Anzahl Dezimalstellen in der Mantisse: 17
Wertebereich des Exponenten: $-38..+38$

Unter Berücksichtigung dieser Größen sind Beispiele für die computerinterne Darstellung reeller Werte:

π	$+3.1415926535897932$	$+00$
2/3	$+6.6666666666666666$	-01
-27000000	-2.7000000000000000	$+07$
größter dar- stellbarer Wert	$+9.9999999999999999$	$+38$
kleinster dar- stellbarer Wert	$+1.0000000000000000$	-38

Der Dezimalpunkt wird nicht abgespeichert. Die Computerelektronik ist so aufgebaut, daß sie ihn stets an einer bestimmten Stelle substituiert, in unserem Falle also immer unmittelbar nach der ersten Mantissa-Stelle.

Die Theorie der *real Arithmetik*, vielfach auch *floating-point Arithmetik* genannt, ist äußerst komplex. Es gibt viele wissenschaftliche Abhandlungen, die allein diesem Thema gewidmet sind. Für unsere Zwecke genügt jedoch ein recht pragmatischer Überblick. Merken wir uns zum Rechnen mit reellen Werten die folgenden wichtigen Punkte:

Die Größenordnung des *Wertebereiches* reeller Zahlen ist gegeben durch den Wertebereich des Exponenten. Einem Exponenten-Wertebereich von $-38..+38$ entspricht beispielsweise ein Wertebereich reeller Zahlen von approximativ

$$-10^{+38}\ ..\ -10^{-38}\ ,\ 0\ ,\ +10^{-38}\ ..\ +10^{+38}$$

Die *Genauigkeit* reeller Werte bestimmt sich aufgrund der Anzahl Mantissa-Stellen – je mehr, desto genauer. Die Genauigkeit ist jedoch nicht absolut, beispielsweise $\pm1e-17$. Vielmehr ist sie abhängig vom aktuellen Wert des Exponenten, bei 17 Mantissa-Stellen zum Beispiel

$$\pm1e-17 * 10^{E} \quad (E = \text{Wert des Exponenten})$$

Gewiße reelle Werte können zwar im Computer genau dargestellt werden (z.B. 0.5 oder 328.0), die meisten jedoch nicht. Es ist ja bekanntlich auch nicht möglich, den Wert 1/3 oder die Zahl e (2.71828...) mit einer endlichen Anzahl Dezimalziffern darzustellen! Wir machen also folgende wichtige Feststellung:

Reelle Zahlen werden im Computer im allgemeinen ungenau, das heißt approximativ dargestellt. Die Genauigkeit ist absolut am größten bei kleinen, am kleinsten bei großen Werten. Die relative Genauigkeit ist konstant und wird bestimmt durch die Anzahl Stellen in der Mantisse.

Für *Rechenoperationen* auf reellen Werten gelten ähnliche Bemerkungen: Bestimmte Operationen auf zwei exakt dargestellten Werten ergeben ein genaues Resultat (z.B. $2.5 + 0.5 = 3$), die meisten jedoch ein ungenaues. Generell gilt:

> Resultate arithmetischer Operationen auf reellen Werten sind im allgemeinen ungenau. Durch die beschränkte Stellenzahl in der Mantisse werden die Resultate leicht gegen Null hin verfälscht.

Dieses Phänomen ist allen Digitalrechnern eigen. Wir kennen es von den Taschenrechnern, wo Berechnungen oft zu kleine Endresultate ergeben, z.B:

```
arctan(sin(1)/cos(1)) = 0.9999999999
```

In der vorangegangenen Besprechung des Wertebereiches und der Genauigkeit von reellen Zahlen sind wir stets davon ausgegangen, daß reelle Werte im Computer durch Dezimalziffern dagestellt werden. In Wirklichkeit erfolgt die Zahlendarstellung im Computer binär. Entweder wird jede Dezimalziffer durch vier Binärstellen (= vier Bit) repräsentiert, oder der Wert wird vollständig im binären Zahlensystem dargestellt. In letzterem Fall wären unsere Überlegungen zum Wertebereich und zur Genauigkeit reeller Werte auf die binäre Zahlendarstellung anzupassen. Grundsätzliches ändert sich jedoch am Besprochenen nichts.

Kapitel 4: Selektive Ausführung von Anweisungen

Die Programme der Kapitel 2 und 3 waren dadurch gekennzeichnet, daß sie linear von oben nach unten durchlaufen wurden. Das heißt, jede Anweisung im Anweisungsteil wurde genau einmal ausgeführt, die oberste als erste, die unterste als letzte. In diesem Kapitel lernen wir, wie die Ausführung von Anweisungen von Bedingungen abhängig gemacht werden kann.

4.1 Die einfache `if`-Anweisung

Die Automatisierung des Lohnwesens ist ein sehr wichtiger Einsatzbereich der EDV. Programme in diesem Anwendungsbereich sind oft darauf angewiesen, aus einem Tagesdatum (Tag, Monat, Jahr) den zugehörigen Wochentag (Montag..Sonntag) bestimmen zu können. Ein Beispiel dafür ist folgende Programmvorgabe zur Bestimmung der an einem Tag geleisteten Überzeit:

- An Werktagen gilt die 8.25 Stunden überschreitende Arbeitszeit als Überzeit, die Zeit, um die 8.25 nicht erreicht wird, als Unterzeit.

- An Samstagen und Sonntagen gilt alle Arbeitszeit als Überzeit.

Zur Berechnung des Wochentages aus einem Datum ermitteln wir zuerst die Anzahl der seit dem 1.1.1901 bis zu diesem Datum verflossenen Tage. Haben wir einmal herausgefunden, daß der 1.1.1901 ein Dienstag war, so genügt eine Modulo-Division der Anzahl Tage durch 7, um den Wochentag zu finden.

Der Grobaufbau unseres Programmes zur Berechnung der Über- bzw. Unterzeit sieht demnach wie folgt aus:

```
program Ueberzeit (input, output);
begin
     {----- Eingabe Datum und Arbeitszeit -----}
     {----- Ermitteln Anzahl Tage seit dem 1.1.1901 -----}
     {----- Ermitteln Wochentag -----}
     {----- Ermitteln und Ausdrucken Ueberstunden -----}
end.
```

Kommentare

In diesem Programmgerüst haben wir zum ersten Mal Kommentare verwendet. Ein Kommentar ist eine Folge von beliebigen Zeichen, eingeschlossen in ge-

schweifte Klammen { }. Ein Kommentar darf sich über mehrere Zeilen erstrek-
ken.

Ein Kommentar hat keinerlei Auswirkungen auf den Programmablauf und
kann zwischen zwei beliebigen Pascal-Symbolen erscheinen. Wir verwenden
Kommentare, um unsere Programme leichter verständlich zu machen. Im Überzeit-Programm stehen sie als eine Art *Platzhalter* für die Anweisungen, die
später die im Kommentar beschriebene Aktion durchführen.

Schrittweise Erarbeitung eines Programmes

In der Programmentwicklung ist es von besonderer Wichtigkeit, zuerst den
Grobaufbau eines Programmes zu erarbeiten, und erst darnach einzelne Teile
dieses Grobaufbaus weiter zu analysieren und zu programmieren. Beginnen
wir mit der einfachen Aufgabe, den ersten Teil des Überzeit-Programms zu
programmieren:

```
{----- Eingabe Datum und Arbeitszeit -----}
write('Datum (z.B.  3 12 81)? ');
read(Tag, Monat, Jahr);
write('Arbeitszeit (z.B.  8.75)? ');
read(Arbeitszeit);
```

Der zweite Programmteil, die Berechnung der seit dem 1.1.1901 verflossenen
Tage, gibt uns mehr Probleme auf. Zuerst errechnen wir die Anzahl der
Tage in den vollendeten Jahren:

```
Tage := (Jahr-1) * 365
```

Zu den erhaltenen Anzahl Tagen müssen wir pro verflossenes Schaltjahr noch
1 addieren:

```
Tage := Tage + (Jahr-1) div 4
```

Somit haben wir die Anzahl Tage bis und mit dem 31.12. des Vorjahres.
Jetzt geht es darum, die Anzahl Tage vom 1.1. bis zum Monatsletzten des
Vormonates zu dieser Größe zu addieren. Da die Anzahl Tage je Monat
unregelmäßig verteilt sind, können wir dieses Problem nicht mehr allein mit
Ausdrücken lösen. Wir verwenden dazu die if-Anweisung, die erlaubt, die
Ausführung einer Anweisung von einem *logischen Ausdruck* abhängig zu ma-
chen.

Wahrheitswerte und logische Ausdrücke

Aus den bisher besprochenen Ausdrücken resultierte stets ein numerischer
Wert. Im Gegensatz dazu ergibt sich aus einem logischen Ausdruck ein soge-
nannter *Wahrheitswert*. Die beiden einzigen Wahrheitswerte sind *falsch* und
wahr. Ein logischer Ausdruck ist beispielsweise der Vergleich zweier Ausdrücke:

```
Monat = 3
```
wahr, falls die Variable `Monat` den Wert 3 enthält, sonst *falsch*

```
Winkel > 2*a
```
wahr, falls der Wert der Variablen `Winkel` größer ist als `2*a`, sonst *falsch*

Die Vergleichsoperatoren bedeuten:

Symbol	Operation	Beispiele	
=	gleich	`7 = 7`	ergibt *wahr*
		`6.2 = 6.21`	ergibt *falsch*
<>	ungleich	`7 <> 7`	ergibt *falsch*
		`6.2 <> 6.21`	ergibt *wahr*
>	größer	`4 > 4`	ergibt *falsch*
		`4.1 > 4.0`	ergibt *wahr*
<	kleiner	`-3 < -2`	ergibt *wahr*
		`2 < -5`	ergibt *falsch*
>=	größer gleich	`4 >= 4`	ergibt *wahr*
		`4.1 >= 4.0`	ergibt *wahr*
<=	kleiner gleich	`-1 <= 0`	ergibt *wahr*
		`3 <= -3`	ergibt *falsch*

Mit einem Vergleichsoperator können zwei typenkompatible Ausdrücke miteinander verglichen werden. Ausdrücke der Typen `integer` und `real` sind typenkompatibel. Vergleichsoperatoren haben die niedrigste Priorität aller Pascal-Operatoren:

```
erste  Priorität:  Vorzeichenoperatoren          +   -
zweite Priorität:  Multiplikationsoperatoren      *   /   div   mod
dritte Priorität:  Additionsoperatoren            +   -
vierte Priorität:  Vergleichsoperatoren           =   <>   >   <   >=   <=
```

Die if-Anweisung

Die if-Anweisung gestattet, die Ausführung einer Anweisung vom Resultat eines logischen Ausdrucks abhängig zu machen:

```
Tage := 28;                                              if-Anweisung
   if Jahr mod 4 = 0 then Tage := 29;
write('Der Februar ', Jahr:4, ' hat ', Tage:2, ' Tage')
```

In diesem Beispiel wird die Zuweisung

```
Tage := 29
```

nur dann ausgeführt, wenn der logische Ausdruck

```
Jahr mod 4 = 0
```

den Wert *wahr* liefert, das heißt, wenn `Jahr` ein Schaltjahr ist (leicht vereinfacht). Hat der logische Ausdruck den Wert *falsch*, so wird direkt auf die `write`-Anweisung gesprungen.

Die allgemeine Form einer `if`-Anweisung ist:

```
if L then A
```

wobei *L* für einen logischen Ausdruck und *A* für eine (und nur eine einzige) Anweisung steht.

Wir verwenden die `if`-Anweisung für die Vervollständigung des Programmteils zur Berechnung der Anzahl der seit dem 1.1.1901 verflossenen Tage:

```
{----- Ermitteln Anzahl Tage seit dem 1.1.1901 -----}
Tage := (Jahr-1) * 365 + (Jahr-1) div 4;
if Monat > 1 then Tage := Tage + 31;
if Monat > 2 then Tage := Tage + 28;
if Monat > 3 then Tage := Tage + 31;
if Monat > 4 then Tage := Tage + 30;
if Monat > 5 then Tage := Tage + 31;
if Monat > 6 then Tage := Tage + 30;
if Monat > 7 then Tage := Tage + 31;
if Monat > 8 then Tage := Tage + 31;
if Monat > 9 then Tage := Tage + 30;
if Monat > 10 then Tage := Tage + 31;
if Monat > 11 then Tage := Tage + 30;
if Monat > 2 then
    if Jahr mod 4 = 0 then Tage := Tage + 1;
Tage := Tage + Tag;
```

Auf `then` kann eine beliebige Anweisung folgen, also auch eine weitere `if`-Anweisung. Ein Beispiel dafür sehen Sie in der zweitletzten Anweisung dieses Programmfragmentes: Falls der Monat größer als 2 ist, wird geprüft, ob das aktuelle Jahr ein Schaltjahr ist. Falls auch das zutrifft, wird `Tage` um 1 erhöht.

Haben wir die Anzahl Tage seit dem 1.1.1901 berechnet, und wissen wir aus einem ewigen Kalender oder durch probieren, daß der 1.1.1901 ein Dienstag war, so ergibt sich der aktuelle Tag wie folgt:

```
{----- Ermitteln Wochentag (0=Montag,1=Dienstag,...) -----}
Wochentag := Tage mod 7;
```

Wir können nun das Programm zur Berechnung der Überstunden fertigstellen:

```
program Ueberzeit (input,output);
    var Tag, Monat, Jahr       : integer;
        Tage,Wochentag         : integer;
        Arbeitszeit,Ueberzeit  : real;
```

```
begin
    {----- Eingabe Datum und Arbeitszeit -----}
    write('Datum (z.B. 3 12 81)? ');
    read(Tag, Monat, Jahr);
    write('Arbeitszeit (z.B. 8.75)? ');
    read(Arbeitszeit);

    {----- Ermitteln Anzahl Tage seit dem 1.1.1901 -----}
    Tage := (Jahr-1) * 365 + (Jahr-1) div 4;
    if Monat > 1 then Tage := Tage + 31;
    if Monat > 2 then Tage := Tage + 28;
    if Monat > 3 then Tage := Tage + 31;
    if Monat > 4 then Tage := Tage + 30;
    if Monat > 5 then Tage := Tage + 31;
    if Monat > 6 then Tage := Tage + 30;
    if Monat > 7 then Tage := Tage + 31;
    if Monat > 8 then Tage := Tage + 31;
    if Monat > 9 then Tage := Tage + 30;
    if Monat > 10 then Tage := Tage + 31;
    if Monat > 11 then Tage := Tage + 30;
    if Monat > 2 then
        if Jahr mod 4 = 0 then Tage := Tage + 1;
    Tage := Tage + Tag;

    {----- Ermitteln Wochentag (0=Montag,1=Dienstag,...) -----}
    Wochentag := Tage mod 7;

    {----- Ermitteln und Ausdrucken Ueberstunden ------}
    if Wochentag >= 5 then Ueberzeit := Arbeitszeit;
    if Wochentag < 5 then Ueberzeit := Arbeitszeit -8.25;
    writeln('Ueberzeit = ', Ueberzeit:5:2, ' Std')
end.
```

Vorsicht beim Vergleich reeller Werte!

Im Abschnitt 3.9 haben wir festgestellt, daß reelle Werte im Computer im allgemeinen ungenau dargestellt werden. Diesem Umstand ist beim Vergleich reeller Werte Rechnung zu tragen. Der logische Ausdruck

```
arctan(sin(1)/cos(1)) = 1
```

wird auf den meisten Pascal-Implementationen den Wert *falsch* ergeben, obschon er mathematisch korrekt natürlich *wahr* liefern sollte. Man umgeht diese Probleme, indem man nötigenfalls auf approximative Gleichheit bzw. Ungleichheit testet. Statt

```
a = b        bzw.        a <> b
```

verwendet man dann

```
abs(a-b) < e        bzw.        abs(a-b) > e
```

wobei für e die gewünschte Genauigkeit einzusetzen ist.

4.2 Die Verbundanweisung

Gemäß der Syntax der `if`-Anweisung folgt auf `then` genau eine Anweisung. Im vorangehenden Überzeit-Programm genügte uns in allen Fällen diese eine Anweisung hinter `then`. Was aber, wenn wir beim Zutreffen einer Bedingung mehrere Anweisungen ausführen möchten? Beispielsweise seien bei Sonntagsarbeit (d.h. falls `Wochentag=6`) folgende Anweisungen auszuführen:

```
writeln('*** Sonntagsarbeit ***');
Ueberstd := Arbeitszeit;
Zulage := Arbeitszeit * 4.50
```

Wir benötigen dazu eine Anweisung, die gegen außen als eine einzige Anweisung erscheint, innen aber eine Sequenz von beliebig vielen Anweisungen aufnehmen kann. Eine ähnliche Situation also, wie im Frachtgeschäft, wo mehrere zu transportierende Güter in einen Container verpackt werden, der sodann als Einheit spediert wird. Der Container ist gegen außen ein Objekt, enthält aber mehrere Objekte. Der „Anweisungs-Container" in Pascal heißt Verbundanweisung:

```
if Wochentag=6 then
    begin
        writeln('*** Sonntagsarbeit ***');
        Ueberstd := Arbeitszeit;
        Zulage := Arbeitszeit * 4.50
    end
```


Beachten Sie, daß der Strichpunkt wie immer zwischen zwei Anweisungen steht, das heißt, zwei Anweisungen voneinander trennt und nicht etwa eine Anweisung abschließt. Deshalb folgt auf die letzte Anweisung innerhalb einer Verbundanweisung kein Strichpunkt.

Der besseren Übersichtlichkeit halber werden die in einer Verbundanweisung enthaltenen Anweisungen eingerückt. Eine alternative Darstellung einer `if`-Anweisung mit einer Verbundanweisung nach `then` ist:

```
if Wochentag=6 then begin
        writeln('*** Sonntagsarbeit ***');
        Ueberstd := Arbeitszeit;
        Zulage := Arbeitszeit * 4.50
    end
```


Das `end` steht hier zwar nicht mehr unter dem zugehörigen `begin`, sondern unter dem `if`. Wir werden fortan jedoch diese Darstellung verwenden, da sie eine Programmzeile und eine Einrückungsstufe spart und durch Untereinanderstellen des `if` und des `end` ebenso klar zeigt, welches die bedingt auszuführenden Anweisungen sind.

4.3 if-Anweisungen mit else-Teil

Das nächste Problem, für welches wir ein vollständiges Pascal-Programm erarbeiten wollen, ist die Lösung von quadratischen Gleichungen der Form

$$ax^2 + bx + c = 0$$

Die Lösungsformel für eine quadratische Gleichung ist bekanntlich

$$x_{1,2} = \frac{-b \pm \sqrt{b^2 - 4ac}}{2a}$$

Da unser Programm für beliebige Koeffizienten ein korrektes Resultat liefern soll, können wir nicht einfach obige Lösungsformel als Ausdruck formulieren. Wäre beispielsweise $a = 0$, so entstünde eine Division durch Null. Auch führte eine negative Diskriminante (Diskriminante $= b^2 - 4ac$) zu einem Fehler, da in Pascal keine Quadratwurzel aus einer negativen Zahl gezogen werden kann.

Ein Programmgerüst zur Lösung einer quadratischen Gleichung könnte wie folgt aufgebaut sein:

```
program QuadrGleichg (input, output);
begin
    {----- Einlesen Koeffizienten a, b, c -----}
    if a=0 then begin
        {----- Keine quadratische Gleichung -----}
    end
    else begin
        {----- Ermitteln Diskriminante -----}
        if {negative Diskriminante} then
            writeln('imaginaere Loesungen')
        else begin
            {----- Ausschreiben reelle Loesungen -----}
        end
    end
end.
```

In diesem Programmgerüst finden wir zwei if-Anweisungen. Beide haben nicht nur einen then-Teil, sondern auch einen else-Teil (else = engl. sonst). Der then-Teil wird ausgeführt, falls der logische Ausdruck nach if wahr ist (then = dann), der else-Teil, falls er falsch ist (else = sonst):

```
if L then At
    else Ae
```

L steht in dieser Darstellung der allgemeinen Form einer if-Anweisung mit else-Teil für einen logischen Ausdruck. Die Anweisung A_t wird ausgeführt, falls L wahr ist, die Anweisung A_e, falls L falsch ist.

Das fertige Programm zur Lösung quadratischer Gleichungen erhalten wir, indem wir die Kommentare durch Pascal-Anweisungen ergänzen und gegebenenfalls Variablendeklarationen einfügen.

```pascal
program QuadrGleichg (input,output);
    var a,b,c        : real;
        Diskr        : real;
begin
    {----- Einlesen Koeffizienten a,b,c -----}
    write('Koeffizienten a b c? ');
    read(a,b,c);

    if a=0 then begin
        {----- Keine quadratische Gleichung -----}
        writeln('keine quadratische Gleichung');
        if b=0 then
                if c=0 then writeln('unendlich viele Loesungen')
                else writeln('keine Loesung')
        else writeln('x = ', -c/b:10:5)
    end

    else begin
        {----- Ermitteln Diskriminante -----}
        Diskr := sqr(b) -4*a*c;
        if Diskr < 0 then writeln('imaginaere Loesungen')
        else begin
            {----- Ausschreiben reelle Loesungen -----}
            writeln('x1 = ', (-b+sqrt(diskr))/(2*a):10:5);
            writeln('x2 = ', (-b-sqrt(diskr))/(2*a):10:5)
        end
    end
end.
```

Der Strichpunkt ist ein Trennsymbol!

Es muß hier nochmals betont werden: Der Strichpunkt trennt in Pascal zwei *vollständige* Anweisungen voneinander. Deshalb steht vor `else` *nie* ein Strichpunkt, denn `else` ist ja keine vollständige Anweisung, sondern Teil der `if`-Anweisung. Es gibt eine ganze Reihe von Pascal-Übersetzer, die durch einen Strichpunkt vor `else` arg durcheinander gebracht werden.

Verschachtelte `if`-Anweisungen

Im Programm `QuadrGleichg` erkennen wir im Teil zur Lösung nichtquadratischer Gleichungen eine Anwendung direkt ineinander verschachtelter `if`-Anweisungen:

```pascal
if b=0 then
    if c=0 then writeln('unendlich viele Loesungen')
    else writeln('keine Loesung')
else writeln('x = ', -c/b:10:5)
```

Die markierte Anweisung wird nur durchgeführt, falls `b=0` ist, andernfalls kommt der zu `if b=0` gehörende `else`-Zweig zur Ausführung. Das heißt, der Text 'unendlich viele Loesungen' wird nur ausgegeben, falls b=0 und c=0 ist, der Text 'keine Loesung' falls b=0 und c<>0 ist.

Bei verschachtelten if-Anweisungen stellt sich natürlich die Frage, welchem if ein else zugeordnet wird. Durch Einrückungen heben wir die Zuordnungen optisch hervor, indem wir zusammengehörende if und else untereinander stellen. Der Pascal-Übersetzer kümmert sich jedoch nicht um Einrückungen und geht streng nach der Regel vor, wonach ein else zum letzten, noch nicht durch else gepaarten if gehört:

```
if n >= 0 then
    if sqrt(n) <= a then write(n)
else write('Fehler')
```

Durch Einrücken haben wir klar gezeigt, was wir wollen, doch der Übersetzer erkennt unsere Absicht nicht und ordnet das else dem inneren if zu. Korrekt müßten wir diese zwei verschachtelten if-Anweisungen so programmieren:

```
if n >= 0 then
    if sqrt(n) <= a then write(n)
    else                          ⟵ Leeranweisung
else write('Fehler')
```

Somit ist auch die innere if-Anweisung mit einem else-Zweig versehen, der aber nichts enthält. Anders gesagt, folgt auf das innere else eine sogenannte *Leeranweisung*.

Die Leeranweisung

Eine Leeranweisung besteht aus nichts und bewirkt bei der Programmausführung auch nichts. Sie wird nur dadurch manifest, daß an einem Ort im Pascal-Programm, wo eigentlich gemäß den Syntaxregeln eine Anweisung erforderlich wäre, nichts dasteht. In den folgenden Beispielen sind Leeranweisungen durch das Symbol ● gekennzeichnet:

```
if x>0 then ●           if a<> b then ...       begin
else write('positiv')   else ●;                     a := 0;
                        b := a                      b := x+3;
                                                    read(x);  ●
                                                end
```

In Wirklichkeit wäre an Stelle des ● natürlich nichts vorhanden. Wir haben das Symbol ● nur zur Illustration verwendet.

Im Beispiel rechts wird klar, warum ein Strichpunkt vor einem end nicht zu einem Syntaxfehler führt, obschon wir mehrfach festgehalten haben, daß vor einem end eigentlich kein Strichpunkt hingehört: Zwischen dem Strichpunkt und dem end wird eine Leeranweisung erkannt.

4.4 Logische Variablen und Konstanten

In einem Pascal-Programm behandeln wir Datenobjekte. Datenobjekte sind unter anderem Variablen, Konstanten und Werte, die sich aus der Berechnung von Ausdrücken ergeben. Jedes Datenobjekt hat in Pascal einen Typ. In den Kapiteln 2 und 3 haben wir die Typen `integer` und `real` kennengelernt.

Im Zusammenhang mit der `if`-Anweisung war in diesem Kapitel von *logischen Ausdrücken* die Rede. Wir haben festgestellt, daß ein logischer Ausdruck als Resultat einen der beiden Wahrheitswerte *falsch* oder *wahr* liefert. Ohne dies in den bisherigen Ausführungen zu logischen Ausdrücken gesagt zu haben, existiert auch für Datenobjekte, die einen Wahrheitswert repräsentieren, ein besonderer Pascal-Datentyp. Er wurde nach dem englischen Mathematiker George Boole (1815-1864) `boolean` benannt.

Datenobjekte des Typs `boolean` können nur die zwei Wahrheitswerte *falsch* oder *wahr* annehmen. In Pascal werden diese beiden Werte durch die entsprechenden englischen Namen `false` und `true` bezeichnet. Die Namen `false` und `true` sind also die Konstanten des Typs `boolean`, wie beispielsweise `17` oder `462` Konstanten des Typs `integer` sind.

Bis jetzt kennen wir lediglich eine Methode, einen Wert vom Typ `boolean` zu bilden, den Vergleich zweier typenkompatibler Ausdrücke mit einem Vergleichsoperator. Beispiele:

```
var a,b        : real;
    negativ    : boolean;
    gefunden   : boolean;
      .
      .
      .
negativ := a<0;
gefunden := true;
if negativ then write(a);
write(gefunden)
```

Das letzte Beispiel zeigt, daß wir auch Werte vom Type `boolean` ausschreiben können. Die Ausgabe ist `false` oder `true`, je nach Wahrheitswert. Leider ist es nicht möglich, Wahrheitswerte direkt einzulesen. Wir behelfen uns beispielsweise wie folgt:

```
var i   : integer;
    b   : boolean;
      .
      .
      .
write('Antwort (0=nein, 1=ja)? ');
read(i);
b := i=1
```

4.5 Ausdrücke mit logischen Operatoren

Logische Ausdrücke ergeben den Wert `false` oder `true`. In den bisher besprochenen Fällen bestanden die logischen Ausdrücke aus Vergleichen, aus einer Variablen vom Typ `boolean` oder aus einer logischen Konstanten `false` oder `true`. Kompliziertere logische Ausdrücke können durch Anwendung der logischen Operatoren `and`, `or` und `not` gebildet werden:

Einwertiger logischer Operator

Symbol	Operation	Beispiele
`not`	logisches NICHT	`not false = true` `not true  = false`

Zweiwertige logische Operatoren

Symbol	Operation	Beispiele

`or`	logisches ODER	`false or false  = false`
		`false or true   = true`
		`true  or false  = true`
		`true  or true   = true`

`and`	logisches UND	`false and false = false`
		`false and true  = false`
		`true  and false = false`
		`true  and true  = true`

Die Operanden der logischen Operatoren müssen logische Ausdrücke sein. Wie die Beispiele in den Tabellen zeigen, haben die logischen Operatoren folgende Semantik:

> `not` liefert das Komplement (oder die Negation) seines Operanden
>
> `or` liefert `false`, wenn beide Operanden den Wert `false` haben, `true` in allen anderen Fällen
>
> `and` liefert `true`, wenn beide Operanden den Wert `true` haben, `false` in allen anderen Fällen

Beispiele:

```
(Element >= Grenzwert) and not gefunden
(Temperatur > 30) and (Feuchtigkeit > 0.95)
maennlich and (Alter > 65) or not maennlich and (Alter > 62)
```

Das letzte Beispiel soll eine Rentenberechtigung aufgrund des Alters und des Geschlechtes feststellen. Wie schon bei arithmetischen und Vergleichsoperatoren stellt sich auch hier die Frage der Prioritätsregeln. In Pascal wird `or` den Additionsoperatoren und `and` den Multiplikationsoperatoren zugeordnet. Wir erhalten damit die Prioritätsregeln:

erste Priorität:	Vorzeichenoperatoren	`+ - not`
zweite Priorität:	Multiplikationsoperatoren	`* / div mod and`
dritte Priorität:	Additionsoperatoren	`+ - or`
vierte Priorität:	Vergleichsoperatoren	`= <> > < >= <=`

Der Rentenberechtigungsausdruck wird gemäß diesen Prioritätsregeln wie folgt
berechnet:

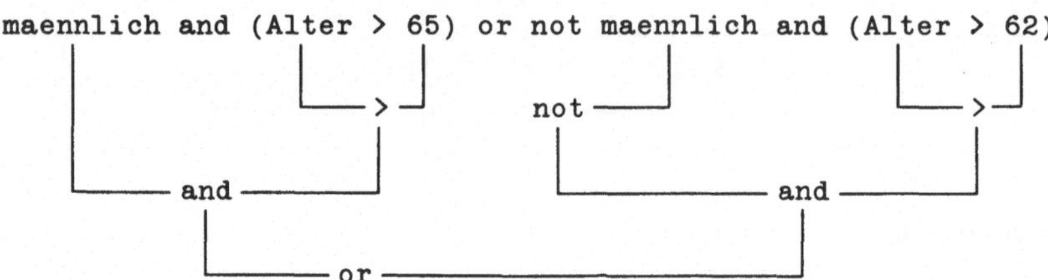

Achten Sie darauf, daß die niedrige Priorität der Vergleichsoperatoren die
Verwendung von Klammern bedingen kann:

```
a < b + c
```

wird vom Pascal-Compiler korrekt als

```
a < (b + c)
```

interpretiert. Der Ausdruck

```
a < b and c >= d
```

würde aber einen Fehler ergeben, da er äquivalent ist mit

```
a < (b and c) >= d
```

Programmbeispiel: Beitragspflicht zur Sozialversicherung AHV

Betrachten wir zum Abschluß dieses Kapitels ein praktisches Programm mit
logischen Ausdrücken.

In der Schweiz besteht die staatliche Sozialversicherung AHV. Die Beiträge
zu dieser Versicherung werden für unselbständig Erwerbende mit jeder Lohnzah-
lung erhoben. Die volle Beitragspflicht beginnt im Januar des 18. Altersjahres
und endet für Frauen mit dem Monat, in dem sie das 62. Altersjahr vollenden,
für Männer im Monat, in dem sie das 65. Altersjahr vollenden. Das folgende
Programm bestimmt die AHV-Beitragspflicht gemäß diesen Vorschriften:

```
program AHV (input,output);
    var Geburtsmonat,Geburtsjahr    : integer;
        Lohnmonat,Lohnjahr          : integer;
        Geschlecht                  : integer; { 1=Mann, 2=Frau }
        Alter                       : integer;
        pflichtig                   : boolean;
```

```pascal
begin

    {----- Eingeben Geburtsdatum, Lohndatum und Geschlecht -----}
    write('Geburtsmonat? ');  read(Geburtsmonat);
    write('Geburtsjahr?  ');  read(Geburtsjahr);
    write('Lohnmonat?    ');  read(Lohnmonat);
    write('Lohnjahr?     ');  read(Lohnjahr);
    write('Mann(1) oder Frau(2)? ');  read(Geschlecht);

    {----- Errechnen Alter in Monaten -----}
    Alter := (Lohnjahr-Geburtsjahr)*12+Lohnmonat-Geburtsmonat;

    {----- Bestimmen AHV-Pflicht -----}
    pflichtig := (Lohnjahr-Geburtsjahr >= 18) and
                 (((Geschlecht = 1)  and  (Alter <= 65*12)) or
                 ((Geschlecht = 2)  and  (Alter <= 62*12)));
    if pflichtig then writeln('AHV-pflichtig')
    else writeln('nicht AHV-pflichtig')
end.
```

Kapitel 5: Repetitive Ausführung von Anweisungen

In diesem Kapitel werden wir lernen, wie man die repetitive Ausführung von Anweisungen programmiert. Während in den bisherigen Programmen die Anweisungsausführung immer in einheitlicher Richtung, vom Beginn zum Ende des Programms ablief, bedingt eine Repetition von Anweisungen einen Rücksprung auf eine weiter vorn im Programm liegende Anweisung. Zeichnet man den Ablauf der Anweisungsausführung durch Pfeile von Anweisung zu Anweisung, so entsteht bei einer Repetition eine Schleife:

> *Anweisung 1;*
>
> *Anweisung 2;*
>
> *Anweisung 3;*

Deshalb spricht man bei Repetitionen häufig auch von *Programmschleifen.*

5.1 Die `while`-Anweisung

Nehmen Sie an, Sie seien vor die Aufgabe gestellt, die Quadratwurzel aus einer Menge Zahlen zu ziehen. Da Sie gerade keinen Taschenrechner zur Hand haben, beschließen Sie, zu diesem Zweck ein kleines Pascal-Programm zu schreiben:

```
program Wurzel (input,output);
    var z   : real;
begin
    write('? '); read(z);
    writeln(sqrt(z));
end.
```

Bei Gebrauch des Programmes stört, daß man es für jede Berechnung einer Wurzel neu laufen lassen muß. Weit bequemer ist ein Programm, das fortlaufend Werte einliest und Quadratwurzeln berechnet, bis ein negativer Wert eingegeben wird:

```
program Wurzel (input,output);
    var z   : real;
begin
    write('? '); read(z);
    while z>=0 do begin
        writeln(sqrt(z));
        write('? '); read(z)
    end
end.
```

Die while-Anweisung enthält einen logischen Ausdruck und eine Anweisung:

```
while L do A
```

Die auf do folgende Anweisung A wird repetitiv solange durchgeführt, wie der logische Ausdruck L wahr ist. Dabei wird der logische Ausdruck L vor jeder Repetition, auch vor der allerersten, berechnet (sonst würde ja eine einmal begonnene Repetition nie mehr abbrechen). Als A erscheint meist eine Verbundanweisung, es ist jedoch jede Anweisung erlaubt.

Im vorangehenden Quadratwurzel-Programm wird also die auf do folgende Verbundanweisung solange durchgeführt, wie z größer gleich Null ist. Entsprechend der if-Anweisung schreiben wir auch in der while-Anweisung das begin direkt hinter das do und das end unter das die Verbundanweisung treibende while (siehe auch 4.2).

Als nächstes wollen wir eine Sinustabelle für Winkel zwischen 0 und 2π, in Schritten von $\pi/10$ erstellen:

```
program Sinustabelle (input,output);
    var Winkel  : real;
        pi      : real;
begin
    pi := 4*arctan(1);
    Winkel := 0;
    while Winkel<=2*pi do begin
        writeln(Winkel:10:4, sin(Winkel):10:4);
        Winkel := Winkel+pi/10
    end
end.
```

Wir erkennen in diesem Programm eine sehr häufig auftretende Repetitionsstruktur, in der eine Variable eine Folge von Werten durchläuft, bis ein Endwert erreicht wird:

```
        .
        .
        .
    Variable : = Anfangswert;
    while Variable<=Endwert do begin
            .
            .
        Variable : = nächster Wert
    end;
        .
        .
        .
```

5.2 Die repeat-Anweisung

Die repeat-Anweisung ist symmetrisch zur while-Anweisung im Sinne, daß sie eine Repetition nicht *solange* (while) fortsetzt, wie ein logischer Ausdruck true ist, sondern *bis* (until) er true ist. Auch wird der logische Ausdruck nicht *vor* der Ausführung der zu repetierenden Anweisungen evaluiert, sondern *nachher*:

```
while L do begin              repeat
    Anweisung₁;                   Anweisung₁;
    Anweisung₂;                   Anweisung₂;
          .                             .
          .                             .
          .                             .
    Anweisungₙ₋₁;                 Anweisungₙ₋₁;
    Anweisungₙ                    Anweisungₙ
end                           until L
```

L steht auch hier für einen beliebigen logischen Ausdruck. Die repeat-Anweisung bildet selbst eine Art Verbundanweisung durch die Wortsymbole repeat und until, welche die zu repetierenden Anweisungen einschließen.

Ob man an einer bestimmten Stelle im Programm lieber die while-Anweisung oder die repeat-Anweisung verwendet, ist vielfach eine Frage persönlicher Präferenzen. Das Programm Wurzel aus dem Abschnitt 5.1 kann beispielsweise ebensogut mit einer repeat-Anweisung geschrieben werden:

```
program Wurzel (input,output);
    var z   : real;
begin
    repeat
        write('? '); read(z);
        if z>=0 then writeln(sqrt(z))
    until z<0
end.
```

Programmbeispiel: Näherungsverfahren nach Newton

Es gibt jedoch auch Situationen, in denen erst nach der Durchführung der zu repetierenden Anweisungen entschieden werden kann, ob noch weitere Repetitionen auszuführen sind oder nicht. In solchen Fällen ist die repeat-Anweisung die bessere Alternative als die while-Anweisung.

Betrachten wir als Beispiel dazu die Ermittlung der Kubikwurzel mit Hilfe der Näherungsformel von Newton:

$$y_i = \frac{2y_{i-1} + \dfrac{x}{y_{i-1}^2}}{3}$$

y_i ist gleich dem Näherungswert für die Kubikwurzel aus x nach dem i-ten Schritt, y_{i-1} der Näherungswert des vorangehenden Schrittes. Unser Programm soll solange Näherungswerte berechnen, bis sich y_i und y_{i-1} um weniger als 1e−7 unterscheiden. Ist diese Genauigkeit nach 50 Schritten noch nicht erreicht, so muß die Berechnung mit einer entsprechenden Fehlermeldung abgebrochen werden. Im Programm erscheint y_i als y2, y_{i-1} als y1.

```pascal
program Newton (input,output);
    var x, y1, y2    : real;
        i                : integer;
begin
    repeat
        write('Wert? '); read(x);
        if x<>0 then begin
            y2 := x;
            i := 0;
            repeat
            y1 := y2;
            y2 := (2*y1 + x/sqr(y1)) / 3;
            i := i+1
            until (abs(y1-y2)<1e-7) or (i=50);
            if i=50 then writeln('Genauigkeit nicht erreicht!');
            writeln('Dritte Wurzel aus ', x:10:5, ' ist ', y2:10:5)
        end
    until x=0
end.
```

5.3 Die `for`-Anweisung

In recht vielen Programmschleifen muß synchron zu den Repetitionen eine sogenannte *Kontrollvariable* (auch *Indexvariable* oder *Schleifenzählervariable* genannt) mitgeführt werden. Der Wert dieser Variablen wird bei jeder Repetition um eins erhöht. Ein Beispiel dafür ist die Erstellung einer Tabelle mit den Quadraten der ganzen Zahlen zwischen 5 und 100:

```pascal
i := 5;
while i<=100 do begin
    writeln(i,sqr(i));
    i := i+1
end
```

Hier ist i die Kontrollvariable. Sie durchläuft synchron mit der `while`-Schleife die Werte 5,6,7,...,99,100, um schließlich mit dem Wert 101 die Schleife abzubrechen.

Mit der `for`-Anweisung können solche Programmschleifen einfacher programmiert werden:

```pascal
for i := 5 to 100 do writeln(i,sqr(i))
```

Die auf do folgende Anweisung wird für jeden im geschlossenen Intervall $5<=i<=100$ liegenden Wert einmal durchgeführt. Es kann auch Repetition mit absteigenden Werten verlangt werden:

```pascal
for i := 45 downto 1 do writeln(i,sqr(i))
```

Die Syntax der `for`-Anweisung ist

```
for K := Wa to We do A
```
K = Kontrollvariable
W_a = Anfangswert
W_e = Endwert
A = eine Anweisung

oder

```
for K := Wa downto We do A
```

Die Kontrollvariable und konsequenterweise auch der Anfangs- und der Endwert können von einem beliebigen *ordinalen Typ* sein. Bis jetzt kennen wir
nur die ordinalen Typen integer und boolean. Weitere kommen im nächsten
Kapitel zur Sprache.

Merken wir uns einige wichtige Regeln zum Gebrauch der for-Anweisung anhand des folgenden Beispiels:

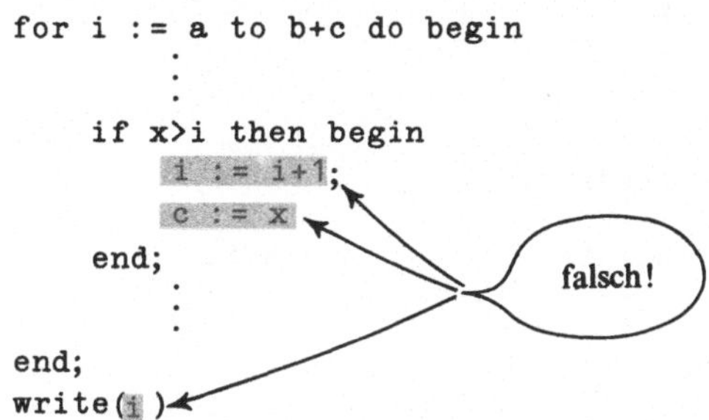


```
for i := a to b+c do begin
      .
      .
   if x>i then begin
         i := i+1;
         c := x
   end;
      .
      .
end;
write(i)
```

1. Der Wert der Kontrollvariablen darf in der Schleife nicht verändert
   werden (die Zuweisung i := i+1 ist unzulässig).

2. Der Endwert wird nur einmal berechnet, unmittelbar vor der Ausführung
   der Schleife. Alle späteren Änderungen an Variablen, die den Endwert
   bestimmen, haben keinen Einfluß auf die Anzahl der Schleifenrepetitionen
   (die Zuweisung c := x verändert den Endwert nicht).

3. Nach dem Verlassen der for-Anweisung ist der Wert der Kontrollvariablen undefiniert und sollte deshalb vor einer erneuten Wertzuweisung
   nicht mehr verwendet werden (write(i) liefert undefinierte Resultate).

4. Falls der Anfangswert größer ist als der Endwert (bzw. kleiner bei
   downto), so wird die Schleife überhaupt nicht durchgeführt.

Programmbeispiel: Zinseszins- und Rententabelle

Nach derart viel Theorie wollen wir nun wieder ein Programm für ein Problem
aus dem täglichen Wirtschaftsleben schreiben: Ein Finanzinstitut benötigt eine
Zinseszins- und Rententabelle für verschiedene Zinssätze. Die Tabelle soll
für 5, 10, 15,...,90 und 95 Jahre folgende Werte enthalten (r = Aufzinsfaktor
= 1+Zinssatz/100, n = Anzahl Jahre):

Kapital-Endwert: Lege ich heute eine Geldeinheit auf ein Sparheft, wieviel
habe ich mit Zins und Zinseszins nach n Jahren?

$$\text{Kapitalendwert} = r^n$$

Renten-Endwert: Zahle ich jährlich am Ende des Jahres eine Geldeinheit
auf ein Sparheft ein, wieviel habe ich mit Zins und Zinseszins nach n Jahren?

$$\text{Rentenendwert} = \frac{r^n - 1}{r - 1}$$

Annuität: Will ich eine Schuld von einer Geldeinheit samt Zins und Zinseszins in n Jahren tilgen, wieviel muß ich pro Jahr abzahlen?

$$\text{Annuität} = r^n \cdot \frac{r-1}{r^n - 1}$$

```pascal
program RentenTab (input, output);
    var Zinssatz    : real;
        r, rn       : real;
        n           : integer;
begin
    write('Zinssatz? '); read(Zinssatz);
    writeln; writeln;
    writeln('Zinseszins- und Rententabelle (', Zinssatz:5:2, ' %)');
    writeln('------------------------------');
    writeln;
    writeln('Jahre  Kapital-Endwert   Renten-Endwert   Annuitaet');
    writeln('-----  ---------------   --------------   ---------');
    r := 1 + Zinssatz/100;
    rn := r;
    for n := 1 to 100 do begin
        if (n mod 5) = 0 then writeln(n:4,'  ', rn:17:6,
                (rn-1)/(r-1):17:6, rn*(r-1)/(rn-1):12:6);
        rn := rn*r
    end
end.
```

```
Zinssatz? 4.75

Zinseszins- und Rententabelle ( 4.75 %)
------------------------------

Jahre   Kapital-Endwert   Renten-Endwert   Annuitaet
-----   ---------------   --------------   ---------
    5          1.261160         5.498104    0.229381
   10          1.590525        12.432092    0.127937
   15          2.005906        21.176960    0.094721
   20          2.529768        32.205643    0.078550
   25          3.190443        46.114578    0.069185
   30          4.023659        63.655956    0.063209
   35          5.074478        85.778465    0.059158
   40          6.399729       113.678467    0.056297
   45          8.071082       148.864838    0.054218
   50         10.178925       193.240463    0.052675
   55         12.837253       249.205246    0.051513
   60         16.189831       319.785828    0.050627
   65         20.417967       408.799164    0.049946
   70         25.750326       521.059326    0.049419
   75         32.475281       662.637268    0.049009
   80         40.956520       841.189636    0.048689
   85         51.652721      1066.372803    0.048438
   90         65.142349      1350.364868    0.048241
   95         82.154930      1708.524292    0.048085
  100        103.610519      2160.220703    0.047963
```

Programmbeispiel: Primfaktorenzerlegung

Als abschließende Übung zu diesem Kapitel schreiben wir ein Programm zur Zerlegung einer natürlichen Zahl in ihre Primfaktoren. Da keine analytische Formel zur Ermittlung der Primfaktoren bekannt ist, müssen wir diese durch Probieren finden. Wir versuchen, die eingegebene Zahl sooft wie möglich durch 2 zu teilen, dann durch 3, 4, 5, usw. Selbstverständlich werden wir keine Teilbarkeit durch ein Vielfaches eines bereits gefundenen Primfaktors finden (z.B. durch 4). Da es aber wie gesagt keinen analytischen Weg gibt, die nächste Primzahl zu ermitteln, probieren wir stur eine Zahl nach der anderen.

Das Primfaktoren-Programm ist doch von komplexerer Struktur, als daß man es nur so aus dem Ärmel schütteln könnte. Deshalb bauen wir erst einen Programmrahmen auf:

```pascal
program Primfaktoren (input,output);
begin
    repeat
        {----- Einlesen Zahl -----}
        {----- Zerlegung in Primfaktoren -----}
        if Zahl>0 then begin
            for Faktor := 2 to Zahl do begin
                while {Zahl durch Faktor teilbar} do begin
                    {----- Primfaktor gefunden -----}
                end
            end
        end
    until Zahl=0
end.
```

Das vollständig ausgearbeitete Programm könnte etwa wie folgt aussehen:

```pascal
program Primfaktoren (input,output);
    var Zahl    : integer;
        Faktor  : integer;
begin
    repeat
        {----- Einlesen Zahl -----}
        write('Zahl? '); read(Zahl);

        {----- Zerlegung in Primfaktoren -----}
        if Zahl>0 then begin
            write('Primfaktoren: ');
            for Faktor := 2 to Zahl do begin
                while Zahl mod Faktor = 0 do begin
                    {----- Primfaktor gefunden -----}
                    write(Faktor:1,' ');
                    Zahl := Zahl div Faktor
                end
            end;
            writeln
        end
    until Zahl=0
end.
```

Testen Sie Ihr Programm mit folgenden Zahlen:

```
Zahl? 5
Primfaktoren: 5
Zahl? 185
Primfaktoren: 5 37
Zahl? 991
Primfaktoren: 991
Zahl? 1048
Primfaktoren: 2 2 2 131
Zahl? 31858
Primfaktoren: 2 17 937
Zahl? 0
```

Haben Sie bemerkt, daß die Zerlegung des letzten Wertes doch recht lang dauerte? Wir können das Programm erheblich schneller machen, wenn wir uns folgende Erkenntnis zunutze machen:

Findet man im Bereich 2<=b<=sqrt(a) kein b, durch das sich a ohne Rest teilen läßt, so gibt es auch kein solches b im Bereich sqrt(a)<b<a, denn a=b*c (b>c) impliziert a=c*b (c<b).

Wir lassen also die for-Anweisung nicht von 2 bis Zahl laufen, sondern nur von 2 bis sqrt(Zahl):

```
for Faktor := 2 to trunc(sqrt(Zahl))
```

Das Programm kann noch schneller gemacht werden, wenn wir den Endwert der Kontrollvariablen jedesmal heruntersetzen, wenn wir einen Primfaktor gefunden und Zahl durch diesen dividiert haben. Wir müssen dann allerdings die for-Schleife durch eine while-Schleife ersetzen, da der Endwert ja wie besprochen innerhalb einer for-Schleife nicht verändert werden kann:

```
program Primfaktoren (input,output);
    var Zahl, Grenze   : integer;
        Faktor         : integer;
begin
    repeat
        {----- Einlesen Zahl -----}
        write('Zahl? ');  read(Zahl);

        {----- Zerlegung in Primfaktoren -----}
        if Zahl>0 then begin
            write('Primfaktoren: ');
            Grenze := trunc(sqrt(Zahl));
            Faktor := 2;
            while Faktor<=Grenze do begin
                while Zahl mod Faktor = 0 do begin
                    {----- Primfaktor gefunden -----}
                    write(Faktor:1,' ');
                    Zahl := Zahl div Faktor;
                    Grenze := trunc(sqrt(Zahl))
                end;
                Faktor := Faktor+1
            end;
            if Zahl>1 then write(Zahl:1);
            writeln
        end
    until Zahl=0
end.
```

Kapitel 6: Mehr über einfache Datentypen

Wir kennen jetzt die Datentypen `integer`, `real` und `boolean`. Bevor wir weitere Datentypen besprechen, scheint eine Klassierung der Pascal-Datentypen angebracht:

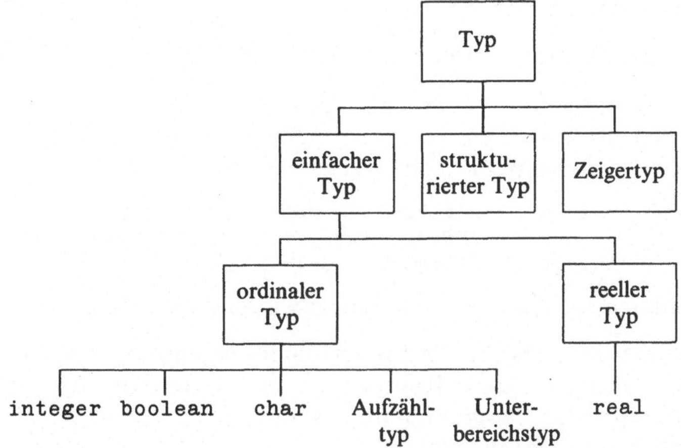

Die Typen `integer`, `real`, und `boolean` bezeichnet man als einfache Typen, weil sie nicht aus Elementen anderer Datentypen zusammengesetzt sind. In diesem Kapitel kommen die verbleibenden einfachen Datentypen zur Sprache. Die strukturierten Typen lernen wir in den Kapiteln 7, 9, 10 und 12 kennen. Zeigertypen sind das Thema des Kapitels 11.

Bei den einfachen Datentypen unterscheiden wir zwischen *ordinalen Typen* und dem Typ `real`. Zwischen zwei beliebigen Werten eines ordinalen Typs liegen stets endlich viele, und damit auch abzählbar viele diskrete Werte. Im Gegensatz dazu liegen zwischen zwei ungleichen reellen Werten nicht abzählbar unendlich viele Werte (mindestens theoretisch).

6.1 Aufzähltypen

Der Wertebereich eines Datentyps umfaßt die Menge der Werte, die Objekte dieses Datentyps annehmen können. Die Wertebereiche der bisher besprochenen Datentypen sind:

```
integer:    eine (endliche) Untermenge der ganzen Zahlen
real:       eine (endliche) Untermenge der reellen Zahlen
boolean:    die Wahrheitswerte false und true
```

Während wir bei `integer` und `real` numerische Wertebereiche antreffen, ist der Wertebereich des Typs `boolean` die Menge der beiden nichtnumerischen Wahrheitswerte `false` und `true`.

In der Praxis der Programmierung ist man fortwährend mit nichtnumerischen Wertebereichen konfrontiert. Beispiele dafür sind:

Wochentag: Montag, Dienstag, ... , Samstag, Sonntag

Geschlecht: männlich, weiblich

Zivilstand: ledig, verheiratet, geschieden, verwitwet

Symptom: Kopfweh, Bauchweh, Halsweh, Fieber, Durchfall, Brechreiz, Schwindel

Fahrzeugtyp: Fahrrad, Mofa, Motorrad, PKW, LKW, Bus, andere

Man kann sich natürlich behelfen, indem man Objekte mit solchen nichtnumerischen Wertebereichen als vom Typ `integer` deklariert und den einzelnen Werten Zahlen als Codes zuordnet, beispielsweise:

```
var Fahrzeug      : integer;   {Fahrrad=1, Mofa=2, Motorrad=3,
                                PKW=4, LKW=5, Bus=6, andere=7}
    Angestellter : integer;   {1=maennl, 2=weibl}
```

Eine solche Programmierung hat aber zwei schwerwiegende Nachteile:

1. Der Programmierer muß als Teil der Programmdokumentation festhalten, was ein Code bedeutet (z.B. als Kommentar im Programm). Wird dies unterlassen, so wird das Programm unverständlich („Was ist 1 schon wieder? Männlich oder weiblich?").

2. Die Selbstdokumentation eines Programmes läßt zu wünschen übrig:

```
if Fahrzeug=5 then ...
```

Was ist gemeint? LKW oder Bus oder PKW? Man ist gezwungen, in der Dokumentation nachzusehen.

Durch die Verwendung von sogenannten *Aufzähltypen* fällt das Problem der Zuordnung von numerischen Codes zu den einzelnen Werten weg. Es entstehen damit Programme, die sich sehr gut selbst dokumentieren:

```
program Beispiel (input,output);
    type Fahrzeugtyp = (Fahrrad,Mofa,Motorrad,PKW,LKW,Bus,andere);
         Wochentag   = (Mon,Die,Mit,Don,Fre,Sam,Son);
    var  Fahrzeug   : Fahrzeugtyp;
         Heute      : Wochentag;
         Tag        : Wochentag;
         .
         .
         .
    if (Fahrzeug=LKW) and (Tag=Son) then
            writeln('Bewilligung vorhanden?');
    if (Heute<>Sam) and (Heute<>Son) then
            writeln('Schaffe, schaffe ...');
         .
         .
         .
```

Wir erkennen im Deklarationsteil dieses Programmfragmentes vor den Variablendeklarationen den *Typendeklarationsteil*. Dieser dient zur Definition von neuen Typen zusammen mit einem Typennamen:

```
type  Typenname₁   =   Typendefinition₁;
      Typenname₂   =   Typendefinition₂;
          ⋮
      Typennameₙ   =   Typendefinitionₙ;
```

Alle Typendeklarationen müssen in einem zusammenhängenden Typendeklarationsteil und *vor* den Variablendeklarationen gemacht werden. Ungültig wäre deshalb:

```
program Beispiel (input, output);
    type Fahrzeugtyp      = (Fahrrad, Mofa, Motorrad, PKW, LKW, Bus, andere);
    var  Fahrzeug         : Fahrzeugtyp;
    type Wochentag        = (Mon, Die, Mit, Don, Fre, Sam, Son);
    var  Heute            : Wochentag;
         Tag              : Wochentag;
```

Betrachten wir nun die Deklaration von Aufzähltypen etwas genauer. Ein Aufzähltyp wird definiert durch die in ( ) eingeschlossene Aufzählung der Werte dieses Typs:

$$(\; W_1 \; , \; W_2 \; , \; \ldots \; , \; W_{n-1} \; , \; W_n \;) \qquad\qquad W_i = \text{Wertename}$$

Jedem Wert eines Aufzähltyps wird ein Name zugeordnet. Diese Namen sind damit als Konstanten dieses Aufzähltyps definiert. Da in Pascal derselbe Name innerhalb eines Gültigkeitsbereiches prinzipiell nur zur Bezeichnung eines einzigen Objektes verwendet werden darf, müssen auch die in Aufzähltypen deklarierten Werte eindeutige Namen haben. Ungültig ware also beispielsweise

```
type Symbol = (Kreis, Kreuz, Quadrat, Dreieck);
     Karte  = (Herz, Pic, Karo, Kreuz);
```


Was wäre mit Kreuz gemeint, das Symbol oder die Spielkarte?

Die Werte eines Aufzähltyps sind entsprechend der Aufzählreihenfolge geordnet. Deshalb gilt für den Aufzähltyp

```
(Mon, Die, Mit, Don, Fre, Sam, Son)
```

die Ordnung

```
Mon<Die<Mit<Don<Fre<Sam<Son
```

Auf Datenobjekte eines Aufzähltyps können lediglich die Vergleichsoperatoren angewendet werden (4.1). Es ist nicht gestattet, andere Operatoren im Zusammenhang mit Aufzähltypen zu gebrauchen. Gegeben die Deklarationen

```
type Fahrzeugtyp      = (Fahrrad,Mofa,Motorrad,PKW,LKW,Bus,andere);
     Zivilstand       = (ledig,verheiratet,verwitwet,geschieden);
     Wochentag        = (Mon,Die,Mit,Don,Fre,Sam,Son);
var  Fahrzeug         : Fahrzeugtyp;
     Vater            : Zivilstand;
     Tag              : Wochentag;
```

wären also folgende Ausdrücke korrekt

```
Fahrzeug<>Fahrrad
Tag>Fre
Vater=verwitwet
```

Falsch aber sind

```
Tag-1
Motorrad+PKW
2*geschieden
```

Eigentlich recht einleuchtend, nicht? Werte eines Aufzähltyps sind wohl geordnet, folglich machen die Vergleichsoperatoren Sinn. Die Werte sind aber nicht numerisch, deshalb sind arithmetische Operationen nicht anwendbar.

Ordnungszahlen in Aufzähltypen

Den einzelnen Werten eines Aufzähltyps werden implizit Ordnungszahlen zugeteilt. Der erste Wert jedes Aufzähltyps hat die Ordnungszahl 0, der zweite 1, usw. Auf diesen Ordnungszahlen basieren die drei Standardfunktionen `ord`, `succ` und `pred`:

Funktion	Typ des Argumentes	Typ des Resultates	Funktionsbeschreibung
`ord(`x`)`	ein ordinaler Typ	`integer`	die Ordnungszahl des Wertes x
`succ(`x`)`	ein ordinaler Typ	derselbe Typ	der Wert, dessen Ordnungszahl um 1 größer ist als x
`pred(`x`)`	ein ordinaler Typ	derselbe Typ	der Wert, dessen Ordnungszahl um 1 kleiner ist als x

Die vielleicht nicht sofort verständlichen Abkürzungen `succ` und `pred` stammen aus dem Englischen (succ = successor = Nachfolger, pred = predecessor = Vorgänger). Beispiele:

```
type Fahrzeugtyp      = (Fahrrad,Mofa,Motorrad,PKW,LKW,Bus,andere);
     Zivilstand       = (ledig,verheiratet,verwitwet,geschieden);
     Wochentag        = (Mon,Die,Mit,Don,Fre,Sam,Son);
```

```
ord(Fahrrad)  = 0
ord(Mit)  = 2
ord(23)  = 23
ord(false)  = 0
pred(LKW)  = PKW
pred(0)  = -1
succ(ledig)  = verheiratet
succ(15)  = 16
```

Beachten Sie, daß es nicht gestattet ist, den Nachfolger des letzten Wertes
oder den Vorgänger des ersten Wertes zu verlangen:

`for`-Anweisungen mit Aufzähltypen

Wir haben in Abschnitt 5.3 festgehalten, daß die `for`-Anweisung mit irgendwel-
chen ordinalen Typen angewendet werden kann. Folgende `for`-Anweisungen
sind demnach auch gültig:

```
for Fahrzeug := Bus downto Fahrrad do ...

for Tag := Mon to Fre do ...
```

Typendeklarationen

Noch ein paar Bemerkungen zu Typendeklarationen im allgemeinen. Zu einem
Typennamen kann ein beliebiger Typ deklariert werden, auch ein bereits bekannter. Passen Ihnen beispielsweise die Namen `integer`, `real` und `boolean`
nicht, so deklarieren Sie eben eigene Namen dafür, beispielsweise:

```
type GanzeZahl       = integer;
     ReelleZahl      = real;
     Wahrheitswert   = boolean;
var  i               : GanzeZahl;
     x               : ReelleZahl;
     ok              : Wahrheitswert;
```

Es besteht kein Zwang, einen neuen Typ im Typendeklarationsteil zu definieren.
Er kann auch direkt in der Variablendeklaration eingeführt werden:

```
var Tag     : (Mon,Die,Mit,Don,Fre,Sam,Son);
```

Beachten Sie aber, daß derselbe Typ natürlich nur ein einziges Mal deklariert
werden darf. Ungültig ist also die zweite Zeile von

```
var Heute   : (Mon,Die,Mit,Don,Fre,Sam,Son);
    Gestern : (Mon,Die,Mit,Don,Fre,Sam,Son);
```

6.2 Die `case`-Anweisung

Leider können wir Werte eines Aufzähltyps weder direkt einlesen noch direkt
ausschreiben. Die `read`- und die `write`-Anweisung in folgendem Beispiel
würden beide als falsch markiert:

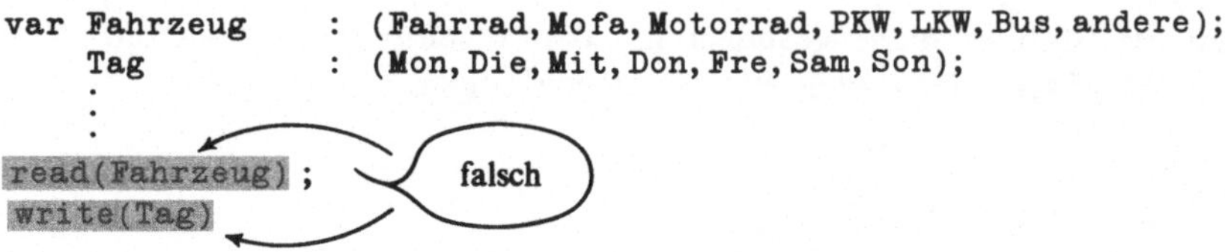

Wir sind gezwungen, uns durch indirektes Einlesen und Ausschreiben zu helfen:

```
var Tag      : (Mon,Die,Mit,Don,Fre,Sam,Son);
    TagNr    : integer;
        .
        .
write('Tag (0=Mon,...,6=Son)? '); read(TagNr);
if        TagNr=0 then Tag := Mon
else if TagNr=1 then Tag := Die
else if TagNr=2 then Tag := Mit
else if TagNr=3 then Tag := Don
else if TagNr=4 then Tag := Fre
else if TagNr=5 then Tag := Sam
else      TagNr=6 then Tag := Son;
        .
        .
if        Tag=Mon then write('Mon')
else if Tag=Die then write('Die')
else if Tag=Mit then write('Mit')
else if Tag=Don then write('Don')
else if Tag=Fre then write('Fre')
else if Tag=Sam then write('Sam')
else      Tag=Son then write('Son')
```

Mit den verschachtelten `if`-Anweisungen haben wir eine besondere Art der
Anweisungs-Selektion programmiert: Abhängig vom Wert eines Selektors ist
aus einer Menge von Anweisungen eine einzelne Anweisung auszuwählen:

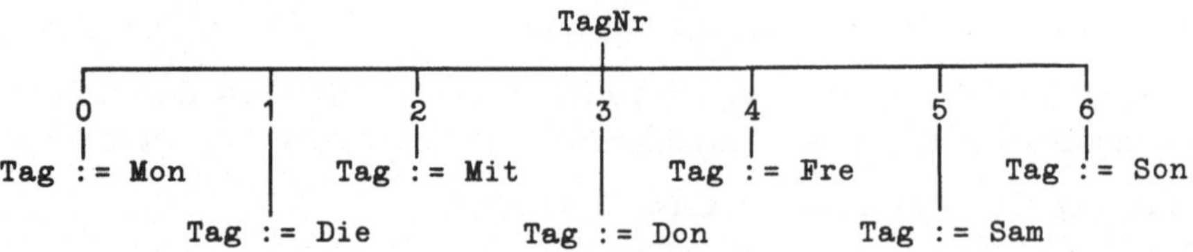

Da solche Selektionsstrukturen relativ häufig auftreten, kennt Pascal eine speziell darauf zugeschnittene Selektionsanweisung:

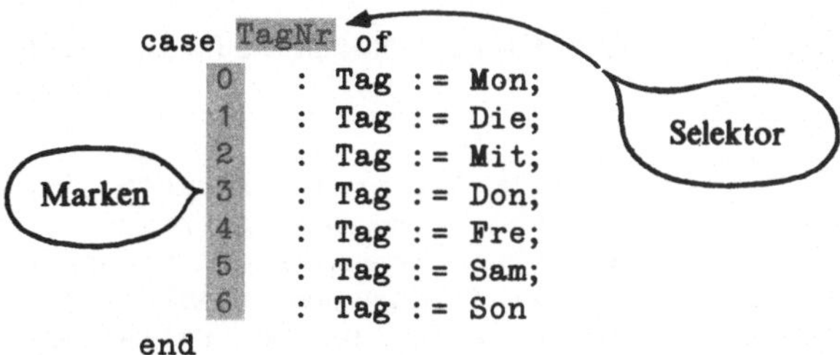

Es wird diejenige Anweisung ausgeführt, der als Marke diejenige Konstante vorangestellt ist, die gleich dem Wert des auf das Wortsymbol case folgenden Selektors ist.

Der Selektor ist ein Ausdruck eines beliebigen ordinalen Typs. Die Marken vor den einzelnen Alternativen müssen Konstanten vom Typ des Selektors sein. Beispiele:

```
case Wochentag of
    Mon                 : Sollzeit := 4.75;
    Die, Mit, Don, Fre  : Sollzeit := 8.25;
    Sam                 : Sollzeit := 4.5;
    Son                 : Sollzeit := 0
end

case Monat of
    1, 3, 5, 7, 8, 10, 12 : Tage := 31;
    4, 6, 9, 11           : Tage := 30;
    2                     : if Jahr mod 4 = 0 then Tage := 29
                            else Tage := 28
end

case a-b > x*y of
    true    : begin
                .
                .
        end;
    false   : begin
                .
                .
        end
end
```

Das letzte Beispiel ist eine degenerierte case-Anweisung mit einem Ausdruck vom Typ boolean als Selektor. Man würde zur Programmierung dieser Selektion natürlich besser eine if-Anweisung verwenden. Hier soll lediglich gezeigt werden, daß die if-Anweisung nichts anderes als ein Spezialfall einer case-Anweisung ist.

Es verbleiben zwei Regeln zum Gebrauch der case-Anweisung, die wir noch zu besprechen haben:

```
var Fahrzeug       : (Fahrrad,Mofa,Motorrad,PKW,LKW,Bus,andere);
    .
    .
    .
case Fahrzeug of
     Mofa                        : writeln('Alter ueberpruefen!');
     Mofa,Motorrad               : writeln('Wird Helm getragen?');
     PKW,LKW,Bus                 : writeln('Pannendreieck vorhanden?');
     Motorrad,PKW,LKW,Bus        : writeln('Fahrausweis dabei?');
     Bus                         : writeln('Fahrzeitkontrolle einsehen!'
end;
```


Obschon die Meinung dieser case-Anweisung klar ist, ist sie doch in zwei
Hinsichten falsch:

1. Eine Konstante darf in einer case-Anweisung nur ein einziges Mal
   als Marke verwendet werden, denn es wird nur eine Alternative ausgeführt.

2. Ist für einen Selektorwert keine entsprechende Marke vorhanden, so
   entsteht ein Fehler. Dies wäre in obigem Beispiel der Fall, wenn Fahr-
   zeug gleich Fahrrad ist. Achten Sie darauf, daß solche Fehler nicht
   entstehen können, beispielsweise durch eine Leeranweisung (siehe 4.3)
   mit den fehlenden Marken:

```
case Fahrzeug of
     Fahrrad       : ;
     Mofa          : writeln('Alter ueberpruefen!');
       .
       .
       .
```

Programmbeispiel: Errechnen der Einkommenssteuer

Das nächste Beispiel ist aus der EDV in der öffentlichen Verwaltung gegriffen.
Es gilt, den einem steuerbaren Einkommen entsprechenden Staatssteuerbetrag
zu errechnen. Als Beispiel nehmen wir das Steuergesetz des Kantons Zürich
(Schweiz), das folgende Berechnungsgrundlagen festlegt:

2% für die ersten	Fr. 4000	8% für die weiteren Fr.	9000
3% für die weiteren	Fr. 4000	9% für die weiteren Fr.	15000
4% für die weiteren	Fr. 5000	10% für die weiteren Fr.	20000
5% für die weiteren	Fr. 6000	11% für die weiteren Fr.	20000
6% für die weiteren	Fr. 6000	12% für die weiteren Fr.	30000
7% für die weiteren	Fr. 6000		

13% für Einkommensteile über Fr. 125000

Der geschuldete Steuerbetrag ergibt sich aus einem gemeindeabhängigen Vielfachen der so errechneten *einfachen Staatssteuer*.

Unser Programm soll aus steuerbaren Einkommen die einfache Staatssteuer
ermitteln. Wir lassen dazu die Steuerprozente von 2% bis 12% laufen und
kumulieren die Steuerbeträge für die entsprechenden Einkommensteile:

```
program Steuer (input,output);
    var Einkommen, Restbetrag, Teil, Steuer : real;
        Steuersatz                          : integer;
```

```pascal
begin
   repeat
       write ('steuerbares Einkommen? ');
       read (Einkommen);
       Restbetrag : = Einkommen;
       if Einkommen<>0 then begin
           Steuer : = 0;
           for Steuersatz : = 2 to 12 do begin
               case Steuersatz of
                   2,3:      Teil : =   4000;
                   4:        Teil : =   5000;
                   5,6,7:    Teil : =   6000;
                   8:        Teil : =   9000;
                   9:        Teil : = 15000;
                   10,11:    Teil : = 20000;
                   12:       Teil : = 30000
               end;
               if Restbetrag<Teil then Teil : = Restbetrag;
               Steuer : = Steuer+(Teil*Steuersatz/100);
               Restbetrag : = Restbetrag - Teil
           end;
           Steuer : = Steuer+(Restbetrag*13/100);
           writeln('Steuerbetrag = ', Steuer:9:2)
       end
   until Einkommen=0
end.
```

6.3 Unterbereichstypen

Sehr oft weiß man von Variablen, daß sie nicht jeden Wert des Wertebereichs ihres Typs annehmen. Beispiele:

- Eine Variable Monat ist vom Typ integer, nimmt aber nur Werte zwischen 1 und 12 an.

- Eine Variable Liefertag ist vom Aufzähltyp
  (Mon, Die, Mit, Don, Fre, Sam, Son), nimmt aber nur Werte zwischen Mon und Sam an.

- Eine Variable Temperatur ist vom Typ integer, nimmt aber nur Werte zwischen −50 und +60 an.

Es ist sinnvoll, einen bekannten eingeschränkten Wertebereich einer Variablen auch zu deklarieren. Dies geschieht in Pascal durch sogenannte *Unterbereichstypen*:

```pascal
type Tag         = (Mon, Die, Mit, Don, Fre, Sam, Son);
var  Monat       : 1..12;
     Liefertag   : Mon..Sam;
     Temperatur  : -50..+60;
```

Ein Unterbereichstyp wird mit zwei durch das Symbol .. getrennten Konstanten definiert. Die Konstanten grenzen den Wertebereich gegen unten und gegen oben ab. Der *Stammtyp* eines Unterbereichstyps ist der Typ, aus dem ein Unterbereich deklariert wird. Der Typ der Bereichsabgrenzungskonstanten ist gleich dem Stammtyp.

Selbstverständlich kann auch ein Typenname als Unterbereichstyp deklariert werden:

```
type Tag               = (Mon,Die,Mit,Don,Fre,Sam,Son);
     Wochentag         = Mon..Sam;
     GradCelsius       = -50..+60;
var  Liefertag         : Wochentag;
     Temperatur        : GradCelsius;
```

Variablen sollten wo immer angebracht mit einem Unterbereichstyp deklariert werden. Dies erhöht die Lesbarkeit und Selbstdokumentation eines Pascal-Programmes. Auch können Bereichsüberschreitungen bei Wertzuweisungen sofort entdeckt werden:

```
var Monat,Vormonat  : 1..12;
    .
    .
    .
for Monat := 1 to 12 do begin
    Vormonat := Monat-1;
        .
        .
        .
```

Hier entsteht bei der Programmausführung ein Fehler, da der Variablen Vormonat der Wert 0 zugewiesen wird. Wären Monat und Vormonat als vom Typ integer deklariert, so bliebe der Programmfehler bei der Zuweisung unbemerkt. Sehr wahrscheinlich resultierten dann verzögerte, schwierig zu diagnostizierende Ausführungsfehler.

Leider können Unterbereiche nur von ordinalen Stammtypen, nicht aber vom Typ real gebildet werden. So sinnvoll es scheint, die folgenden Deklarationen sind ungültig:

```
var Beschleunigung  : -2.5 ..  +5.5;        falsch
    Winkel          : 0 ..  3.14159;
```

6.4 Das Arbeiten mit Zeichen

Die Kommunikation zwischen Mensch und Computer basiert heute in den weitaus meisten Fällen auf Sequenzen von Zeichen. Einerseits tippt der Mensch auf der Terminal-Tastatur Zeichensequenzen ein, um dem Computer Befehle zu geben, Programme zu formulieren, Daten einzugeben. Der Computer, auf der anderen Seite, übermittelt Daten an den Menschen, indem er Zeichensequenzen auf den Terminal-Bildschirm oder auf das Terminal-Schreibwerk überträgt.

Das Grundelement dieser Mensch-Computer-Kommunikation ist also das Zeichen. Von der englischen Bezeichnung für Zeichen (character) stammt der Name char für den ordinalen Pascal-Datentyp, dessen Werte alle auf einem Computersystem definierten Zeichen sind. Die Konstanten vom Typ char sind Zeichenketten (siehe 1.4) der Länge 1, zum Beispiel

```
'a'     'M'     '%'     '7'
```

Auf internationaler Ebene hat der sogenannte ASCII-Zeichensatz die weiteste Verbreitung gefunden. ASCII steht für *American Standard Code for Information Interchange*. Die folgende Tabelle zeigt alle im ASCII-Zeichensatz definierten druckbaren Zeichen zusammen mit ihrer Ordnungszahl.

32		48	0	64	@	80	P	96		112	p
33	!	49	1	65	A	81	Q	97	a	113	q
34	"	50	2	66	B	82	R	98	b	114	r
35	#	51	3	67	C	83	S	99	c	115	s
36	$	52	4	68	D	84	T	100	d	116	t
37	%	53	5	69	E	85	U	101	e	117	u
38	&	54	6	70	F	86	V	102	f	118	v
39	'	55	7	71	G	87	W	103	g	119	w
40	(	56	8	72	H	88	X	104	h	120	x
41	)	57	9	73	I	89	Y	105	i	121	y
42	*	58	:	74	J	90	Z	106	j	122	z
43	+	59	;	75	K	91	[	107	k	123	{
44	,	60	<	76	L	92	\	108	l	124	|
45	–	61	=	77	M	93	]	109	m	125	}
46	.	62	>	78	N	94	^	110	n	126	~
47	/	63	?	79	O	95	_	111	o		

Neben diesen druckbaren Zeichen gibt es die Steuerzeichen mit den Ordnungszahlen 0..31 und 127. Wir werden hier nicht auf die Steuerzeichen eingehen. Angaben über deren Funktionen auf Ihrem Computersystem und Ihrem Terminal finden Sie in den zugehörigen Handbüchern.

In diesem Lehrtext wird davon ausgegangen, daß Ihr Computersystem auf dem ASCII-Zeichensatz basiert. Ist das nicht der Fall, so sind die Programmbeispiele entsprechend anzupassen.

Ausschreiben von Zeichen

Das folgende Programm schreibt alle druckbaren ASCII-Zeichen und die zugehörigen Ordnungszahlen aus:

```
program ASCII (input, output);
    var Zeichen    : char;
begin
    for Zeichen := ' ' to '~' do
        writeln(Zeichen, '  Code = ', ord(Zeichen):3)
end.
```

Da die Kontrollvariable einer for-Anweisung von irgendeinem ordinalen Typ sein kann, ist die for-Anweisung auch auf den Typ char anwendbar.

Die Standardfunktion chr liefert als Resultat das Zeichen mit der als Argument angegebenen Ordnungszahl:

Funktion	Typ des Argumentes	Typ des Resultates	Funktionsbeschreibung
chr(x)	integer	char	das Zeichen mit der Ordnungszahl x

Mit Hilfe der Funktion chr können wir auf einfache Art das Programm erstellen, das zur Erstellung der sechsspaltigen ASCII-Tabelle auf der vorangehenden Seite verwendet wurde.

```
program ASCIITab (input,output);
    var Code        : 32..127;
        Zeile       : 0..15;
        Kolonne     : 0..5;
begin
    for Zeile := 0 to 15 do begin
        for Kolonne := 0 to 5 do begin
            Code := Zeile + Kolonne*16 + 32;
            if Code<127 then write(Code:3, ' ', chr(Code), '    ')
        end;
        writeln
    end
end.
```

Das Ausschreiben von Zeichen bietet offenbar keinerlei Probleme. Es wird genau ein Zeichen ausgeschrieben. Jegliche Formatangaben können entfallen.

Einlesen von Zeichen

Auch das Einlesen von Zeichen ist nicht besonders schwierig. Deklarieren wir

```
var c   : char;
```

so liest die Anweisung

```
read(c)
```

das nächste Zeichen der Eingabe in die Variable c. Beachten Sie aber, daß ein automatisches Überlesen von Leerstellen wie beim Einlesen von ganzzahligen und reellen Werten (siehe 2.5 und 3.5) nicht stattfindet. Es wird in jedem Fall genau das nächste Zeichen eingelesen, auch wenn es eine Leerstelle ist.

Das Drücken der Zeilenende-Taste (auf den meisten Terminals mit RETURN oder CR bezeichnet) übermittelt ebenfalls eine Leerstelle an das Programm. Mit der Standardfunktion eoln (end-of-line, Zeilenende) kann gefragt werden, ob das nächste Zeichen das Zeilenende ist:

Funktion	Typ des Argumentes	Typ des Resultates	Funktionsbeschreibung
eoln	—	boolean	ist nächstes Zeichen das Zeilenende-Zeichen?

Um uns mit dem Einlesen von Zeichen und dem Erkennen von Zeilenenden besser vertraut zu machen, schreiben wir ein Programm, das uns alle Zeichen auf einer Eingabezeile zusammen mit ihren Ordnungszahlen protokolliert:

```
program Zeicheneingabe (input,output);
    var c        : char;
        Anz      : 0..100;
begin
    repeat
        Anz := 0;
        write('? ');
        while not eoln do begin
            read(c);
            if c<' ' then write('nicht druckbares Zeichen: ')
            else write(c, ': ');
            writeln(ord(c):3);
            Anz := Anz+1
        end;
        writeln('Anzahl Zeichen auf Zeile: ', Anz:1);
        read(c)  {Ueberlesen Zeilenende}
    until Anz=0
end.
```

nicht vergessen

```
? Haus 13
H:   72
a:   97
u:  117
s:  115
 :   32
1:   49
3:   51
Anzahl Zeichen auf Zeile: 7
?
Anzahl Zeichen auf Zeile: 0
```

Das Programm endet, sobald eine Leerzeile eingegeben wird. Eine Leerzeile ist eine Eingabezeile, die lediglich aus dem Drücken der Zeilenende-Taste besteht.

Merken Sie sich, daß die Funktion eoln den Wert true ergibt, wenn das *nächste* Zeichen das Zeilenende-Zeichen ist, und nicht, wenn das letzte eingelesene Zeichen das Zeilenende-Zeichen war. Es gibt aber Pascal-Implementationen, die nicht dem Standard entsprechen und die das Zeilenende nicht wie besprochen erkennen.

Die `readln`-Anweisung

Will man nach einer `read`-Anweisung alle auf einer Eingabezeile verbleibenden Zeichen inklusive dem Zeilenende-Zeichen überlesen, so verwendet man die `readln`-Anweisung:

```
repeat
    write('i,j? ');
    readln(i,j);
    writeln('i=', i:1, ', j=', j:2)
until i=0
```

Studieren Sie den folgenden Dialog mit diesem Programmstück:

```
i,j? 7   19   2
i=7, j=19
i,j? 8
13   5
i=8, j=13
```

Haben Sie bemerkt, daß der dritte Wert beider Eingaben (2 bzw. 5) überlesen wurde? Dies ist auch korrekt, denn die `readln`-Anweisung überliest im Unterschied zur `read`-Anweisung, mit der sie ansonsten völlig identisch ist, alle auf der Eingabezeile verbleibenden Zeichen inklusive dem Zeilenende-Zeichen. Die zweite Eingabe der Werte für `i` und `j` wurde in obigem Dialog auf zwei Zeilen verteilt. Dies ist wie bei der `read`-Anweisung auch bei der `readln`-Anweisung gestattet. Überlesen wird erst nach dem *letzten* eingelesenen Wert, in der zweiten Eingabe also nach 13.

Besonders aufpassen müssen Sie, wenn Sie numerische Werte und Zeichen vermischt einlesen:

```
var c   : char;
    i   : integer;
    .
    .
write('i? '); read(i);
write('c? '); read(c);
write('i=', i:1, ', c=>', c, '<')
```

Betrachten Sie den Dialog

```
i? 17
c? m
i=17, c=> <
```

Wieso enthält `c` eine Leerstelle und nicht das eingegebene Zeichen m? Nach dem Einlesen von 17 in die Variable `i` steht die Eingabe auf dem Zeilenende-Zeichen. Dieses würde beim Einlesen eines weiteren numerischen Wertes automatisch übergangen. Nicht aber beim Einlesen eines Zeichens; hier erscheint es als Leerstelle. Korrekt wäre die Verwendung einer `readln`-Anweisung zum Einlesen des ganzzahligen Wertes in die Variable `i`:

```
write('i? '); readln(i);
write('c? '); read(c);
write('i=', i:1, ', c=>', c, '<');
```

Konsequenz:
Solange man nur numerische Werte einliest, braucht man sich um das Zeilenende
nicht zu kümmern, denn es wird automatisch überlesen. Sobald Zeichen eingelesen werden, gilt es jedoch, ein Auge auf die Zeilenende-Zeichen zu haben.

Kapitel 7: Felder

In diesem Kapitel werden wir den ersten strukturierten Pascal-Datentyp kennenlernen, die Felder. Mit Feldern können Daten in tabellenartigen Strukturen angelegt und sowohl die Tabelle als Ganzes wie auch einzelne Elemente davon angesprochen werden.

7.1 Eindimensionale Felder

Nehmen Sie an, Ihnen sei die Aufgabe gestellt, die relative Häufigkeit der einzelnen Buchstaben in einem längeren Text zu ermitteln. Wie würden Sie manuell vorgehen? Vermutlich erstellten Sie erst eine Tabelle mit einem Tabellenelement für jeden Buchstaben:

Nun würden Sie den auszuzählenden Text durchgehen und für jeden Buchstaben ein Vorkommen zum zugehörigen Tabellenelement addieren, beispielsweise durch eine Strichliste:

Die relative Häufigkeit eines Buchstabens ergibt sich dann aus dem Verhältnis der Anzahl Vorkommen dieses Buchstabens zu der Gesamtzahl der Buchstaben im Text.

Der Aufbau eines Pascal-Programmes zur Ermittlung der relativen Häufigkeiten ist stark an ein solches manuelles Vorgehen angelehnt. Als erstes halten wir fest, daß wir Buchstaben auszählen wollen, oder, in Pascal-Fachsprache, daß die auszuzählenden Werte die Zeichen 'a' bis 'z' sind. Wir deklarieren einen entsprechenden Unterbereichstyp Buchstabe:

```
type Buchstabe  = 'a'..'z';
```

Als nächstes geht es darum, eine Tabelle zu definieren, die pro Buchstabe
ein Element enthält, das wir zur Zählung verwenden können. Eine solche
Tabelle deklarieren wir mit der Typendeklaration

```
type Haeufigkeitstab   = array [Buchstabe] of integer;
```

Das Wortsymbol array sagt aus, daß der Datentyp Haeufigkeitstab
eine Tabelle sei. Eingeschlossen in eckigen Klammern, wird sodann der Bereich
angegeben, innerhalb welchem für jeden Wert ein Tabellenelement angelegt
werden soll. Als Bereich kann jeder ordinale Typ angegeben werden, entweder
durch einen Typennamen oder durch eine Typendeklaration. Der Typ
Haeufigkeitstab hätte also auch so definiert werden können:

```
type Haeufigkeitstab   = array ['a'..'z'] of integer;
```

Auf das Wortsymbol of folgt der Typ der Elemente der Tabelle oder, wie
wir von jetzt an sagen werden, des *Feldes*.

Zur Zählung der Buchstaben deklarieren wir eine Variable vom Typ
Haeufigkeitstab:

```
var Anz   : Haeufigkeitstab;
```

Bezeichnung eines ganzen Feldes

Ein Feld ist ein strukturierter Typ, denn es besteht aus einer Anzahl Elemente.
Wir müssen deshalb im Programm angeben, ob wir die *ganze Variable*, bzw.
das ganze Feld ansprechen, oder nur ein einzelnes *Element* davon. Da die
Variable das ganze Feld enthält, bezeichnen wir durch den Variablennamen
allein auch das ganze Feld:

```
var Total, Anz  : Haeufigkeitstab;
    .
    .
    .
Total := Anz
```

Hier wird das ganze Feld Anz der Variablen Total zugewiesen. Auf ganzen
Feldern sind außer der Zuweisung keine Operationen zugelassen. Insbesondere
können zwei ganze Felder nicht miteinander verglichen werden. Der Vergleich
hat elementweise zu erfolgen.

Bezeichnung eines Feldelementes

Ein einzelnes Element eines Feldes wird durch einen sogenannten *Index* bezeichnet. Der Index wird dem Variablennamen, in eckigen Klammern eingeschlossen,
beigefügt:

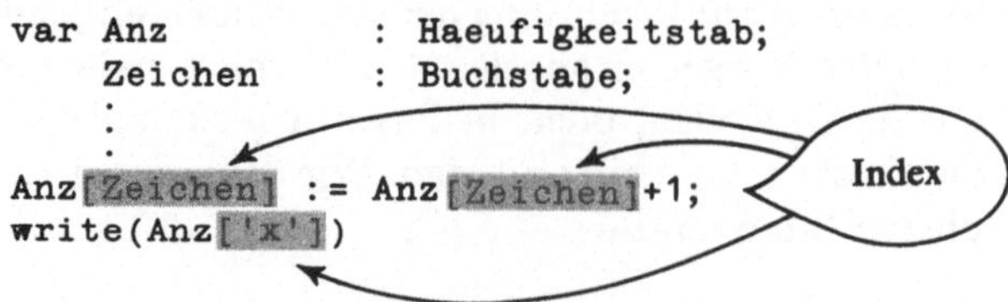

```
var Anz          : Haeufigkeitstab;
    Zeichen      : Buchstabe;
    .
    .
Anz[Zeichen]  := Anz[Zeichen]+1;
write(Anz['x'])
```

Ist der in [und] eingeschlossene Index eine Konstante, so wird stets dasselbe Element angesprochen. Die Anweisung

```
write(Anz['x'])
```

wird immer das dem Zeichen 'x' zugeordnete Element ausschreiben. Der Index kann jedoch ein beliebiger Ausdruck sein. Sein aktueller Wert muß lediglich innerhalb des deklarierten Indexbereiches liegen. Der aktuelle Wert des Indexausdrucks bezeichnet dann von Fall zu Fall das anzusprechende Feldelement. Die Zuweisung

```
Anz[Zeichen] := Anz[Zeichen]+1
```

addiert 1 zum durch den Inhalt der Variablen Zeichen bezeichneten Element des Feldes Anz.

Ganze Variablen versus Elemente

Wir kennen somit zwei grundsätzlich verschiedene Arten von Variablen: Ganze Variablen und Elemente von Variablen. Ganze Variablen werden in Pascal stets durch den Namen der Variablen allein bezeichnet, Elemente einer strukturierten Variablen durch deren Namen mit einem Element-Diskriminator als Zusatz. Für Felder ist der Element-Diskriminator ein Index.

Programmbeispiel: Relative Buchstabenhäufigkeit

Schreiben wir nun das Programm zur Zählung der relativen Buchstabenhäufigkeit. Es sollen nur Buchstaben, nicht aber Ziffern, Sonderzeichen und Steuerzeichen ausgezählt werden. Bei Antreffen des Zeichens '&' brechen wir den Zählvorgang ab und schreiben die relativen Häufigkeiten aus.

```
Program Haeufigkeit (input,output);
begin
    {---- Initialisieren Haeufigkeitstabelle auf 0 ----}
    repeat
        {---- Einlesen naechstes Zeichen ----}
        {---- Umwandeln grosse in kleine Buchstaben ----}
        {---- Zaehlen Buchstabe ----}
    until Zeichen='&';
    {---- Ausdrucken relative Haeufigkeiten ----}
end.
```

Vor dem Beginn der Auszählung der Buchstaben müssen wir alle Elemente der Häufigkeitstabelle auf Null initialisieren. Dies programmieren wir mit einer for-Anweisung, in der wir jedem Element 0 zuweisen:

```
{---- Initialisieren Haeufigkeitstabelle auf 0 ----}
for Zeichen := 'a' to 'z' do Anz[Zeichen] := 0;
```

Für die Auszählung wollen wir alle Großbuchstaben in Kleinbuchstaben umwandeln. Wie geschieht eine solche Umwandlung? Die ASCII-Tabelle in Ab-

schnitt 6.4 zeigt uns, daß sich die Ordnungszahlen der entsprechenden Groß-
und Kleinbuchstaben um 32 unterscheiden. Die Umwandlung kann deshalb
leicht programmiert werden:

```
{---- Umwandeln grosse in kleine Buchstaben ----}
if (Zeichen>='A') and (Zeichen<='Z') then
        Zeichen := chr(ord(Zeichen)+32);
```

Das fertige Programm:

```
program Haeufigkeit (input,output);
    var Anz      : array ['a'..'z'] of integer;
        Summe    : integer;
        Zeichen : char;
begin
    {---- Initialisieren Haeufigkeitstabelle auf 0 ----}
    for Zeichen := 'a' to 'z' do Anz[Zeichen] := 0;
    Summe := 0;

    repeat
        {---- Einlesen naechstes Zeichen ----}
        read(Zeichen);

        {---- Umwandeln grosse in kleine Buchstaben ----}
        if (Zeichen>='A') and (Zeichen<='Z') then
                Zeichen := chr(ord(Zeichen)+32);

        {---- Zaehlen Buchstabe -----}
        if (Zeichen>='a') and (Zeichen<='z') then begin
            Anz[Zeichen] := Anz[Zeichen]+1;
            Summe := Summe+1
        end
    until Zeichen='&';

    {---- Ausdrucken relative Haeufigkeiten ----}
    for Zeichen := 'a' to 'z' do
        writeln(Zeichen, Anz[Zeichen]/Summe*100:5:1, '%')
end.
```

Lassen wir dieses Programm den Text des Abschnitts 6.4 auszählen, so erhalten
wir folgende Ausgabe:

```
a   6.1%
b   2.1%
c   3.8%
d   5.1%
e  18.6%
f   1.4%
    .
    .
```

Programmbeispiel: Rangliste

Mit dem nächsten Programmbeispiel wollen wir uns in einen wichtigen Anwendungsbereich von Computern einarbeiten, in das Sortieren von Daten. Unser
Programm soll eine stets aktuelle Rangliste eines Sportwettbewerbs nachführen.
Für jeden am Ziel angelangten Teilnehmer geben wir die Startnummer und
die Laufzeit in Sekunden ein. Wird die Zahl 0 an Stelle einer Startnummer

eingegeben, so hat das Programm die aktuelle Rangliste auszudrucken. Das Programm ist für maximal 100 Teilnehmer auszulegen.

Für den Aufbau des Ranglisten-Programms ziehen wir die übliche manuelle Methode der Nachführung einer Rangliste zu Rate. Für jeden am Ziel eingetrof-·fenen Teilnehmer schreiben wir ein Kärtchen mit der Startnummer und der Laufzeit. Diese Zeitkärtchen legen wir nach aufsteigender Zeit vor uns hin:

Nr	3	6	1	4	5	2
Zeit	48.9	49.1	50.7	51.1	51.1	51.2
Rang	1	2	3	4	5	6

Haben wir ein neues Kärtchen geschrieben, so suchen wir den Ort, wo es einzufügen ist, schieben die rechts von diesem Ort liegenden Kärtchen um einen Rang nach rechts und fügen das neue Kärtchen an die freigewordene Stelle ein:

Nr	3	6	1		4	5	2
Zeit	48.9	49.1	50.7		51.1	51.1	51.2
Rang	1	2	3	4	5	6	7

	7
	50.9

Im Ranglisten-Programm führen wir zwei Felder für die Ränge 1 bis 100, eines für die Startnummern, ein zweites für die zugehörigen Laufzeiten:

```
var StartNr    : array [1..100] of 1..100;
    Laufzeit   : array [1..100] of real;
    AnzLaeufer : 0..100;
```

Die Variable `AnzLaeufer` gibt an, wieviel Läufer bereits in der Rangliste enthalten sind. Zur Aufnahme eines neuen Läufers gehen wir die besetzten Elemente in der Rangliste von hinten (von der schlechtesten Zeit) nach vorne (bis zur ·besten Zeit) durch. Dabei verschieben wir die Ranglisteneinträge solange um eins nach hinten, bis wir eine bessere als die zuzufügende Zeit antreffen:

```
i := AnzLaeufer;
while (Laufzeit[i]>Zeit) and (i>0) do begin
    Laufzeit[i+1] := Laufzeit[i];
    Startnr[i+1] := Startnr[i];
    i := i-1
end;
Laufzeit[i+1] := Zeit;
Startnr[i+1] := Nr;
AnzLaeufer := AnzLaeufer+1
```


Dieses Programmstück ist noch mit einem schwerwiegenden Fehler behaftet. Falls der neue Läufer zuvorderst in die Rangliste eingefügt werden muß, wird i=0. Die while-Schleife würde zwar richtig abbrechen, bei der Berechnung des logischen Ausdrucks

```
(Laufzeit[i]>Zeit) and (i>0)
```

tritt aber ein Programmausführungsfehler auf, da es kein Feldelement mit dem Index 0 gibt. Auch eine Umkehrung der beiden Vergleichsausdrücke hilft nichts:

```
(i>0) and (Laufzeit[i]>Zeit)
```

Der logische Ausdruck wird stets vollständig berechnet, selbst wenn i<=0 ist.

Es gibt verschiedene Lösungen dieses Problems. Die meisten werden um die gesonderte Behandlung des Einfügens eines Teilnehmers an die Spitze der Rangliste nicht herumkommen. Die eleganteste Lösung ist die Einführung eines *Pseudo-Teilnehmers* mit einer phantastischen Laufzeit, sagen wir Null Sekunden. Dieser wird vor dem Rennen an die erste Stelle der Rangliste gesetzt. Speziell für den Pseudo-Teilnehmer führen wir den Rang 0 ein, der noch vor dem Rang 1 liegt. Damit haben wir uns niemals mehr um das Einfügen eines Läufers an die Spitze der Rangliste zu kümmern, der Pseudoläufer ist stets an 0. Stelle.

Das Programmgerüst für unser Ranglisten-Programm kann jetzt aufgebaut werden. Erinnern wir uns, daß wir bei Eingabe von 0 an Stelle einer Startnummer die aktuelle Rangliste auszudrucken haben. Das Ende des Sportwettbewerbes geben wir dem Programm durch Eingabe der Startnummer −1 bekannt.

```
program Rangliste (input,output);
begin
    {---- Initialisierungen ----}
repeat
        {---- Einlesen Startnummer ----}
        if Nr=0 then
            {---- Ausschreiben Rangliste ----}
        else if Nr>0 then begin
                {---- Einlesen Laufzeit ----}
                {---- Einfuegen Laeufer in Rangliste ----}
            end
    until (Nr<0) or {Rangliste voll}
end.
```

Das vollständige Ranglisten-Programm:

```
program Rangliste (input,output);
    var Startnr     : array [0..100] of 1..100;
        Laufzeit    : array [0..100] of real;
        AnzLaeufer  : 0..100;
        Nr,i        : integer;
        Zeit        : real;
        ok          : boolean;
begin
    {---- Initialisierungen ----}
    AnzLaeufer := 0;
    Laufzeit[0] := 0;
```

```
    repeat

        {---- Einlesen Startnummer ----}
        repeat
            write('Startnr (0=Rangliste, -1=Ende)? ');
            read(Nr);
            ok := (Nr>=-1) and (Nr<=100);
            if not ok then writeln('ungueltige Startnummer')
        until ok;

        if Nr=0 then

            {---- Ausschreiben Rangliste ----}
            for i := 1 to AnzLaeufer do
                writeln('Nr ', Startnr[i]:3, Laufzeit[i]:8:2)

        else if Nr>0 then begin

            {---- Einlesen Laufzeit ----}
            repeat
                write('Laufzeit? '); read(Zeit);
                ok := (Zeit>=30) and (Zeit<=500);
                if not ok then writeln('ungueltige Laufzeit')
            until ok;

            {---- Einfuegen Laeufer in Rangliste ----}
            i := AnzLaeufer;
            while Laufzeit[i]>Zeit do begin
                Laufzeit[i+1] := Laufzeit[i];
                Startnr[i+1] := Startnr[i];
                i := i-1
            end;
            Laufzeit[i+1] := Zeit;
            Startnr[i+1] := Nr;
            AnzLaeufer := AnzLaeufer+1
        end
    until (Nr<0) or (AnzLaeufer=100)
end.
```

In diesem Programm haben wir die Eingaben erstmals auf Plausibilität geprüft.
Bei fehlerhaften Eingaben wird eine Meldung ausgeschrieben und die Eingabe
erneut verlangt. Für solche Eingabe-Plausibilitätstests verwenden wir üblicherweise folgende Grundkonstruktion:

```
repeat
    write( Eingabeaufforderung );
    read( ... );
    ok := Gültigkeitstest ;
    if not ok then writeln( Fehlermeldung )
until ok
```


7.2 Wann sind zwei Pascal-Typen gleich?

Nehmen wir an, Sie deklarieren drei Feldvariablen

```
var m1,m2   : array [1..20] of integer;
    m3      : array [1..20] of integer;
```

Die Variablen m1 und m2 haben den gleichen Typ und können somit einander
zugewiesen werden:

```
m1 : = m2
```

Der Typ der Variablen m3 ist wohl strukturell identisch mit dem Typ von
m1 und m2. In Pascal sind aber zwei Typen einander nur dann gleich, wenn
ihnen ein und dieselbe Typendefinition zugrundeliegt. Deshalb ist die folgende
Zuweisung ungültig, da m1und m3 unterschiedliche Typen haben.

```
m1 : = m3
```

Solche Probleme vermeidet man am besten durch eine Typendeklaration:

```
type Tab      = array [1..20] of integer;
var  m1,m2  : Tab;
     m3     : Tab;
```

Auf diese Art deklariert, haben alle drei Variablen den gleichen Typ, da ihnen
dieselbe Typendefinition zugrundeliegt.

7.3 Konstantendeklarationen

Kommen wir nochmals zurück zum Ranglisten-Programm des Abschnittes 7.1.
Wir haben in der Programmvorgabe festgelegt, daß das Programm für maximal
100 Teilnehmer ausgelegt sein soll. Diese Restriktion tritt in Form der Konstanten 100 an sechs Orten im Programm in Erscheinung.

```
program Rangliste (input,output);
    var Startnr      : array [0..100] of 1..100;
        Laufzeit     : array [0..100] of real;
        AnzLaeufer   : 0..100;
        Nr,i         : integer;
        Zeit         : real;
        ok           : boolean;
begin
        .
        .
    repeat

        {---- Einlesen Startnummer ----}
        repeat
            write('Startnr (0=Rangliste, -1=Ende)? ');
            read(Nr);
            ok := (Nr>=-1) and (Nr<=100);
            if not ok then writeln('ungueltige Startnummer')
```

```
        until ok;
              .
              .
              .
      until (Nr<0) or (AnzLaeufer=100)
  end.
```

Müßte zu einem späteren Zeitpunkt das Programm beispielsweise auf 200 Teilnehmer ausgebaut werden, so wäre man gezwungen, das ganze Programm durchzugehen und alle entsprechenden Konstanten zu modifizieren. Im Ranglisten-Programm ist dies offensichtlich nicht allzu problematisch. In Programmen aus der Praxis, die leicht 1000 oder mehr Zeilen umfassen, können solche Änderungen recht schwierig und fehleranfällig sein.

Deshalb besteht in Pascal die Möglichkeit, Konstanten mit einem Namen zu deklarieren, und hernach diesen Namen an Stelle der Konstanten im Programm zu verwenden:

```
program Beispiel (input,output);
    const Titel           = 'Verkaufszahlen lfd. Jahr';
          AnzArtikel      = 450;
    type  ArtikelTab      = array [1..AnzArtikel] of real;
    var   i               : 0..AnzArtikel;
begin
         .
         .
         .
    writeln(Titel);
    if i< AnzArtikel then ...
```

Der erweiterte Pascal-Programmrahmen

Der Konstantendeklarationsteil steht vor dem Typendeklarationsteil, da unter Umständen deklarierte Konstantennamen im Typendeklarationsteil verwendet werden. Der Typendeklarationsteil erscheint seinerseits vor dem Variablendeklarationsteil, da Typennamen in Variablendeklarationen verwendet werden.

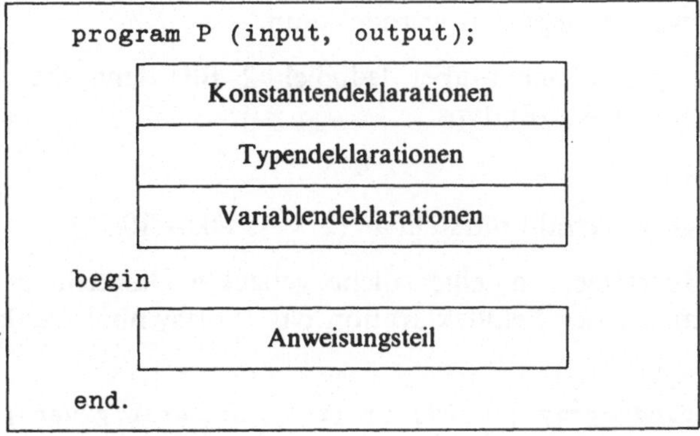

Schreiben wir das Ranglisten-Programm unter Verwendung einer Konstantende-
klaration leicht um:

```pascal
program Rangliste (input,output);
    const MaxNr           = 100;
    var   Startnr       : array [0..MaxNr] of 1..MaxNr;
          Laufzeit      : array [0..MaxNr] of real;
          AnzLaeufer    : 0..MaxNr;
          Nr,i          : integer;
          Zeit          : real;
          ok            : boolean;
begin
            .
            .
            .
    repeat

        {---- Einlesen Startnummer ----}
        repeat
            write('Startnr (0=Rangliste, -1=Ende)? ');
            read(Nr);
            ok := (Nr>=-1) and (Nr<=MaxNr);
            if not ok then writeln('ungueltige Startnummer')
        until ok;
            .
            .
            .
    until (Nr<0) or (AnzLaeufer=MaxNr)
end.
```

7.4 Gepackte Felder

Die übliche computerinterne Speicherung von Feldern geschieht in einer Art,
die einen schnellen Zugriff auf jedes Element des Feldes gewährleistet. Dazu
wird jedes Element in einem oder mehreren Maschinenworten abgespeichert.
Das kann zu einer recht erheblichen Platzverschwendung führen. Das Feld

```pascal
type FarbenTab  = array [1..50] of (rot,blau,gelb,gruen);
```

benötigt 50 Maschinenwörter zu beispielsweise 16 Bit, also insgesamt 800
Bit oder Binärstellen. Der Zugriff auf jedes Feldelement ist sehr schnell, da
direkt auf das Maschinenwort zugegriffen werden kann.

Eigentlich benötigten wir pro Element aber lediglich 2 Bit, denn die vier
möglichen Ordnungszahlen des Aufzähltyps

```pascal
(rot,blau,gelb,gruen)
```

sind durch eine zweistellige Binärzahl darstellbar ($2^2 = 4$: 00,01,10,11).

Wir weisen den Pascal-Übersetzer an, eine solche gepackte Darstellung für
ein Feld zu wählen, indem wir der Felddeklaration das Wortsymbol packed
voranstellen:

```pascal
type FarbenTab  = packed array [1..50] of (rot,blau,gelb,gruen);
```

Auf diese Art deklariert, benötigt das Feld lediglich noch 50*2 = 100 Bits Speicherplatz. Dieser Speicherplatzvorteil geht aber auf den meisten Computersystemen zulasten der Zugriffszeit, da auf einzelne Bits zugegriffen werden muß. Erwägen Sie selbst, ob Ihnen eine schnellere Ausführungszeit oder ein kleinerer Speicherplatz wichtiger ist.

Umwandlung zwischen gepackten und ungepackten Feldern

Nehmen Sie an, Sie hätten zwei Felder vom selben Elementtyp, je ein ungepacktes und ein gepacktes:

```
type etwas  =   ...;
var  Feld1  : array [1..100] of etwas;
     Feld2  : packed array [1..100] of etwas;
     i      : integer;
```

Sie möchten nun den gesamten Inhalt von Feld1 in Feld2 übertragen und damit eine gepackte Version desselben Feldes erhalten. Ungültig ist sicher die direkte Zuweisung

```
Feld2 := Feld1
```

da die beiden Felder unterschiedliche Typen haben. Aus demselben Grund ist auch für den umgekehrten Vorgang, das Entpacken, die direkte Zuweisung

```
Feld1 := Feld2
```

unzulässig. Sie müssen das Feld vielmehr elementweise übertragen, die Elemente beider Felder sind ja vom selben Typ:

```
for i := 1 to 100 do Feld2[i] := Feld1[i]        packen
for i := 1 to 100 do Feld1[i] := Feld2[i]        entpacken
```

Eine solche Umwandlung *von Hand* ist zwar funktionell völlig einwandfrei, vom Standpunkt der Effizienz aus gesehen jedoch nicht unbedingt optimal. Viele Computer haben nämlich in ihrem internen Instruktionssatz Mechanismen eingebaut, die eine Packung oder Entpackung eines ganzen Feldes sehr viel schneller ausführen können, als dies die for-Anweisung tut.

Zur Ansteuerung eines solchen computerinternen Mechanismus kennt Pascal die zwei Standardprozeduren pack und unpack.

Prozedur	Typ der Argumente	Prozedurbeschreibung
pack(F_u, ab, F_p)	siehe Beschreibung	packe das Feld F_u in das Feld F_p
unpack(F_p, F_u, ab)	siehe Beschreibung	entpacke das Feld F_p in das Feld F_u

F_u = ungepacktes Feld
F_p = gepacktes Feld
ab = Index des ersten zu packenden/entpackenden Elementes in F_u

Mit diesen Prozeduren können ungepackte Felder in gepackte Felder und umgekehrt gepackte Felder in ungepackte Felder umgewandelt werden. Die beiden Felder F_u und F_p müssen denselben Elementtyp aufweisen, können aber unterschiedliche Indexbereiche haben:

```
type Typ1            = ...;
     Typ2            = ...;
var  Feld            : array ['a'..'z'] of Typ1;
     FeldGepackt     : packed array ['a'..'z'] of Typ1;
     Vektor          : array [1..250] of Typ2;
     VektorGepackt   : packed array [1..50] of Typ2;
```

```
pack(Feld, 'a', FeldGepackt)          packe Feld ab Index ['a']
                                      nach FeldGepackt

unpack(FeldGepackt, Feld, 'a')        entpacke FeldGepackt nach
                                      Feld ab Index ['a']

pack(Vektor, 47, VektorGepackt)       packe Vektor ab Index [47]
                                      nach VektorGepackt

unpack(VektorGepackt, Vektor, 20)     entpacke VektorGepackt
                                      nach Vektor ab Index [20]
```

Das gepackte Feld F_p wird immer als ganzes behandelt, entweder wird es ganz gepackt oder ganz entpackt. Das ungepackte Feld F_u muß gleichviele oder mehr Elemente aufweisen als F_p. Mit dem Argument *ab* wird den Prozeduren `pack` und `unpack` der Startpunkt der Operation innerhalb F_u mitgeteilt.

7.5 Zeichenketten als eindimensionale Felder

Wir haben Zeichenketten als in Apostrophe eingeschlossene Text-Konstanten kennengelernt:

```
'Summe der Verpflichtungen'
```

Ein besonderer Feldtyp dient zur Deklaration von Variablen, die Zeichenketten (d.h. Text) aufnehmen können:

```
type Name  = packed array [1..30] of char;
```

Der Typ Name ist hier als Feld mit 30 Elementen vom Typ char deklariert. Wichtig ist das Symbol `packed`. Felder vom Typ

```
array [1..n] of char
```

sind *keine* Zeichenketten.

Einlesen von Zeichenketten

Leider kann ein am Terminal eingetippter Text nicht mit einer einzigen read-Anweisung in eine Zeichenketten-Variable eingelesen werden, etwa

```
var Name      : packed array [1..30] of char;
   .
   .
write('Name? ');
readln(Name)            falsch
```

Wir sind gezwungen, den eingetippten Text Zeichen um Zeichen einzulesen:

```
var Name      : packed array [1..30] of char;
    c         : char;
    i         : integer;
      .
      .
write('Name? ');
for i := 1 to 30 do begin
    if eoln then c := ' '
    else read(c);
    Name[i] := c
end;
readln
```

Wir lesen maximal 30 Zeichen ein und weisen sie Zeichen um Zeichen der Variablen Name zu. Erreichen wir das Eingabe-Zeilenende vor 30 Zeichen (eoln =true), so füllen wir die verbleibenden Zeichen in Name mit Leerstellen auf. Zum Schluß überlesen wir mit einer readln-Anweisung den Rest der Eingabezeile inklusive dem Zeilende-Zeichen.

Sie fragen sich vielleicht, warum das Einlesen nicht einfacher so programmiert wurde:

```
var Name      : packed array [1..30] of char;
    i         : integer;
      .
      .
write('Name? ');
for i := 1 to 30 do
    if eoln then Name[i] := ' '         falsch
    else read(Name[i]);
readln
```

Zur genauen Erklärung, wieso dies falsch ist, müssen wir auf das nächste Kapitel über Prozeduren und Funktionen verweisen. Hier lediglich soviel:

Es kann nicht direkt in ein Element eines gepackten Feldes eingelesen werden!

Ausschreiben von Zeichenketten

Felder können nicht als Ganzes mit einer einzigen write Anweisung ausgeschrieben werden. Falsch wäre

```
var m1        : array [1..10] of real;
      .
      .
write(m1)
```

Es muß Element um Element ausgeschrieben werden, üblicherweise mit einer
for-Anweisung. Eine Ausnahme machen die Zeichenketten, das heißt, alle
Felder, die vom Typ

```
packed array [1..n] of char
```

sind. Die Variable Name aus dem vorangehenden Beispiel kann also durch
die Anweisung

```
write(Name)
```

ausgegeben werden. Es werden immer alle Zeichen der angegebenen Variablen
ausgeschrieben, in diesem Beispiel also 30 Zeichen. Dies schadet jedoch nichts,
haben wir doch beim Einlesen die fehlenden Zeichen durch Leerstellen substituiert.

Zuweisung und Vergleich von Zeichenketten

Die Sonderstellung der Zeichenketten-Typen innerhalb der eindimensionalen
Felder wird auch dadurch deutlich, daß einer Zeichenketten-Variablen eine
Zeichenketten-Konstante direkt zugewiesen werden kann:

```
Name := 'Gottfried Keller              '
```


Beachten Sie, daß die Zeichenkettenkonstante die genau gleiche Länge haben
muß, wie die empfangende Variable.

Im Unterschied zu anderen Feldern, die nicht als Ganzes miteinander verglichen
werden können (siehe 7.2), ist es möglich, zwei Zeichenketten mit identischen
Typen miteinander zu vergleichen. Es können dabei alle sechs Vergleichsoperatoren verwendet werden:

```
=   <>   <   >   <=   >=
```

Es gelten für den Vergleich die üblichen lexikographischen Regeln, wobei
dem Vergleich die ASCII-Zeichenordnung gemäß der Tabelle in 6.4 zugrundeliegt:

```
'Meier Fritz      ' < 'Meier Karl       '
'Meier Karl       ' < 'Meier Karlheinz  '
'Meier Karlheinz  ' > 'Mayer Susi       '
```

Computerintern wird von den beiden Zeichenketten Zeichen um Zeichen, von
links nach rechts miteinander verglichen. Sobald Ungleichheit festgestellt wird,
bestimmt das Zeichen mit der kleineren Ordnungszahl die Zeichenkette, welche
in der lexikographischen Ordnung weiter vorne liegt.

7.6 Mehrdimensionale Felder

Als Elementtyp verwendeten wir in den bisherigen Beispielen stets einen einfachen Datentyp. Pascal läßt jedoch als Element eines Feldes beliebige Typen zu, also auch wiederum ein Feld:

```
type Wochentag    = (Mon,Die,Mit,Don,Fre,Sam,Son);
     Stunde       = 8..16;
     Stdplan      = array [Wochentag] of
                         array [Stunde] of 0..50;
```

Der Typ `Stdplan` ist ein Feld mit einem Element für jeden Wochentag, wobei jedes dieser Elemente wiederum ein Feld ist. Dieses untergeordnete Feld enthält für jede volle Stunde zwischen 0800 und 1659 Uhr ein Element, das angibt, wieviele Personen in der betreffenden Stunde angemeldet sind (bei einem Arzt beispielsweise). Bildlich dargestellt sähe dieses Feld so aus:

	Mon	Die	Mit	Don	Fre	Sam	Son
8	1	3	1	0	0	9	0
9	4	1	1	3	2	5	0
10	2	2	2	7	1	5	0
11	1	4	3	6	3	2	0
13	2	5	3	0	5	0	0
14	2	4	2	0	1	0	0
15	2	4	1	0	3	0	0
16	6	2	3	0	1	0	0

In Anlehnung an diese bildliche Darstellung bezeichnet man den Typ `Stdplan` als *zweidimensionales Feld*. Der Umgang mit zweidimensionalen Feldern ist kaum schwieriger als mit eindimensionalen. Legen wir der folgenden Besprechung diese Deklarationen zugrunde:

```
type Wochentag    = (Mon,Die,Mit,Don,Fre,Sam,Son);
     Stunde       = 8..16;
     Stdplan      = array [Wochentag] of
                         array [Stunde] of 0..50;
var  Wochenplan   : Stdplan;
     Zeit         : Stunde;
     Tag          : Wochentag;
```

Der Zugriff auf ein ganzes Feld, sei es ein- oder mehrdimensional, geschieht stets über seinen Namen allein:

```
Wochenplan
```

Versehen wir die Feldvariable mit einem Index, so sprechen wir wie üblich das bezeichnete Element an:

```
Wochenplan[Tag]
```

Doch welchen Typ hat das hier angesprochene Element? Entsprechend der Typendeklaration von Stdplan ist das Element vom Typ

```
array [Stunde] of 0..50
```

also wiederum ein Feld. Wollen wir das ganze Element, das heißt das ganze im Element enthaltene Feld ansprechen, so ist

```
Wochenplan[Tag]
```

die richtige Konstruktion dafür. In der bildlichen Darstellung eines zweidimensionalen Feldes würde diese Konstruktion also eine ganze Spalte bezeichnen. Soll aber eine bestimmte Stunde oder, mit anderen Worten, ein bestimmtes Element der durch den Index Tag ausgewählten Spalte angesprochen werden, so wird der Konstruktion konsequenterweise ein weiterer Index beigefügt:

```
Wochenplan[Tag][Zeit]
```

Das ganze Feld Wochenplan könnte also wie folgt ausgeschrieben werden:

```
writeln('Zeit   Mon  Die  Mit  Don  Fre  Sam  Son');
for Zeit := 8 to 16 do begin
    write(Zeit:4);
    for Tag := Mon to Son do write(Wochenplan[Tag][Zeit]:5);
    writeln
end
```

Wir erhalten die Ausgabe

```
Zeit    Mon  Die  Mit  Don  Fre  Sam  Son
   8     1    3    1    0    0    9    0
   9     4    1    1    3    2    5    0
  10     2    2    2    7    1    5    0
  11     1    4    3    6    3    2    0
  12     0    0    0    0    0    0    0
  13     2    5    3    0    5    0    0
  14     2    4    2    0    1    0    0
  15     2    4    1    0    3    0    0
  16     6    2    3    0    1    0    0
```

Auch bei drei- und mehrdimensionalen Feldern bleibt sich die besprochene Logik des Feldzugriffs gleich. Als Illustration dazu wollen wir ein Programm schreiben, das uns bei der Auszählung von Fragebogen hilft. Der Fragebogen wurde im Rahmen einer Erfassung des Berufsverkehrs in Kaffhausen verwendet.

<table>
<tr><td colspan="3">Berufsverkehr in Kaffhausen</td></tr>
<tr><td>Altersgruppe</td><td><20</td><td>□</td><td>1</td></tr>
<tr><td></td><td>20-35</td><td>□</td><td>2</td></tr>
<tr><td></td><td>36-65</td><td>□</td><td>3</td></tr>
<tr><td></td><td>>65</td><td>□</td><td>4</td></tr>
<tr><td>Arbeitsort</td><td>Kaffhausen</td><td>□</td><td>1</td></tr>
<tr><td></td><td>Stresswil</td><td>□</td><td>2</td></tr>
<tr><td></td><td>Bingdingen</td><td>□</td><td>3</td></tr>
<tr><td></td><td>andere</td><td>□</td><td>4</td></tr>
<tr><td>Verkehrsmittel</td><td>öff. Verkehr</td><td>□</td><td>1</td></tr>
<tr><td></td><td>PW</td><td>□</td><td>2</td></tr>
<tr><td></td><td>andere</td><td>□</td><td>3</td></tr>
</table>

Wir definieren entsprechend den drei Fragekategorien ein dreidimensionales Feld $(4 \times 4 \times 3)$ von ganzzahligen Elementen, in die wir die Anzahl der zutreffenden Fragebogen addieren. Das Gerüst unseres Programmes:

```pascal
program Fragebogen (input,output);
begin
    {---- Initialisieren Feld fuer Auszaehlung ----}
    repeat
        {---- Einlesen Antwortcodes fuer Fragebogen ----}
        if {nicht Ende der Eingaben} then
            {---- Plausibilitaetstest und Zaehlung ----}
            if {nicht korrekte Eingaben} then {Fehlermeldung}
            else {Zaehlen des Fragebogens}
    until {Ende der Eingaben}
    {---- Ausdrucken Auszaehlung ----}
end.
```

Wir geben dem Programm das Ende der Fragebogenerfassung dadurch bekannt, daß wir für die drei Codes (Altersgruppe, Arbeitsort und Verkehrsmittel) Null eintippen. Damit sähe das fertige Programm so aus:

```pascal
program Fragebogen (input,output);
    var Anz              : array [1..4] of array [1..4] of
                                array [1..3] of integer;
        Alter,Ort,Trsp   : integer;
begin
    {---- Initialisieren Feld fuer Auszaehlung ----}
    for Alter := 1 to 4 do
        for Ort := 1 to 4 do
            for Trsp := 1 to 3 do Anz[Alter][Ort][Trsp] := 0;

    repeat

        {---- Einlesen Antwortcodes fuer Fragebogen ----}
        write('? '); read(Alter,Ort,Trsp);
        if (Alter<>0) or (Ort<>0) or (Trsp<>0) then
```

```
              {---- Plausibilitaetstest und Zaehlung ----}
              if (Alter<1) or (Alter>4) or (Ort<1) or (Ort>4) or
                            (Trsp<1) or (Trsp>3) then
                    writeln('ungueltige Eingabe')
              else Anz[Alter][Ort][Trsp] := Anz[Alter][Ort][Trsp]+1
        until (Alter=0) and (Ort=0) and (Trsp=0);
        {---- Ausdrucken Auszaehlung ----}
        for Alter := 1 to 4 do begin
            writeln; writeln; writeln;
            writeln('Auswertung Alterskategorie ', Alter:1);
            writeln;
            writeln('Verk.    Kaffh.    Stressw.  Bingdin.    andere ');
            writeln('-----    ------    --------  --------    ------ ');
            for Trsp := 1 to 3 do begin
                write(Trsp:3,'    ');
                for Ort := 1 to 4 do write(Anz[Alter][Ort][Trsp]:10);
                writeln
            end
        end
    end
end.
```

Da wir nicht dreidimensional drucken können, erstellen wir gesondert für jede Alterskategorie eine (zweidimensionale) Tabelle. Ein Beispiel für die Alterskategorie 1:

```
Auswertung Alterskategorie 1

Verk.    Kaffh.    Stressw.  Bingdin.    andere
-----    ------    --------  --------    ------
    1       134        16        73          5
    2        50       324        82         82
    3        37       157        22         48
```

Abgekürzte Schreibweise für Indices

Zum Abschluß des Kapitels über Felder verbleibt uns lediglich noch die Besprechung einer Schreiberleichterung bei der Arbeit mit mehrdimensionalen Feldern. Statt der Deklaration

```
array [1..4] of array [-5..+5] of array [char] of integer
```

können wir auch einfacher schreiben

```
array [1..4,-5..+5,char] of integer
```

Beide Schreibweisen sind einander völlig äquivalent. Das Komma steht in der Felddeklaration gewissermaßen für

```
] of array [
```

Ähnlich bei der Bezeichnung eines Elementes eines mehrdimensionalen Feldes. Statt

```
Anz[Alter][Ort][Trsp]
```

schreiben wir üblicherweise

```
Anz[Alter,Ort,Trsp]
```

Aber auch hier sind beide Schreibweisen gleichwertig. Benutzen Sie, was Ihnen besser gefällt.

Kapitel 8: Prozeduren und Funktionen

In der Praxis der Programmierung ist man häufig mit der Situation konfrontiert, daß man bestimmte gleichartige Dienste an mehreren Stellen im Programm benötigt. Beispiele für solche Dienste sind die Berechnung einer Winkelfunktion (`sin`, `cos`, etc.), das Einlesen eines Textes in eine Zeichenkettenvariable, das Ausdrucken eines ganzen Feldes, usw.

Mit den Standardfunktionen steht uns eine Anzahl vorprogrammierter Dienste zur Verfügung. Prozeduren und Funktionen sind das Instrument, um eigene Dienste zu programmieren. Diese eigenen Dienste können dann durch einfache Aufrufe an verschiedenen Stellen im Programm verwendet werden. Für Prozeduren und Funktionen hört man oft auch die Bezeichnung *Unterprogramme* oder *Subroutinen*.

Wir werden in diesem Kapitel eine Reihe von Prozeduren und Funktionen zur Zeichenkettenbearbeitung besprechen, die Ihnen für die spätere Programmierung in Pascal von Nutzen sein können.

8.1 Parameterlose Prozeduren

Die im Abschnitt 7.5 besprochenen Zeichenkettenvariablen enthalten stets eine Zeichenkette mit einer fixen, vordeklarierten Länge. Wird ein kürzerer Text in die Zeichenkettenvariable eingelesen, so muß rechts mit Leerstellen aufgefüllt werden. Für eine flexible Zeichenkettenbearbeitung genügen solche Zeichenketten mit einer festen Länge nicht. Vielmehr sollten Zeichenkettenvariablen bei jeder Zuweisung eine beliebig lange Zeichenkette aufnehmen können. Man nennt solche Zeichenketten *variabel lange Zeichenketten*. Wir definieren dafür den folgenden Typ:

```
const MaxStr      = 30;   {= Maximale Laenge der Zeichenketten}
type  String      = packed array [0..MaxStr] of char;
```

Das erste Element jeder Variablen vom Typ `String` (Index `[0]`) mißbrauchen wir zur Abspeicherung der aktuellen Länge der in der Variablen enthaltenen Zeichenkette (`chr(AktuelleLaenge)`). Die Zeichenkette selbst ist in den verbleibenden Elementen enthalten. Die Konstante `MaxStr` gibt die frei wählbare maximale Länge der variabel langen Zeichenketten an. Lernen Sie den Typ `String` durch folgendes Probeprogramm näher kennen:

```pascal
program String1 (input,output);
    const MaxStr          = 30;
    type  String          = packed array [0..MaxStr] of char;
    var   Eingabetext    : String;
          i              : integer;
          c              : char;
begin
    repeat

        {----- Einlesen Zeichenkette -----}
        write('? ');
        i := 0;
        while not eoln and (i<MaxStr) do begin
            i := i+1;
            read(c);
            Eingabetext[i] := c
        end;
        readln;
        Eingabetext[0] := chr(i);

        {----- Ausschreiben Zeichenkette -----}
        write('>');
        for i := 1 to ord(Eingabetext[0]) do write(Eingabetext[i]);
        writeln('<');
        writeln('Laenge des Strings = ', ord(Eingabetext[0]):1)
    until ord(Eingabetext[0])=0
end.
```

```
? Der Hund
>Der Hund<
Laenge des Strings = 8
? 123
>123<
Laenge des Strings = 3
?
><
Laenge des Strings = 0
```

Die beiden zur Kontrolle ausgegebenen Begrenzungszeichen > und < zeigen,
daß die Länge der ausgeschriebenen Zeichenkette immer der Länge der eingegebenen Zeichenkette entspricht.

Warum verwenden wir für variabel lange Zeichenketten den englischen Namen
String? Das hat drei Gründe: Erstens wäre der Name *Zeichenkette* etwas
lang, zweitens ist *Text* in Pascal bereits belegt (siehe Kapitel 12) und drittens
ist der Name *String* in der EDV-Welt sehr weit verbreitet.

Müßte das Einlesen und das Ausschreiben von Strings wie im vorausgehenden
Programm String1 jedesmal ausprogrammiert werden, so wäre das doch
recht mühsam. Wir schreiben dafür besser zwei Prozeduren:

```pascal
program String2 (input,output);
    const MaxStr          = 30;
    type  String          = packed array [0..MaxStr] of char;
    var   Eingabetext    : String;
          i              : integer;
          c              : char;
```

```
procedure ReadStr;
begin
    i := 0;
    while not eoln and (i<MaxStr) do begin
        i := i+1;
        read(c);
        Eingabetext[i] := c
    end;
    readln;
    Eingabetext[0] := chr(i)
end;

procedure WriteStr;
begin
    i := 1;
    while i<= ord(Eingabetext[0]) do begin
        write(Eingabetext[i]);
        i := i+1
    end
end;

begin
    repeat
        write('? ');
        ReadStr;
        write('>');
        WriteStr;
        writeln('<');
        writeln('Laenge des Strings = ', ord(Eingabetext[0]):1)
    until ord(Eingabetext[0])=0
end.
```


Prozeduren werden zwischen dem Variablendeklarationsteil und dem
Anweisungsteil deklariert. Der Aufbau einer Prozedur ist praktisch identisch
mit dem Aufbau des Programmes selbst:

```
procedure P;
```

> Deklarationsteil

```
begin
```

> Anweisungsteil

```
end;
```

Der Anweisungsteil ist im Programm wie auch in Prozeduren durch `begin`
und `end` eingeschlossen. Er nimmt also in beiden Fällen die Form einer einzigen
Verbundanweisung an:

```
program P (input, output);
```

> Deklarationsteil

> Verbundanweisung

```
procedure P;
```

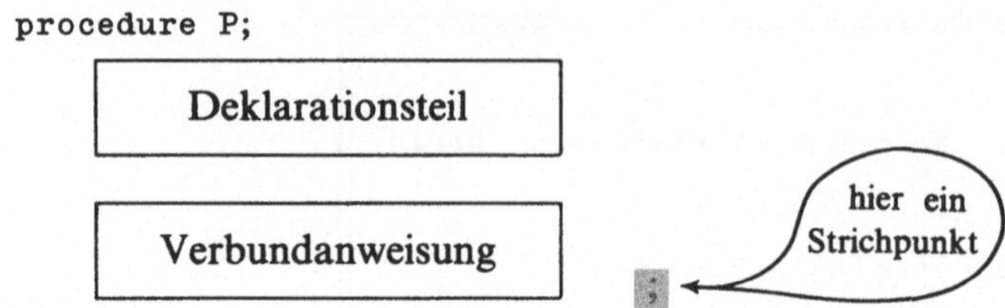

Innerhalb einer Prozedur können alle Konstantennamen, Typennamen und Variablen des umgebenden Programmes wie üblich verwendet werden. Auf den Deklarationsteil einer Prozedur kommen wir im nächsten Abschnitt zu sprechen.

Die Prozeduranweisung

Eine Prozedur wird durch eine sogenannte Prozeduranweisung aufgerufen. Eine Prozeduranweisung besteht aus dem Namen der auszuführenden Prozedur. Beispiele für Prozeduranweisungen finden wir im Programm `String2`:

```
ReadStr

WriteStr
```

Im Programm `String2` sparen die Prozeduren noch keine Schreibarbeit, da sie lediglich von einem Ort aus angesprochen werden. Meist wird man jedoch `ReadStr` und `WriteStr` an mehreren Stellen im Programm brauchen. Dann werden die Vorteile der Verwendung von Prozeduren offensichtlich.

Schreiben wir noch eine Prozedur `WritelnStr`, die nach dem Ausschreiben des Strings auf eine neue Zeile springt:

```
procedure WritelnStr;
begin
    WriteStr;
    writeln
end;
```

Sie sehen, daß es auch erlaubt ist, aus einer Prozedur eine andere aufzurufen. Ein Grundsatz in Pascal besagt, daß alle Namen deklariert sein müssen, bevor sie aufgerufen werden. Dies bedeutet, daß eine aufgerufene Prozedur *vor* der aufrufenden deklariert sein muß. Die Prozedur `WriteStr` ist also vor der Prozedur `WritelnStr` zu deklarieren.

8.2 Gültigkeitsbereich von Namen

Betrachten Sie nochmals das Programm `String2` des vorangehenden Abschnittes. Die Prozedur `ReadStr` liest eine Zeichenkette in die Variable `Eingabetext` ein, die Prozedur `WriteStr` schreibt den Inhalt der Variablen `Eingabetext` aus. Die Variable `Eingabetext` wird auch im Anweisungsteil des Programms verwendet. Es ist also sinnvoll, die Variable Eingabetext im Deklarationsteil des Programmes zu belassen und sie damit sowohl den Prozeduren wie auch dem Anweisungsteil des Programmes zur Verfügung zu stellen.

Anders liegt der Fall bei den Variablen i und c, die eigentlich nur gerade während der Ausführung der Prozedur benötigt werden. Die Variablen i und c gehören gewissermaßen der Prozedur ReadStr, resp. WriteStr. Deshalb werden sie besser im Deklarationsteil der Prozeduren deklariert, in denen sie benötigt werden:

```
program String2 (input, output);
    const MaxStr          = 30;
    type  String          = packed array [0..MaxStr] of char;
    var   Eingabetext     : String;

    procedure ReadStr;
        var i     : integer ;
            c     : char ;
    begin
        .
        .
    end;

    procedure WriteStr;
        var i     : integer ;
    begin
        for i := 1 to ord(Eingabetext[0]) do write(Eingabetext[i]);
    end;

begin
    repeat
        .
        .
    until ord(Eingabetext[0])=0
end.
```

In einer Prozedur deklarierte Variablen können nur innerhalb dieser Prozedur angesprochen werden, nicht jedoch von außerhalb der Prozedur. Umgekehrt können aber im Programm deklarierte Variablen auch aus Prozeduren angesprochen werden. Zur Illustration dieser Zugriffsberechtigungen ziehen wir „Mauern" um die Prozeduren:

```
program String2 (input, output);
    const MaxStr          = 30;
    type  String          = packed array [0..MaxStr] of char;
    var   Eingabetext     : String;

    procedure ReadStr;
        var i     : integer;
            c     : char;
    begin
        .
        .
    end;
```

```
 ┌───procedure WriteStr;───────────────────────────────┐
 │       var i   : integer;                             │
 │   begin                                              │
 │       for i := 1 to ord(Eingabetext[0]) do           │
 │           write(Eingabetext[i]);                     │
 └───end;═══════════════════════════════════════════════╝

   begin
         .
         .
         .
   end.
```

Die in die Zugriffsmauern eingebauten Türen lassen sich nur nach außen öffnen.
Dies deutet an, daß wohl von innerhalb einer Prozedur auf im umgebenden
Programm deklarierte Variablen zugegriffen werden kann, daß es aber nicht
möglich ist, von außen auf die Variablen einer Prozedur zuzugreifen.

Falls der gleiche Name für eine Variable im Programm-Deklarationsteil wie
für eine Variable in einem Prozedur-Deklarationsteil verwendet wird, so wird
innerhalb der Prozedur die eigene Variable angesprochen, nicht die im Programm deklarierte.

Fassen wir diese Regeln des Zugriffs auf Variablen graphisch zusammen:

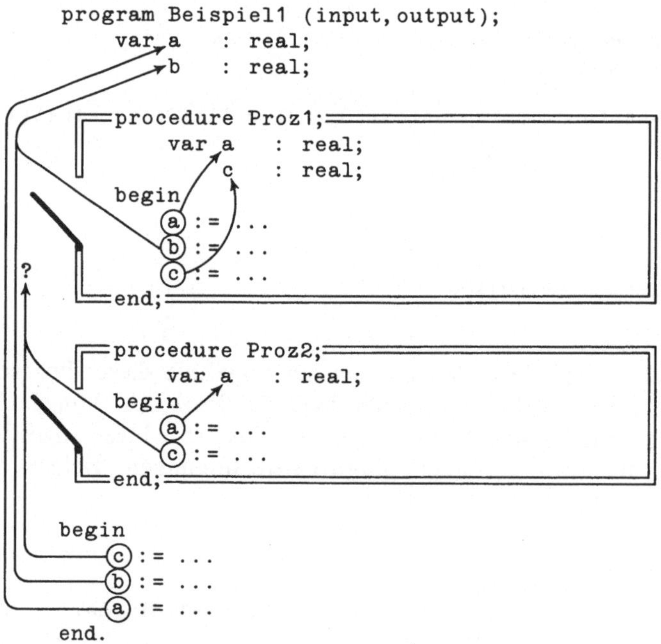

Im Deklarationsteil einer Prozedur können nicht nur Variablen deklariert werden, sondern auch Konstanten, Typen und weitere, verschachtelte Prozeduren.
Die am Beispiel der Variablen besprochenen Zugriffsberechtigungen gelten prinzipiell für alle mit Namen versehenen Objekte in einem Pascal-Programm.

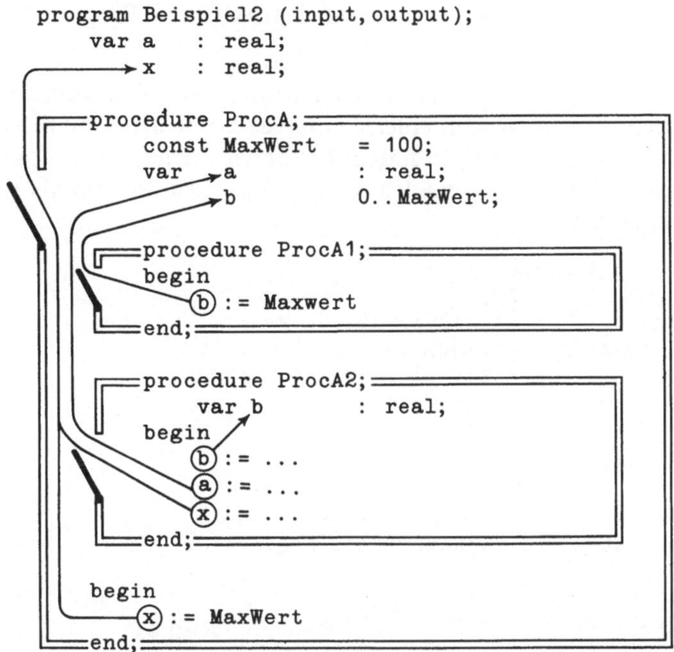

Die allgemeinen Regeln der Gültigkeitsbereiche von Namen:

1. Jeder Pascal-Block besteht aus einem Deklarationsteil und einer Verbundanweisung. Ein Block wird gebildet durch das Programm selbst sowie durch eine Prozedur oder eine Funktion (Funktionen werden in 8.4 besprochen).

2. Der Gültigkeitsbereich eines Namens erstreckt sich vom Ort seiner Deklaration bis zum Ende des Blocks, in dem er deklariert wurde. Darin eingeschlossen sind alle in diesem Block verschachtelten Blöcke.

3. Ein Name kann innerhalb seines Gültigkeitsbereiches angesprochen werden.

4. Innerhalb eines Blockes kann derselbe Name nur einmal deklariert werden. In verschachtelten Blöcken ist die erneute Deklaration desselben Namens jedoch erlaubt.

5. Sind in einem Block mehrere Objekte mit demselben Namen bekannt, so wird das zuinnerst deklarierte angesprochen.

6. In einer Prozedur oder Funktion deklarierte Objekte (Konstanten, Typen, Variablen, etc.) nennt man *lokal*. Die im Deklarationsteil des Programmes deklarierten Objekte sind *globale* Objekte.

Von diesen entsprechend den verschachtelten Blöcken gebildeten hierarchischen Gültigkeitsbereichen von Namen stammt das Attribut *blockstrukturiert*. Pascal, PL/I und Ada sind Beispiele von blockstrukturierten Programmiersprachen.

Basic, Cobol und Fortran sind bekannte nicht blockstrukturierte Programmiersprachen.

Objekte, die nur innerhalb einer Prozedur verwendet werden, sollen prinzipiell lokal deklariert werden. Damit werden einerseits Objekte vor nicht zugriffsberechtigten Programmteilen versteckt. Andererseits können irrtümliche Verwendungen von Objekten weitgehend vermieden werden. Schauen Sie sich als Beispiel dazu dieses Programm an:

```pascal
program Fehler (input,output);
    const MaxStr          = 30;
    type  String          = packed array [0..MaxStr] of char;
    var   Eingabetext      : String;
          Texte            : array [1..100] of String;
          i                : integer;
          c                : char;

    procedure ReadStr;
    begin
        i := 0;
        while not eoln and (i<MaxStr) do begin
            i := i+1;
            read(c);
            Eingabetext[i] := c
        end;
        readln;
        Eingabetext[0] := chr(i);
    end;

begin
    i := 0;
    repeat
        write('? '); ReadStr;
        if ord(Eingabetext[0])>0 then begin
            i := i+1;
            Texte[i] := Eingabetext
        end
    until ord(Eingabetext[0])=0;
end.
```


Es soll offenbar das Feld Texte mit Strings gefüllt werden, bis eine Leerzeile eingegeben wird. Im Feld Texte wird jedoch nicht das enthalten sein, was wir erwarten. Warum? Die Prozedur ReadStr verändert die Variable i, währenddem im Anweisungsteil des Programmes davon ausgegangen wird, daß i über den Aufruf von ReadStr hinweg unverändert bleibt.

Diese Art von Fehler ist in der Praxis der Programmierung in nicht blockstrukturierten Sprachen an der Tagesordnung. In blockstrukturierten Sprachen wie Pascal lassen sich solche Fehler leicht vermeiden, wenn man wo immer angebracht lokale Variablen deklariert und verwendet.

Beachten Sie, daß lokale Variablen ihren Wert nach dem Verlassen der Prozedur verlieren. Der Wert der lokalen Variablen ist nach jedem Prozedureintritt undefiniert, wie auch die Werte der im Deklarationsteil des Programms enthaltenen Variablen nach Programmbeginn undefiniert sind. Soll ein Wert von einem

Prozeduraufruf zum nächsten gerettet werden, so bleibt nichts anderes übrig, als den Wert in eine globale Variable abzuspeichern.

8.3 Parametrisierte Prozeduren

Als nächstes wollen wir eine Prozedur schreiben, die aus einem in der Variablen `Wort` gespeicherten String einen Teilstring extrahiert und diesen in die Variable `Teilwort` abspeichert, zum Beispiel

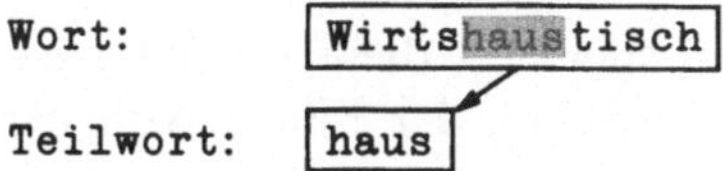

Wir müssen der Prozedur, die wir `TeilStr` nennen wollen, irgendwie mitteilen, welchen Teilstring wir extrahiert haben wollen. Wir geben die Position der ersten und des letzten Zeichens des Teilstrings an, im obigen Beispiel also 6 und 9. Zur Übergabe dieser Teilstring-Grenzen verwenden wir Argumente, wie wir sie bereits beim Aufruf von Standardfunktionen kennengelernt haben (3.6):

```
TeilStr(6,9)
```

Als Argument ist auch ein Ausdruck erlaubt:

```
TeilStr(i+1,ord(Wort[0]))
```

Diese Konstruktion bezeichnet den Teilstring ab der Stelle `i+1` bis zum Ende des in der Variablen `Wort` gespeicherten Strings (`ord(Wort[0])` bezeichnet ja die aktuelle Länge des Strings in `Wort`). Die einzelnen Argumente werden durch Komma voneinander getrennt.

Doch wie können wir in einer Prozedur auf die Argumente zugreifen? Dies geschieht über die sogenannten *Parameter*:

```
TeilStr( i+1 , ord(Wort[0]) )

procedure TeilStr ( von : integer ; bis : integer );
```

Die Parameter sind eigentlich lokal deklarierte Variablen. Sie sind somit unter dem deklarierten Namen innerhalb der Prozedur und allen in ihr verschachtelten Prozeduren bekannt. Parameter unterscheiden sich lediglich in zwei Hinsichten von lokalen Variablen:

1. Parameter werden im Prozedurkopf und nicht im Deklarationsteil deklariert.

2. Parameter enthalten bei Prozedureintritt die Argumentswerte (der n-te Parameter den Wert des n-ten Argumentes). Lokale Variablen haben nach jedem Prozedureintritt undefinierte Werte.

Hier nun die Prozedur `TeilStr`:

```
procedure TeilStr (von : integer; bis : integer);
    var Laenge      : 0.. MaxStr;
        i           : integer;
begin
    Laenge := 0;
    if (von>0) and (bis<=ord(Wort[0])) and (von<=bis) then
        for i := von to bis do begin
            Laenge := Laenge+1;
            Teilwort[Laenge] := Wort[i]
        end;
    Teilwort[0] := chr(Laenge)
end;
```

Bei Aufruf mit fehlerhaften Teilstring-Grenzen speichert diese Prozedur einen String der Länge Null in `Teilwort` ab. Einen String der Länge Null nennt man auch Nullstring.

Haben mehrere aufeinanderfolgende Parameter denselben Typ, so kann (wie bei der Variablendeklaration) eine abgekürzte Schreibweise benutzt werden:

```
procedure TeilStr (von,bis : integer);
```

Es ist eigentlich intuitiv klar, doch sagen wir der Vollständigkeit halber, daß

1. die Anzahl der Argumente mit der Anzahl der Parameter übereinstimmen muß, und daß

2. ein Argument mit dem zugehörigen Parameter typenkompatibel sein muß.

Die besprochene Art der Parameter veranlaßt bei Prozeduraufruf die Zuweisung der *Werte* der Argumentsausdrücke an die Parameter. Man nennt diese Parameter deshalb *Wertparameter*.

Variablenparameter

Neben den Wertparametern kennt Pascal noch die Variablenparameter, die durch das Wortsymbol var gekennzeichnet werden:

```
procedure Lies ( var Eingabe : real; Min,Max : real);
```

Der Parameter `Eingabe` ist ein Variablenparameter, die Parameter `Min` und `Max` sind Wertparameter. Diese Prozedur könnte beispielsweise wie folgt aufgerufen werden:

```
Lies ( NeuerKurs , Kurs-Diff , Kurs+Diff )
```

Im Gegensatz zu den Wertparametern bildet ein Variablenparameter keine lokale Variable, die als Initialwert den Argumentsausdruck zugewiesen erhält. Ein Variablenparameter schafft eine direkte Verbindung zu der als Argument angegebenen Variablen. Durch den Parameternamen wird also direkt der Speicherplatz der Argumentsvariablen angesprochen:

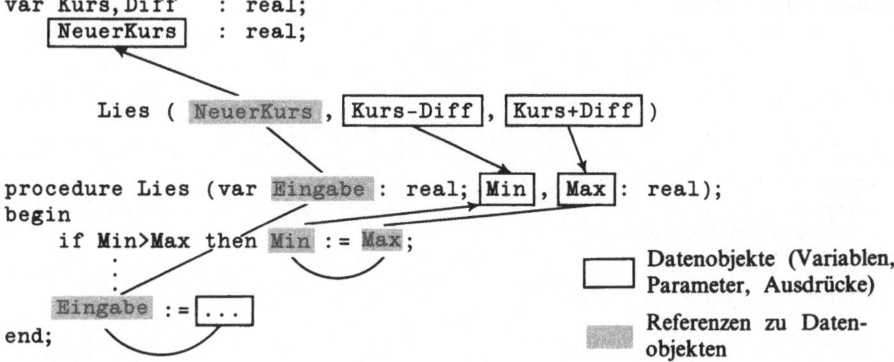

Aus zeichnerischen Gründen wurde in dieser Grafik der Prozeduraufruf vor die Prozedur gestellt.

Es wird klar, daß einer Argumentsvariablen aus einer Prozedur heraus nur dann ein Wert zugewiesen werden kann, wenn es sich um einen Variablenparameter handelt. Vergleichen Sie diesbezüglich in der obigen Grafik die Zuweisung an den Variablenparameter `Eingabe` mit der Zuweisung an der Wertparameter `Min`.

Merken wir uns noch drei Regeln zu den Variablenparameter:

1. Als Argument für einen Variablenparameter sind nur Variablen zugelassen, keine ganzen Ausdrücke. Die Variable kann eine ganze Variable oder ein Element einer *ungepackten* strukturierten Variablen sein. Ein Element einer gepackten strukturierten Variablen kann nicht als Argument für einen Variablenparameter erscheinen.

2. Die Argumentsvariable muß denselben Typ haben, wie der Variablenparameter.

3. In manchen Pascal-Implementationen können strukturierte Datentypen nur über Variablenparameter in eine Prozedur übergeben werden.

Studieren Sie die folgenden Prozeduren zur Stringbearbeitung, und probieren Sie sie auf Ihrem Computer aus. Bezüglich Strings gelten nach wie vor die Erklärungen und Definitionen zu Beginn des Abschnittes 8.1.

Einlesen String

```
procedure ReadStr (var Str : String);
    var i            : integer;
        c            : char;
begin
    i := 0;
    while not eoln and (i<MaxStr) do begin
        i := i+1;
        read(c);
        Str[i] := c
    end;
    readln;
    Str[0] := chr(i)
end;
```

Ausschreiben String

```pascal
procedure WriteStr (var Str: String);
    var i            : integer;
begin
    for i := 1 to ord(Str[0]) do write(Str[i]);
end;
procedure WritelnStr (var Str: String);
begin
    WriteStr(Str);
    writeln
end;
```

Extrahiere Teilstring

Extrahiere aus dem übergebenen String den gewünschten Teilstring und
weise das Resultat dem vierten Parameter zu.

```pascal
procedure TeilStr (var Str : String; von,bis : integer;
                        var Resultat : String);
    var Laenge       : 0.. MaxStr;
        i            : integer;
begin
    Laenge := 0;
    if von<1 then von := 1;
    if bis>ord(Str[0]) then bis := ord(Str[0]);
    for i := von to bis do begin
        Laenge := Laenge+1;
        Resultat[Laenge] := Str[i]
    end;
    Resultat[0] := chr(Laenge)
end;
```

8.4 Vordefinierte Prozeduren

Wir haben stets von `read`-, `write`- und `writeln`-„Anweisungen" gesprochen
und werden das der Einfachheit halber auch weiter tun. In Wirklichkeit sind
diese „Anweisungen" jedoch nichts anderes als Aufrufe von vordefinierten Prozeduren:

```pascal
procedure read ( ... );

procedure write ( ... );

procedure writeln ( ... );
```

Die komplexeren Parametermechanismen (keine vordeklarierten Parameterty-
pen, variable Anzahl von Parameter) und die Möglichkeit der Feldlängenangabe
verunmöglichen eine Programmierung dieser Prozeduren in Pascal selbst. Man
darf in einem Pascal-Programm jedoch eigene Objekte mit den Namen read,

`write` und `writeln` deklarieren, da es sich bei diesen Namen lediglich um Prozedurnamen, nicht aber um Wortsymbole handelt. Sinnvollerweise verwendet man diese Namen aber nicht, würden die eigenen Namen doch die vordefinierten Prozeduren `read`, `write` und `writeln` unansprechbar machen:

```
program Muster (input,output);
    var write  : boolean;
begin
    .
    .
    .
    write ('Zahl? ');
    .
    .
    .
end.
```

8.5 Funktionen

Wir arbeiten schon seit geraumer Zeit mit Standardfunktionen und wissen, daß diese als Faktor in einem Ausdruck aufgerufen werden können:

```
ln(sin(alpha))*x
```

In diesem Abschnitt lernen wir, eigene Funktionen zu schreiben. Nehmen wir an, wir benötigen häufig den Tangens eines Winkelwertes und Fakultäten von natürlichen Zahlen (n! = 1*2*...*n, 0! = 1). Die beiden folgenden Funktionen übernehmen diese Arbeit:

```
function tan (Winkel : real) : real;
begin
    tan := sin(Winkel)/cos(Winkel)
end;

function fak (n : integer) : integer;
    var f,i     : integer;
begin
    f := 1;
    if n<0 then writeln('Fakultaet aus negativer Zahl!')
    else for i := 1 to n do f := f*i;
    fak := f
end;
```

Funktionen sind im Grunde genommen Prozeduren, die an die Stelle ihres Aufrufs einen Wert zurückgeben. Die Unterschiede zwischen Prozeduren und Funktionen sind recht minim und können in drei Punkte zusammengefaßt werden.

1. Prozeduren werden durch eine Prozeduranweisung aufgerufen. Funktionsaufrufe erscheinen in Ausdrücken:


```
fak(n) div ( fak(k) * fak(n-k) )     Binomialkoeffizient
```

2. Der Typ des von einer Funktion zurückgegebenen Funktionsresultates wird in der Funktionsdeklaration angegeben:

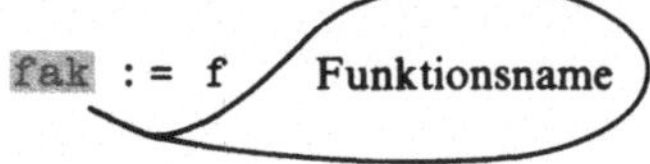


```
function fak (n : integer) : integer ;
```

Als Resultattyp einer Funktion sind alle außer den strukturierten Typen erlaubt.

3. Das Funktionsresultat muß vor dem Verlassen der Funktion durch eine Zuweisung an den Funktionsnamen gesetzt worden sein:


```
fak := f
```

Prozedur- und Funktionsdeklarationen können vermischt am Ende jedes Deklarationsteils erscheinen.

Konstantendeklarationen
Typendeklarationen
Variablendeklarationen
Prozedur- und Funktions- deklarationen

Wir ergänzen die im Abschnitt 8.3 eingeführten Stringbearbeitungs-Prozeduren durch eine Funktion zum Vergleich zweier Strings und eine Funktion zur Suche eines Strings in einem anderen.

Vergleiche zwei Strings

Liegt der erste String in der alphabetischen Sortierfolge *vor* dem zweiten, gib −1 zurück; liegt der erste *nach* dem zweiten, gib +1 zurück; sind beide Strings *identisch*, gib 0 zurück.

```
function VerglStr (var Str1,Str2 : String) : integer;
    var Diff,Laenge,i   : integer;
begin
    Laenge := ord(Str1[0]);
    if Laenge>ord(Str2[0]) then Laenge := ord(Str2[0]);
    Diff := 0;
    i := 0;
    while (Diff=0) and (i<Laenge) do begin
        i := i+1;
        Diff := ord(Str1[i])-ord(Str2[i])
    end;
    if Diff=0 then Diff := ord(Str1[0])-ord(Str2[0]);
    if Diff<0 then VerglStr := -1
    else if Diff>0 then VerglStr := +1
        else VerglStr := 0
end;
```

Wie läuft diese Funktion ab? Zuerst wird die Länge des kürzeren Strings in die Variable `Laenge` angespeichert. Dann werden die beiden Strings miteinander verglichen (Zeichen um Zeichen). Sobald unterschiedliche Zeichen angetroffen werden (`ord(Str1[i])-ord(Str2[i])<>0`), bricht die `while`-Schleife ab. Wird in den Zeichen `[1..Laenge]` keine Differenz entdeckt, so sind beide Strings dann gleich, wenn sie gleich lang sind, andernfalls liegt der kürzere String in der Sortierfolge weiter vorne.

Suche Vorkommen eines Strings

Der Funktion `SucheStr` müssen zwei Strings als Argumente übergeben werden. Der erste String ist der abzusuchende String, der zweite enthält die Zeichenkette, nach welcher der erste String abzusuchen ist. Die Funktion gibt den Ort zurück, wo der zu suchende String das erste Mal gefunden wurde. Wurde kein solcher String gefunden, so wird Null zurückgegeben. Beispiele:

```
Wort      enthält:   fensternische
String1 enthält:   stern
String2 enthält:   sims

SucheStr(Wort,String1)=4
SucheStr(Wort,String2)=0
```

Unsere Funktion `SucheStr`:

```pascal
function SucheStr (var Str1,Str2 : String) : integer;
    var ab,bis,gefunden,i   : integer;
begin
    gefunden := 0;
    ab := 1;
    bis := ord(Str1[0])-ord(Str2[0])+1;
    while (ab<=bis) and (gefunden=0) do begin
        gefunden := ab;
        i := 0;
        while (i<ord(Str2[0])) and (gefunden<>0) do begin
            if Str1[i+ab]<>Str2[i+1] then gefunden := 0
            else i := i+1
        end;
        ab := ab+1
    end;
    SucheStr := gefunden
end;
```

Programmbeispiel: Alphabetisch sortierte Wortliste

Wir besprechen jetzt ein Programm, das unsere Prozeduren und Funktionen zur Stringbearbeitung benutzt. Das Programm soll einen Text Zeile um Zeile einlesen und eine alphabetisch sortierte Liste aller im Text vorkommenden Wörter ausdrucken. Gleiche Wörter sind nur einmal zu berücksichtigen. Der Text soll ohne Interpunktionszeichen eingegeben werden.

```
program Worte (input,output);
begin
    {----- Initialisierungen -----}
    {----- Lies erstes Wort -----}
    while {Wort <> Endwort} do begin
        {----- Einsortieren Wort in Worttabelle -----}
        {----- Einlesen naechstes Wort -----}
    end;
    {----- Ausschreiben Worttabelle -----}
end.
```

Bevor wir zur Ausprogrammierung dieses Programmgerüsts schreiten, schreiben wir erst eine Prozedur, die bei jedem Aufruf das nächste Wort des Eingabetextes in den Variablenparameter abspeichert. Sind alle Wörter einer Eingabezeile verarbeitet, verlangt diese Prozedur selbständig eine neue Eingabezeile. Die Prozedur verwendet folgende global deklarierten Objekte:

```
const MaxStr      = 30;
type  String      = packed array [0..MaxStr] of char;
var   Wort        : String;   {naechstes Wort}
      Zeile       : String;   {unverarbeiteter Teil der
                               aktuellen Eingabezeile}
```

Diese Deklarationen werden dann im Programmdeklarationsteil des endgültigen Programms erscheinen. Nun zur Prozedur zum Einlesen des jeweils nächsten Wortes:

```
procedure LiesWort (var Str1 : String);
    var Leerzeichen     : String;
        i               : 0..MaxStr;
begin
    Leerzeichen[0] := chr(1);
    Leerzeichen[1] := ' ';
    repeat
        if ord(Zeile[0])=0 then begin {Lies naechste Zeile}
            write('>'); ReadStr(Zeile)
        end;
        i := SucheStr(Zeile,Leerzeichen);
        if i=0 then i := ord(Zeile[0])+1;
        TeilStr(Zeile,1,i-1,Str1);
        TeilStr(Zeile,i+1,ord(Zeile[0]),Zeile)
    until i>1
end;
```

Das ganze Programm zur Erstellung einer sortierten Wortliste aus einem Text wird recht umfangreich. Wir haben jedoch mit den Prozeduren und Funktionen zur Stringbearbeitung und mit der Prozedur LiesWort bereits den größten Teil der Programmierarbeit erledigt. Eine solche Aufteilung eines großen Programmes in eine Reihe von kleinen, überschaubaren Prozeduren und Funktionen vereinfacht die Programmierung und erhöht die Verständlichkeit des Programmes.

```
program Worte (input,output);
    const MaxStr             = 30;
          MaxWorte           = 500;
    type  String             = packed array [0..MaxStr] of char;
```

```pascal
    var    WortTab              : array [1..MaxWorte] of String;
           Wort,TempWort        : String;
           AnzWorte             : 0..MaxWorte;
           Zeile                : String;
           i                    : integer;

    {ReadStr, WriteStr, WritelnStr, TeilStr, SucheStr,
     VerglStr und LiesWort hier einfuegen}

  begin
      {----- Initialisierungen -----}
      AnzWorte := 0;
      Zeile[0] := chr(0);   {noch keine Zeile eingelesen}
      {----- Lies erstes Wort -----}
      LiesWort(Wort);

      while Wort[1]<>'&' do begin

          {----- Einsortieren Wort in Worttabelle -----}
          i := 1;
          while i<=AnzWorte do
              case VerglStr(Wort,WortTab[i]) of
                  -1  : begin
                            TempWort := WortTab[i];
                            WortTab[i] := Wort;
                            Wort := TempWort;
                            i := i+1
                        end;
                   0  : i := AnzWorte+2;   {breche Suche ab!}
                  +1  : i := i+1   {suche weiter!}
              end;
          if i=AnzWorte+1 then begin
              AnzWorte := AnzWorte+1;
              WortTab[AnzWorte] := Wort
          end;

          {----- Einlesen naechstes Wort -----}
          LiesWort(Wort)
      end;

      {----- Ausschreiben Worttabelle -----}
      for i := 1 to AnzWorte do WritelnStr(WortTab[i])
  end.
```

Das Programm bricht mit dem Einlesen von Text ab, sobald ein Wort angetroffen wird, das mit einem &-Zeichen beginnt.

Wir haben zur Einsortierung der Wörter ein Verfahren gewählt, das dem im Ranglisten-Programm (siehe 7.1) verwendeten stark verwandt ist. Weil aber hier ein Wort nur dann in die Tabelle einsortiert wird, wenn es nicht bereits dort vorhanden ist, können wird nicht einfach von hinten her die Tabelle um einen Eintrag nach rechts schieben. Wir wissen ja nicht zum vornherein, ob das Wort bereits vorhanden ist oder nicht. Die Tabelle wird darum von links nach rechts (bzw. von oben nach unten) durchgegangen. Dabei werden die Einträge erst nach dem Einfügen des neuen Wortes nach rechts (unten) verschoben. Wird kein neues Wort eingefügt, wird auch nichts verschoben.

8.6 Feldschema-Parameter

In vielen Anwendungen wird man Prozeduren und Funktionen schreiben, die auf ein- oder mehrdimensionalen, als Parameter übergebenen Feldern gewisse Operationen ausführen. Beispiele dafür sind:

- Stringbearbeitung (vergl. Abschnitte 8.1 bis 8.5)

- Tabellenverarbeitungen

- Matrizen-Operationen (Matrixmultiplikationen, Matrixinversionen, etc.)

- Sortieren von Feldern

Im Abschnitt 8.3 haben wir festgestellt, daß der Typ eines Variablenparameters mit dem der entsprechenden Argumentsvariablen übereinstimmen muß. Das bedeutet, daß eine Prozedur oder Funktion nur gerade für einen einzigen Feldtyp anwendbar ist. Hätte man in einem Programm beispielsweise die drei Feldtypen

```
type F1 = array [1..50] of real;
     F2 = array [1..200] of real;
     F3 = array [-20..+20] of real;
```

und benötigte man eine Funktion zur Ermittlung des höchsten in einem Feld enthaltenen Wertes, so wäre man gezwungen, drei Funktionen zu schreiben, je eine für die Typen F1, F2 und F3. Hier als Beispiel diejenige für den Typ F1:

```
function MaxF1 (var Vektor : F1) : real;
    var m   : real;
        i   : integer;
begin
    m := Vektor[1];
    for i := 2 to 50 do
        if Vektor[i]>m then m := Vektor[i];
    MaxF1 := m
end;
```

Die einzigen Unterschiede zwischen dieser Funktion und denjenigen für die Typen F2 und F3 betreffen Anpassungen hinsichtlich der verschiedenen Dimensionsgrenzen von F1, F2 und F3.

Durch die sogenannten *Feldschema-Parameter* wird die Regel der Typengleichheit von Argument und Parameter für Felder gelockert: Für einen Feldparameter definiert man nicht mehr einen vollständigen Typ, sondern ein Feldschema:

```
function Max (var Vektor : array [a..b : integer] of real) : real;
```

Feldschema

Die einzelnen Teile eines Feldschemas bedeuten:

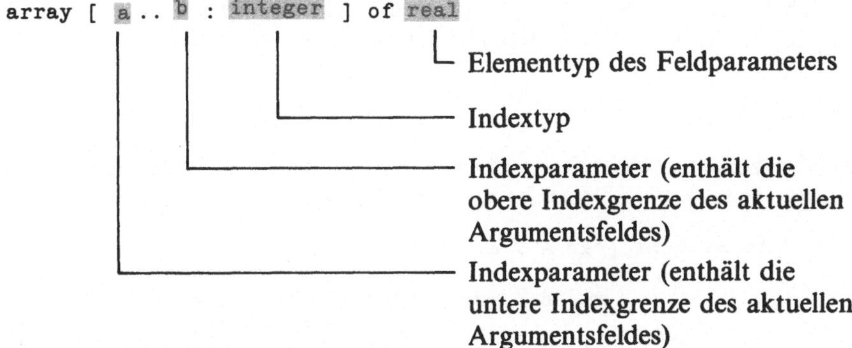

Mit einem Feldschema-Parameter können wir die Funktion `MaxF1` so umschreiben, daß sie auf eindimensionale Felder von `real`-Elementen mit beliebigen Indexbereichen vom Typ `integer` anwendbar ist:

```
function Max (var Vektor : array [a..b : integer] of real) : real;
    var m    : real;
        i    : integer;
begin
    m := Vektor[a];
    for i := a+1 to b do
        if Vektor[i]>m then m := Vektor[i];
    Max := m
end;
```

Beim Aufruf der Funktion `Max` wird der kleinste Indexwert des als Argument angegebenen Feldes automatisch in den Parameter a abgespeichert, der größte Indexwert in den Parameter b. Diesen sogenannten *Indexparametern* kann innerhalb der Funktion kein Wert zugewiesen werden. Es wäre ja auch sinnwidrig, die Dimensionsgrenzen eines Feldes abändern zu wollen.

Die Funktion `Max` könnte wie folgt verwendet werden:

```
var Tab1         : array [0..7] of real;
    Monatstab    : array [1..12] of real;
    Soll         : array [-20..+20] of real;
    .
    .
    .
write(Max(Tab1));
write(Max(Monatstab));
write(Max(Soll))
```

Die Feldschema-Parameter erlauben also die Übernahme der aktuellen Dimensionsgrenzen in eine Prozedur oder Funktion. Der Typ der Dimension (d.h. der Indextyp) und der Elementtyp des Feldes ist aber durch das Feldschema fest vorgegeben. Die besprochene Funktion `Max` könnte also beispielsweise weder für ein Feld mit einem Indextyp `char` noch für ein Feld mit `integer` Elementen verwendet werden.

Programmbeispiel: Matrixmultiplikation

Als Feldschema kann auch ein mehrdimensionales Feld angegeben werden. Als Beispiel dazu schreiben wir eine Prozedur zur Multiplikation zweier reeller Matrizen. Das Resultat der Multiplikation der Matrix A[i × k] mit der Matrix B[k × j] sei die Matrix C[i × j]. Bekanntlich gilt

$$C_{ij} = \sum_{p=1}^{k} A_{ip} B_{pj}$$

Unsere Prozedur `MatMult` soll für beliebige Matrizen mit Dimensionen vom Stammtyp `integer` angewendet werden können:

```
procedure MatMult (var A : array [Ai1..Ai2 : integer;
                                  Ak1..Ak2 : integer] of integer;
                    var B : array [Bk1..Bk2 : integer;
                                   Bj1..Bj2 : integer] of integer;
                    var C : array [Ci1..Ci2 : integer;
                                   Cj1..Cj2 : integer] of integer);
    var i,j,p : integer;
        Sum    : real;
begin
    if (Ai1<>Ci1) or (Ai2<>Ci2) or (Ak1<>Bk1) or (Ak2<>Bk2)
            or (Bj1<>Cj1) or (Bj2<>Cj2)
            then writeln('ungueltige Matrix-Dimensionen')
    else for i := Ci1 to Ci2 do
            for j := Cj1 to Cj2 do begin
                Sum := 0;
                for p := Ak1 to Ak2 do Sum := Sum+A[i,p]*B[p,j];
                C[i,j] := Sum
            end
end;
```

Beispiele für die Verwendung der Prozedur `MatMult`:

```
var m1 : array [1..5,1..3] of real;
    m2 : array [1..3,1..7] of real;
    m3 : array [1..5,1..7] of real;
    m4 : array [1..7,1..3] of real;
    .
    .
    .
MatMult(m1,m2,m3);
MatMult(m3,m4,m1)
```

Merken Sie sich zu den Feldschema-Parametern noch die zwei folgenden Regeln:

1. Als Indextyp kann in einem Feldschema der Name eines beliebigen ordinalen Typs angegeben werden. Der Indextyp begrenzt den maximalen Wertebereich der entsprechenden Dimensionsgrenzen des Argumentsfeldes gegen unten und gegen oben.

2. Gepackte Felder können nicht durch Feldschema-Parameter in eine Prozedur oder Funktion übernommen werden.

8.7 Prozeduren und Funktionen als Parameter

Wir haben gelernt, daß eine Prozedur oder Funktion eine andere aufrufen kann. Ohne diese Möglichkeit wäre der eigentliche Sinn des Prozedur- und

Funktionskonzeptes stark in Frage gestellt. Insbesondere in technisch-wissenschaftlichen Programmen trifft man aber hin und wieder auf Situationen, wo aus einer Prozedur oder Funktion nicht eine ganz bestimmte andere Prozedur oder Funktion aufgerufen werden soll, sondern wo der Name der aufzurufenden Prozedur oder Funktion erst zur Laufzeit des Programms bekannt ist. Beispielsweise soll eine Funktion Integral geschrieben werden, die bei einem Aufruf

```
Integral(f, a, b)
```

den Wert von

$$\int_a^b f(x)\, dx$$

zurückgibt. Damit könnten dann Anweisungen wie

```
writeln(Integral(sin, 0, t))
writeln(Integral(poly, x1, x2))
```

gebildet werden.

Wir wollen zur weiteren Besprechung von Prozeduren und Funktionen als Parameter eine Prozedur schreiben, die eine Funktion auf dem Terminal graphisch darstellt. Neben dem Namen der darzustellenden Funktion übergeben wir der Prozedur Graph den auf dem Bildschirm abzubildenden Ausschnitt:

```
Graph(sin, -5, +5, -1, +1)
```

Hier würde die Sinusfunktion graphisch dargestellt, wobei der zu zeichnende Abszissenbereich $-5..+5$ und der Ordinatenbereich $-1..+1$ umfassen soll.

Wir schreiben den Prozedurkopf von Graph:

```
                                    ( Funktionsparameter )

procedure Graph (function func (z : real) : real;
                 xvon, xbis, yvon, ybis : real);
```

Die Wertparameter xvon, xbis, yvon und ybis, die alle vom Typ real sind, bieten nichts neues. Der Parameter func dient zur Übernahme der beim Aufruf von Graph als Argument angegebenen Funktion. Betrachten Sie dazu das folgende kleine Demonstrationsprogramm:

```
program Funcparm (input, output);

    procedure Graph ( function func (z : real) : real ;
                      xvon, xbis, yvon, ybis : real);
    begin
        write(func(0))          wird durch
    end;                        „cos" ersetzt

begin
    Graph( cos, -10, +10, -1, +1)      Funktion als
end.                                   Argument
```

Beim Aufruf von Graph ist als erstes Argument die Funktion cos angegeben. Der Funktionsaufruf

```
func(0)
```

innerhalb von Graph wird während der Programmausführung in diesem Beispiel also zu

```
cos(0)
```

Die Deklaration des Parameters func

```
function func (z : real) : real
```

muß mit dem Funktionskopf der zur Programmausführungszeit als Argument übergebenen Funktionen übereinstimmen. Die Prozedur Graph kann also mit einer beliebigen Funktion als Argument aufgerufen werden, solange diese Funktion einen Wertparameter vom Typ real hat und als Funktionsresultat einen Wert vom Typ real zurückgibt.

Der Name z ist beliebig. Er bezieht sich auf nichts und steht lediglich als Platzhalter in der Deklaration des Funktionsparameters func.

Nun zu der Prozedur Graph. Sie ist so aufgebaut, daß das Abszissen- und das Ordinatenraster als Konstanten angegeben sind. Für jeden Abszissen-Rasterwert wird die zugehörige Ordinaten-Rasterposition errechnet. Liegt diese innerhalb dem Ordinaten-Rasterbereich, so wird ein *-Zeichen in ein zweidimensionales Feld von Zeichen eingesetzt. Dieses Feld wird am Ende der Prozedur Graph ausgedruckt.

```
procedure Graph (function func (z : real) : real;
                 xvon,xbis,yvon,ybis : real);

      const xRaster        = 75;
            yRaster        = 23;

      var   Bild           : array [1..xRaster,1..yRaster] of char;
            Deltax,Deltay  : real;
            x,y            : integer;

begin

      {----- Errechnen Rasterschrittweite x- und y-Achse -----}
      Deltax := (xbis-xvon) / (xRaster-1);
      Deltay := (ybis-yvon) / (yRaster-1);

      {----- Loeschen Bildfeld -----}
      for x := 1 to xRaster do
         for y := 1 to yRaster do Bild[x,y] := ' ';

      {----- Einzeichnen Funktionsbild -----}
      for x := 1 to xRaster do begin
         y := round((func(xvon+(x-1)*Deltax)-yvon)/Deltay)+1;
         if (y>=1) and (y<=yRaster) then Bild[x,y] := '*'
      end;
```

```pascal
{----- Ausdruck Funktionsbild -----}
for y := yRaster downto 1 do begin
    for x := 1 to xRaster do write(Bild[x,y]);
    writeln
end
end;
```

Als Test für die Prozedur Graph verwenden wir ein kleines Programm mit einer Polynomfunktion fünften Grades:

```pascal
program Graphtest (input,output);

    var a,b,c,d,e,f : real;
        x1,x2,y1,y2 : real;

    function Poly (x : real) : real;
    begin
        Poly := a*x*x*x*x*x + b*x*x*x*x + c*x*x*x + d*x*x + e*x + f
    end;

    procedure Graph (function func (z : real) : real;
                xvon,xbis,yvon,ybis : real);
        .
        .
        .
    end;

begin
    repeat
        write('a,b,c,d,e,f? ');  read(a,b,c,d,e,f);
        write('xvon,xbis,yvon,ybis? ');  read(x1,x2,y1,y2);
        if (x1<>x2) and (y1<>y2) then Graph(Poly,x1,x2,y1,y2)
    until (x1=x2) or (y1=y2)
end.
```

Für das Polynom

$$y = 0.025x^5 + 0.05x^4 - 0.6x^3 - 0.55x^2 + 2.575x - 1.5$$

erhalten wir für einen Abszissenbereich von $-6..+6$ und einen Ordinatenbereich von $-5..+8$ folgende Darstellung:

```
                                                              *

      ***
     *      *
    *         *
      *                                                  *

  *         *
          *

         *
  *           *           ******
                       **          **
       *              *            *             *
        *            *            *
       *             **           *
      *            *            *        *
  *       *      **           *      *
       ******                    **  *
                                   **
```

Wir erweitern die Prozedur Graph jetzt so, daß das Koordinatenkreuz auch dargestellt wird (sofern es im Bildausschnitt liegt):

```
{----- Loeschen Bildfeld und einzeichnen Koordinatenkreuz -----}
x0 := round(-xvon/Deltax) + 1;   {Ort der x-Achse}
y0 := round(-yvon/Deltay) + 1;   {Ort der y-Achse}
for x := 1 to xRaster do
    for y := 1 to yRaster do
        if x=x0 then
                if y=y0 then Bild[x,y] := '+'
                else         Bild[x,y] := '|'
        else if y=y0 then Bild[x,y] := '-'
                else         Bild[x,y] := ' ';
```

Eine weitere Verbesserung des Druckbildes erreichen wir durch feinere Berechnungsintervalle: Wir berechnen nicht lediglich für jeden diskreten x-Rasterwert den entsprechenden Funktionswert (y-Wert), sondern lassen die x-Werte in Inkrementen von 1/10 der x-Rasterweite laufen:

```
{----- Einzeichnen Funktionsbild -----}
xWert := xvon;
while xWert<=xbis do begin
    x := round((xWert-xvon)/Deltax)+1;
    y := round((func(xWert)-yvon)/Deltay)+1;
    if (y>=1) and (y<=yRaster) then Bild[x,y] := '*';
    xWert := xWert + Deltax/10
end;
```

Mit der verbesserten Version der Prozedur Graph erhalten wir für das vorgängig definierte Polynom dieses Bild:

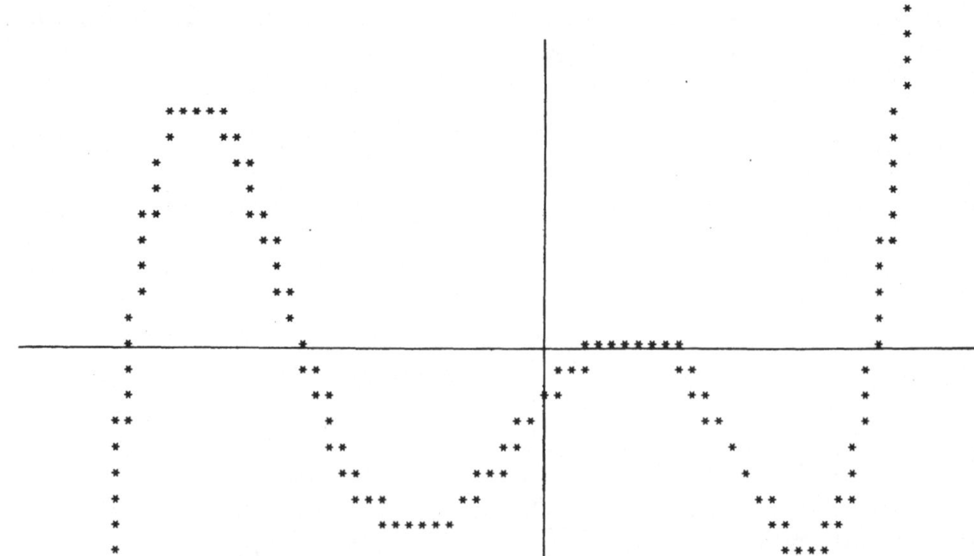

Als weiteres Muster einer Ausgabe der Prozedur Graph das Bild der Funktion

y = sin(x)*sin(x/2.8)

Prozeduren als Parameter werden analog den Funktionen deklariert:

```
procedure Druck (procedure Konv (w : integer));
function Weg (procedure Koord (var a,b : real ; c : integer) ;
             Faktor : real);
```

Auch in diesen Parameterdeklarationen sind die Namen w, a, b und c beliebig, stehen lediglich als Platzhalter da und beziehen sich auf nichts.

Kapitel 9: Records

Mit den Feldern haben wir im Kapitel 7 den ersten strukturierten Datentyp kennengelernt. Er erlaubt uns, Datenobjekte in ein- und mehrdimensionalen Tabellenstrukturen anzulegen. Dabei haben entsprechend der Felddeklaration

```
array [...] of T
```

alle Elemente des Feldes denselben Typ T.

Auch der Pascal-Datentyp `record` dient zur Zusammenfassung mehrerer Datenobjekte zu einem strukturierten Datenobjekt. Im Unterschied zu den Feldern müssen die einzelnen Elemente eines Records jedoch nicht vom selben Typ sein:

In einem Feld wird ein bestimmtes Element durch einen Index ausgewählt (1..6 in obiger Skizze), in einem Record durch den zugehörigen Namen (Nr, Name, usw.).

9.1 Records ohne Variantenteil

Auf vielen Großflughäfen bestehen besondere Vorschriften bezüglich Lärmverminderung. Zur Kontrolle der Einhaltung dieser Vorschriften wird der Lärm aller im Nahbereich des Flughafens verkehrenden Flugzeuge gemessen, aufgezeichnet und später ausgewertet. Wir wollen ein Programm erarbeiten, das für solche Auswertungen eingesetzt werden könnte.

Für jeden Flug, der eine Meßstation passiert, erfassen wir folgende Daten:

- Flugnummer: max. 8 Zeichen (z.B. SR252, LH513)
- Zeit: Stunde*100+Minute (z.B. 1325)
- Meßstation: 1..20
- Lärmpegel: 70..120 (dB)

Lärmpegel unter 70 dB werden nicht erfaßt.

Wir bauen unser Programm so auf, daß zuerst die Daten aller auszuwertenden Flüge erfaßt werden können. Nach Abschluß der Erfassung druckt das Programm die Daten dreimal aus, je einmal sortiert nach Flugnummer, nach Zeit und nach Lärmpegel.

Wir könnten die Daten für die auszuwertenden Flüge natürlich in vier separate Felder abspeichern und das Programm entsprechend aufbauen:

```
var Flugnr      : array [1..500] of packed array [1..8] of char;
    Zeit        : array [1..500] of 0000..2359;
    Station     : array [1..500] of 1..20;
    Pegel       : array [1..500] of 70..120;
```

Im Laufe der Programmierung würde sich aber erweisen, daß der Umgang mit diesen Feldern recht unpraktisch wird. Zum Austausch zweier Meßdaten in den vier Feldern hätten wir beispielsweise vier einzelne Tauschvorgänge mit je drei Anweisungen zu programmieren:

```
TempFlugnr := Flugnr[i];
Flugnr[i] := Flugnr[i+1];
Flugnr[i+1] := TempFlugnr;

TempZeit := Zeit[i];
Zeit[i] := Zeit[i+1];
Zeit[i+1] := TempZeit;

TempStation := Station[i];
Station[i] := Station[i+1];
Station[i+1] := TempStation;

TempPegel := Pegel[i];
Pegel[i] := Pegel[i+1];
Pegel[i+1] := TempPegel
```

Auch für die Übergabe der Meßdaten an eine Prozedur oder Funktion wären vier Argumente (und Parameter) nötig:

```
Drucke(Flugnr[i],Zeit[i],Station[i],Pegel[i])
```

Recht unpraktisch, nicht? Man spricht in diesen Beispielen ja stets eine einzige Messung an, die allerdings aus vier Datenelementen unterschiedlichen Typs besteht (Flugnummer, Zeit, Stationsnummer, Lärmpegel). Mit der Deklaration eines *Records* können wir ein Datenobjekt definieren, das diese vier Datenelemente enthält:

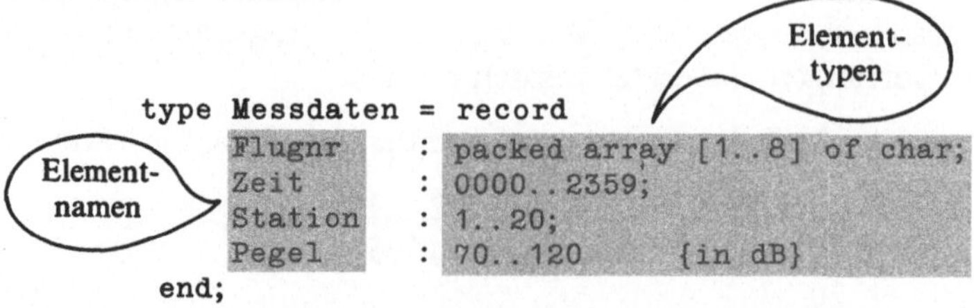


```
type Messdaten = record
       Flugnr   : packed array [1..8] of char;
       Zeit     : 0000..2359;
       Station  : 1..20;
       Pegel    : 70..120        {in dB}
     end;
```

Ein Feld haben wir definiert durch Angabe der Dimensionsgrenzen und des
für alle Elemente geltenden Elementtyps, zum Beispiel

```
array [Wochentag, Stunde] of integer
```

Einen Record definieren wir durch die explizite Aufzählung der in ihm
enthaltenen Elemente. Die Aufzählung ist in die Wortsymbole `record` und
`end` eingeschlossen. Da die einzelnen, in einem Record enthaltenen Elemente
unterschiedliche Typen haben können, müssen wir zu jedem Element den
Typ spezifizieren. Wie bereits in der Einleitung zu diesem Kapitel bemerkt,
werden die Elemente eines Records nicht wie in einem Feld durch Indexwerte
bezeichnet, sondern durch Namen. Deshalb muß jedem Element eines Records
auch ein Name gegeben werden:

```
type Beispiel = record
    Name1                 : Typ1;
    Name2                 : Typ2;
    Name3, Name4, Name5 : Typ3;
    Name6                 : Typ4
end;
```

Genau wie bei Variablen- und Parameterdeklarationen können auch bei
Elementdeklarationen einem Typ mehrere durch Komma getrennte Namen
vorangestellt werden. Siehe dazu die Elemente `Name3`, `Name4` und `Name5` oben,
oder:

```
type Rational = record
    Zaehler, Nenner : integer
end;
```

Bezeichnung eines ganzen Records

Das Kapitel über Felder stellte unter anderem dar, daß ein strukturiertes
Datenobjekt entweder als Ganzes oder elementweise angesprochen werden
kann (siehe 7.1). Dieselben Überlegungen gelten entsprechend auch für Records.

```
type Messdaten = record
    Flugnr    : packed array [1..8] of char;
    Zeit      : 0000..2359;
    Station   : 1..20;
    Pegel     : 70..120        {in dB}
  end;

var Messung   : Messdaten;
    Tab       : array [1..500] of Messdaten;
```

Ein ganzer Record wird durch den Variablennamen allein bezeichnet:

```
Tab[1] := Messung
```

Diese Zuweisung überträgt den ganzen in der Variablen `Messung` enthaltenen
Record in das erste Element des Feldes `Tab` (dessen Elemente ja vom selben
Typ sind wie die Variable `Messung`). Auf ganzen Records sind, wie auch

auf Feldern, außer der Zuweisung keine anderen Operationen zugelassen. Also können zwei Records nicht als Ganzes miteinander verglichen werden, sondern nur elementweise.

Bezeichnung eines Recordelementes

Ein einzelnes Element eines Records wird durch seinen Namen bezeichnet. Der Elementname wird dem Namen der Recordvariablen, durch einen Punkt getrennt, beigefügt:

```
write(Messung.Pegel)
if Tab[i].Zeit>Tab[i+1].Zeit then ...
```


Ein Elementname allein, ohne den vorangehenden Namen des Records, in welchem das Element enthalten ist, ist ungültig. Falsch wäre also die Anweisung

```
write(Pegel)
```

Welches Element `Pegel` ist gemeint? Dasjenige in der Variablen `Messung` oder welches der 500 im Feld `Tab` enthaltenen?

Programmbeispiel: Lärmdatenstatistik

Bevor wir zu einigen weiteren Regeln zum Gebrauch von Records kommen, schreiben wir das Programm zur Auswertung der Lärmdaten fertig.

```
program Laermdaten (input,output);

    const MaxMessungen  = 500;

    type  Messdaten = record
                          Flugnr      : packed array [1..8] of char;
                          Zeit        : 0000..2359;
                          Station     : 1..20;
                          Pegel       : 70..120      {in dB}
                      end;

        var Messung     : Messdaten;
            Tab         : array [1..MaxMessungen] of Messdaten;
            Anz         : 0..MaxMessungen; {Anzahl erfasste Messungen}

    begin
        { Initalisierungen }
        { Einlesen Messdaten }
        { Sortieren Messdatentabelle nach Flugnummer }
        { Drucken sortierte Tabelle }
        { Sortieren Messdatentabelle nach Laermpegel }
        { Drucken sortierte Tabelle }
        { Sortieren Messdatentabelle nach Zeit }
        { Drucken sortierte Tabelle }
    end.
```

Für das Einlesen der Meßdaten erstellen wir die Prozedur LiesDaten. Das Ende der Meßdatenerfassung wird durch eine Leereingabe an Stelle einer Flugnummer signalisiert.

```
procedure LiesDaten;
var i             : integer;
    c             : char;
begin
    writeln('Geben Sie pro Messung ein: Flugnr Zeit Station dB');
    writeln('Leereingabe als Flugnummer = Ende der Erfassung');
    writeln;
    repeat
        write('? ');
        read(c);
        for i := 1 to 8 do begin
            Messung.Flugnr[i] := c;
            if c<>' ' then read(c)
        end;
        if Messung.Flugnr<>'        ' then begin
            readln(Messung.Zeit,Messung.Station,Messung.Pegel);
            Anz := Anz+1;
            Tab[Anz] := Messung
        end
    until (Messung.Flugnr='        ') or (Anz=MaxMessungen)
end;
```

Auch zur Sortierung der Meßdatentabelle nach den drei Kriterien erstellen wir eine Prozedur. Dieser geben wir mit einem Argument vom Aufzähltyp

```
Sort = (NachFlugnr,NachZeit,NachPegel)
```

bekannt, nach welchem Kriterium die Tabelle sortiert werden soll. Für den eigentlichen Sortiervorgang wählen wir eines der einfachsten Verfahren, das sogenannte *Sortieren durch Austauschen*. Besprechen wir dieses Verfahren kurz anhand eines kleinen Beispiels. Gegeben seien die folgenden Zahlen:

```
23
 5
10
 2
 4
```

Diese Zahlen sind aufsteigend zu sortieren. Wir gehen dazu die Zahlen von oben nach unten durch und vergleichen jeweils zwei unmittelbar aufeinanderfolgende Zahlen. Sind sie nicht in der korrekten Reihenfolge, so tauschen wir die zwei Zahlen. Die pro Schritt verglichenen Zahlen sind in der folgenden Darstellung des Verfahrens markiert.

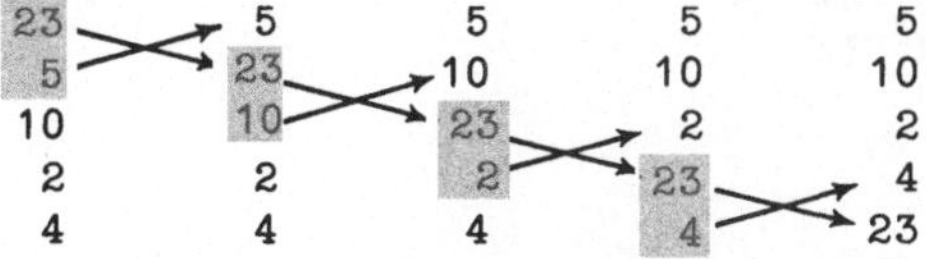

Da wir fünf Zahlen vorfinden, brauchen wir vier Vergleiche um das Ende der Zahlenreihe zu erreichen. Die am meisten rechts dargestellte Zahlenreihe zeigt die Zahlen, wie sie sich am Ende des ersten Durchlaufs präsentieren. Wir bemerken, daß bereits nach dem ersten Durchlauf die größte Zahl zuunterst in der Zahlenreihe liegen muß.

Nun wiederholen wir den Durchlauf, brauchen jedoch die unterste Zahl nicht mehr zu berücksichtigen, da wir wissen, daß diese bereits am korrekten Ort liegt:

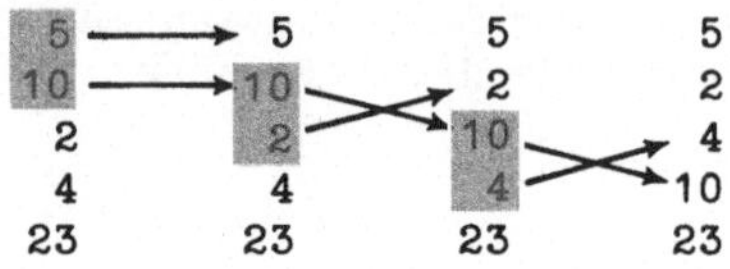

Auf diese Art wiederholen wir die Durchläufe bis die Zahlen sortiert sind:

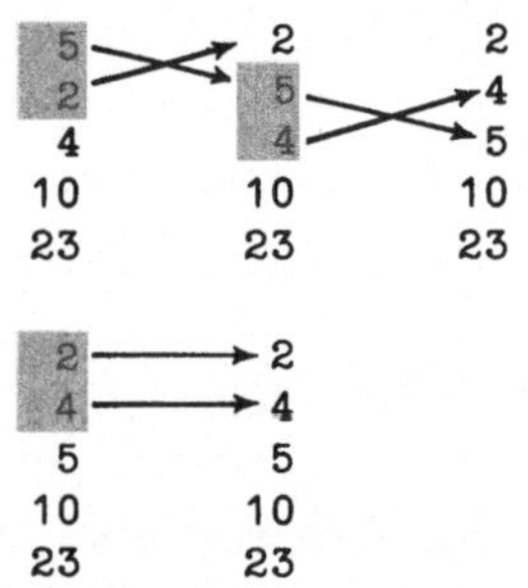

Sie sehen, daß der letzte Durchlauf (in dem nur nur noch die beiden obersten Zahlen verglichen werden) umsonst war, die Zahlen waren ja bereits nach dem zweitletzten Durchlauf korrekt sortiert. Diese Ineffizienz nehmen wir jedoch der Einfachheit halber in Kauf.

Nun zur Prozedur zur Sortierung der Meßdatentabelle:

```
procedure Sortiere (Wie: Sort);
    var i,j          : 0..MaxMessungen;
        Tausche      : boolean;
begin
    for j := Anz-1 downto 1 do
        for i := 1 to j do begin
            case Wie of
                NachFlugnr: Tausche := Tab[i].Flugnr>Tab[i+1].Flugnr;
                NachZeit  : Tausche := Tab[i].Zeit>Tab[i+1].Zeit;
                NachPegel : Tausche := Tab[i].Pegel>Tab[i+1].Pegel
            end;
            if Tausche then begin
                Messung := Tab[i]; {Tauschen Tab[i] mit Tab[i+1]}
                Tab[i] := Tab[i+1];
                Tab[i+1] := Messung
            end
        end
end;
```

Schließlich benötigen wir noch eine Prozedur, um die sortierte Meßdatentabelle auszuschreiben:

```pascal
procedure DruckeTabelle;
   var i         : 1..MaxMessungen;
begin
   writeln; writeln;
   writeln(' Flug-Nr   Zeit   Station    dB');
   writeln(' -------   ----   -------    --');
   for i := 1 to Anz do writeln(Tab[i].Flugnr, Tab[i].Zeit:7,
                                Tab[i].Station:8, Tab[i].Pegel:8)
end;
```

Haben wir die drei Prozeduren `LiesDaten`, `Sortiere` und `DruckeTabelle`
geschrieben, so ist der Rest des Lärmstatistik-Programmes schnell fertiggestellt:

```pascal
program Laermdaten (input,output);

   const MaxMessungen  = 500;

   type  Messdaten = record
                        Flugnr    : packed array [1..8] of char;
                        Zeit      : 0000..2359;
                        Station   : 1..20;
                        Pegel     : 70..120      {in dB}
                     end;
         Sort       = (NachFlugnr,NachZeit,NachPegel);

   var Messung      : Messdaten;
       Tab          : array [1..MaxMessungen] of Messdaten;
       Anz          : 0..MaxMessungen;  {Anzahl erfasste Messungen}

   procedure LiesDaten;
      .
      .
      .
   end;

   procedure Sortiere (Wie: Sort);
      .
      .
      .
   end;

   procedure DruckeTabelle;
      .
      .
      .
   end;

begin
   Anz := 0;
   LiesDaten;
   Sortiere(NachFlugnr);
   DruckeTabelle;
   Sortiere(NachPegel);
   DruckeTabelle;
   Sortiere(NachZeit);
   DruckeTabelle
end.
```

Beachten Sie, daß die Prozedur `LiesDaten` nur von einer einzigen Stelle aus
aufgerufen wird. Sie fragen sich deshalb vielleicht, weshalb hier überhaupt eine
Prozedur geschaffen wurde, anstatt die Anweisungen direkt an die Stelle des

Aufrufs zu schreiben. Durch die Prozedur wird der Anweisungsteil des Programmes kurz und übersichtlich gehalten. Er gibt die Grobablaufstruktur des Programmes wieder, während die Prozeduren die Detailausarbeitung der einzelnen Schritte enthalten. Wir erreichen dadurch ein hierarchisch gegliedertes Programm, dessen Struktur einfach zu verstehen ist.

Ein Dialogbeispiel für das Lärmprogramm:

```
Geben Sie pro Messung ein: Flugnr Zeit Station dB
Leereingabe als Flugnummer = Ende der Erfassung


? SR400 1005 3 96
? AF681 1027 2 92
? LX910 1014 6 85
? SR400 1006 5 91
?
```

```
Flug-Nr    Zeit    Station    dB
--------   ----    -------    --
AF681      1027          2    92
LX910      1014          6    85
SR400      1005          3    96
SR400      1006          5    91


Flug-Nr    Zeit    Station    dB
--------   ----    -------    --
LX910      1014          6    85
SR400      1006          5    91
AF681      1027          2    92
SR400      1005          3    96


Flug-Nr    Zeit    Station    dB
--------   ----    -------    --
SR400      1005          3    96
SR400      1006          5    91
LX910      1014          6    85
AF681      1027          2    92
```

Gültigkeitsbereich von Elementnamen

Es wurde bereits gesagt: Ein Elementname ist nur gültig (und sinnvoll) zusammen mit dem Namen des Records, innerhalb welchem das Element anzusprechen ist:

```
Messung.Zeit          Tab[i].Pegel
```

Ein Elementname allein, zum Beispiel

```
Zeit
```

wäre ebenso unsinnig wie ein Index ohne den Namen des anzusprechenden Feldes:

```
[i]
```

Der Gültigkeitsbereich eines Elementnamens ist also auf den Record selbst beschränkt. Konsequenterweise kann derselbe Name innerhalb eines Records nur einmal verwendet werden, sonst ergäbe sich ja ein Namenskonflikt:

```
var Ziel : record
              Distanz    : real;
     ?        Azimuth    : real;
              Elevation  : real;
              Distanz    : (nah, normal, fern)
          end;
```

Ein Name kann jedoch für mehrere Elemente in unterschiedlichen Records und zugleich auch noch für ein anderes Objekt im aktuellen Gültigkeitsbereich verwendet werden:

```
var Ziel       : record
                    Distanz    : real;
                    Azimuth    : real;
                    Elevation  : real;
                    Bereich    : (nah, normal, fern)
                 end;
    Wegpunkt : record
                    Distanz    : real;
                    Zeit       : 0000..2359
                 end;
    Distanz    : real;
```

Die folgenden drei Konstruktionen sprechen alle eindeutig eines der drei Objekte mit Namen Distanz an:

```
Ziel.Distanz
Wegpunkt.Distanz
Distanz
```

Verschachtelte Records und Felder

Das Lärmprogramm zeigte uns, daß Elemente eines Feldes auch Records sein können:

```
var Tab    : array [1..MaxMessungen] of Messdaten;
```

Die Bezeichnung der Datenobjekte ist logisch und konsequent:

```
Tab             das ganze Feld
Tab[i]          das i-te Element des Feldes (d.h. ein ganzer Record
                vom Typ Messdaten)
Tab[i].Zeit     das Recordelement Zeit im i-ten Element des Feldes
                Tab
```

Der Typ eines Recordelementes kann beliebig sein, also auch wiederum ein Record oder ein Feld:

```
type Messdaten = record
                    Flugnr     : packed array [1..8] of char;
                    Zeit       : record
                                    Std    : 00..23;
                                    Min    : 00..59
                                 end;
                    Station    : 1..20;
                    Pegel      : 70..120       {in dB}
                 end;

var Messung    : Messdaten;
    Tab        : array [1..MaxMessungen] of Messdaten;
```

Auch in solcherart verschachtelten Feldern und Records wird konsequent vom Namen des ganzen Datenobjektes ausgegangen (Tab bzw. Messung). Dann werden Stufe um Stufe kleinere Elemente bezeichnet:

Messung	die ganze Recordvariable Messung
Messung.Zeit	das Element Zeit in der Variablen Messung
Messung.Zeit.Min	das Element Min des Elementes Zeit der Variablen Messung
Tab[i].Flugnr	das ganze Feld Flugnr im i-ten Element des Feldes Tab
Tab[i].Flugnr[3]	das dritte Zeichen im Feld Flugnr im i-ten Element des Feldes Tab

9.2 Die with-Anweisung

Bei der Bearbeitung von Records ergibt es sich oft, daß in einem kleinen, zusammenhängenden Teil des Programmes Elemente eines bestimmten Records mehrere Male angesprochen werden. Betrachten Sie dazu als Beispiel:

```
type Person = record
                 Name        : packed array [1..10] of char;
                 Vorname     : packed array [1..10] of char;
                 Geschlecht  : (maennlich,weiblich);
                 Geburt      : record
                                  Tag    : 1..31;
                                  Monat  : 1..12;
                                  Jahr   : 1850..2000
                               end
              end

var Kind    : Person;
    .
    .
    .
Kind.Name := 'Marty     ';
Kind.Vorname := 'Stephan   ';
Kind.Geschlecht := maennlich;
Kind.Geburt.Tag := 2;
Kind.Geburt.Monat := 8;
Kind.Geburt.Jahr := 1977
```

Die Recordvariable Kind erscheint in allen Zuweisungs-Anweisungen, insgesamt sechsmal hintereinander.

Mit der with-Anweisung kann der Gültigkeitsbereich der Elementnamen gewissermaßen geöffnet werden:

```
with Kind do Vorname := 'Stephan   '

with Kind.Geburt do begin
    Tag := 2;
    Monat := 8;
    Jahr := 1977
end
```

Nach with erscheinen die Namen der Recordvariablen oder Recordparameter, welche für die auf do folgende Anweisung geöffnet werden sollen. Alle Elementnamen dieser Records können dann direkt, ohne vorangehenden Recordnamen verwendet werden, denn die with-Anweisung legt ja fest, worauf sie sich beziehen.

So bedeutet die erste der beiden vorangehenden with-Anweisungen, daß sich der Elementname Vorname in der auf do folgenden Zuweisungs-Anweisung auf den Record Kind bezieht. Die Gültigkeit einer with-Anweisung kann durch eine Verbundanweisung auch erweitert werden. Im zweiten der obigen Beispiele beziehen sich somit die Elementnamen innerhalb der ganzen Verbundanweisung auf den Record Kind.Geburt.

Der Record Kind kann unter Verwendung einer with-Anweisung wie folgt initialisiert werden:

```
with Kind,Geburt do begin
    Name := 'Marty      ';
    Vorname := 'Stephan   ';
    Geschlecht := maennlich;
    Tag := 2;
    Monat := 8;
    Jahr := 1977
end
```

Die Anweisung

```
with Kind,Geburt do ...
```

ist äquivalent mit

```
with Kind do
    with Geburt do ...
```

Die zweite Recordvariable in einer with-Anweisung (Geburt in diesem Beispiel) kann also ein Element der ersten sein.

Als praktische Übung schreiben wir die Prozedur DruckeTabelle des Programmes Laermdaten (siehe 9.1) neu mit einer with-Anweisung:

```
procedure DruckeTabelle;
    var i       : 1..MaxMessungen;
begin
    writeln; writeln;
    writeln(' Flug-Nr   Zeit   Station    dB');
    writeln(' -------   ----   -------    --');
    for i := 1 to Anz do
        with Tab[i] do writeln(Flugnr, Zeit:7, Station:8, Pegel:8)
end;
```

In der with-Anweisung dieser Prozedur ist die Recordvariable indiziert:

```
with Tab[i] do writeln(Flugnr, Zeit:7, Station:8, Pegel:8)
```

Hier ist die with-Anweisung nicht lediglich eine Schreiberleicherung, sondern resultiert auch in einem effizienteren Programm, denn das Feld Tab wird nur einmal indiziert. Ohne die with-Anweisung muß jedes angesprochene Element einzeln indiziert werden:

```
writeln(Tab[i].Flugnr, Tab[i].Zeit:7, Tab[i].Station:8,
        Tab[i].Pegel:8)
```

9.3 Records mit Variantenteil

Ein wichtiger Einsatzbereich moderner Digitalcomputer ist die Bearbeitung und zeichnerische Darstellung von technischen Objekten. Wir finden solche Anwendungen in beinahe allen Gebieten, wo technische Zeichner und Konstrukteure tätig sind (Hoch- und Tiefbau, Maschinenbau, Elektrotechnik und Elektronik, Kartographie, etc.). Die technische Zeichnung wird mit Hilfe des Computers entworfen und auf besonderen Grafik-Bildschirmen oder Zeichengeräten (sogenannten Plottern) dargestellt. Beispiele:

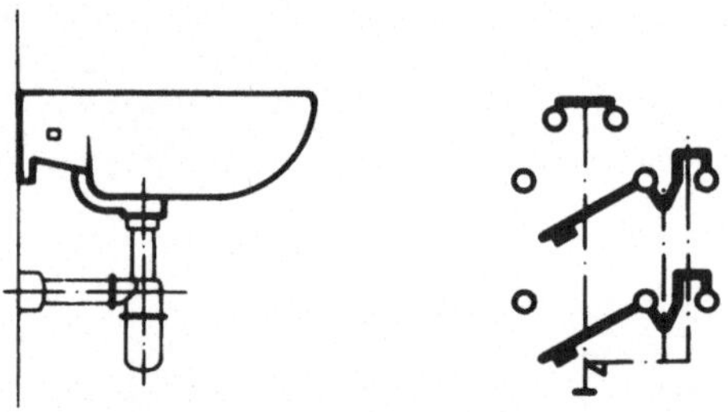

Zur Bearbeitung der zeichnerischen Objekte mit einem Programm (vergrößern, verkleinern, drehen, projizieren, zeichnen, etc.), müssen die Objekte programmintern in einer geeigneten Form dargestellt werden. Nehmen wir für die folgende Diskussion an, ein zeichnerisches Objekt sei durch eine Sequenz von Geraden und Kreisbogen dargestellt:

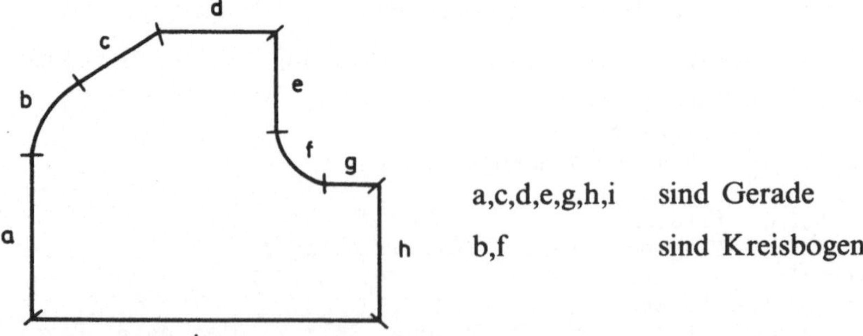

Eine Gerade ist durch die Koordinaten ihrer beiden Endpunkte definiert:

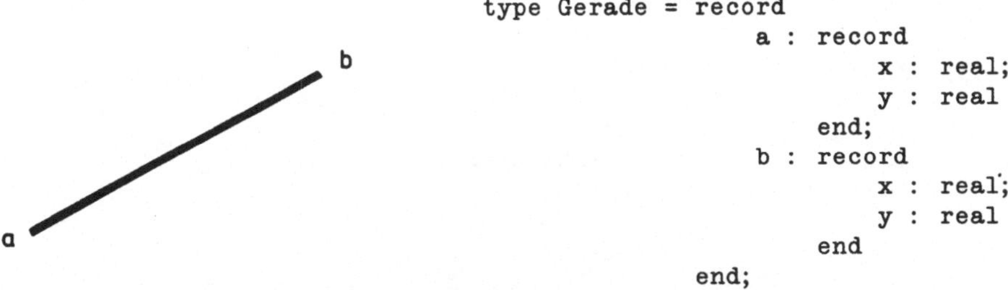

```
type Gerade = record
                 a : record
                        x : real;
                        y : real
                     end;
                 b : record
                        x : real;
                        y : real
                     end
              end;
```

Für einen Kreisbogen müssen wir den Mittelpunkt m des Kreises, seinen Radius r, den Bogenwinkel w sowie den Lagewinkel l spezifizieren:

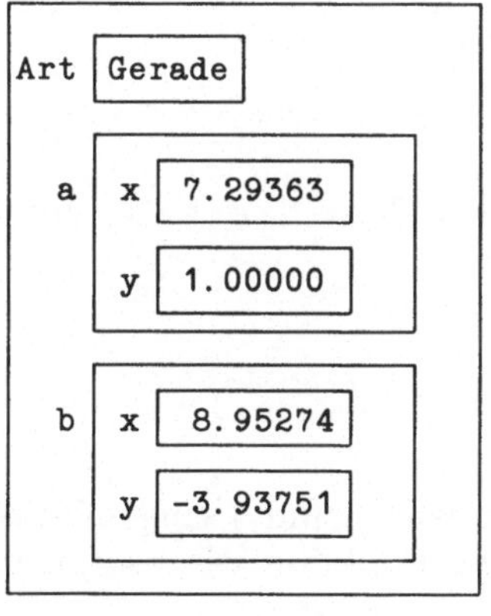

```
type Kreis  = record
                 m : record
                        x : real;
                        y : real
                     end;
                 r : real;
                 w : real; {im Bogenmass}
                 l : real  {im Bogenmass}
              end;
```

Das ganze zeichnerische Objekt wird im Programm in einem Feld gespeichert, dessen Elemente die einzelnen Strecken des Objektes sind (Gerade und Kreisbogen). Doch wie können wir in die Elemente eines Feldes, die ja alle den gleichen Typ haben müssen, Records für Gerade und Kreisbögen abspeichern?

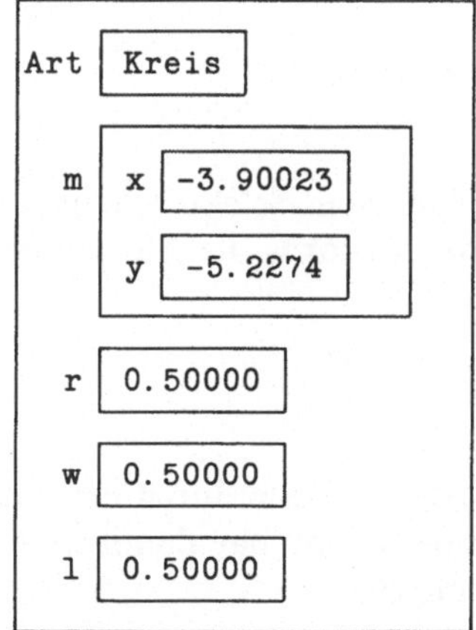

Legen wir diese beiden Record-Bilder übereinander, dann bemerken wir, daß sie ein gemeinsames Element haben, nämlich Art. Der Rest des Records differiert. Der Inhalt des Elementes Art gibt an, welchen Aufbau der Rest des Records hat, derjenige zur Beschreibung einer Geraden oder derjenige zur Beschreibung eines Kreisbogens.

In Pascal bilden wir eine solche Situation durch Records mit Varianten nach:

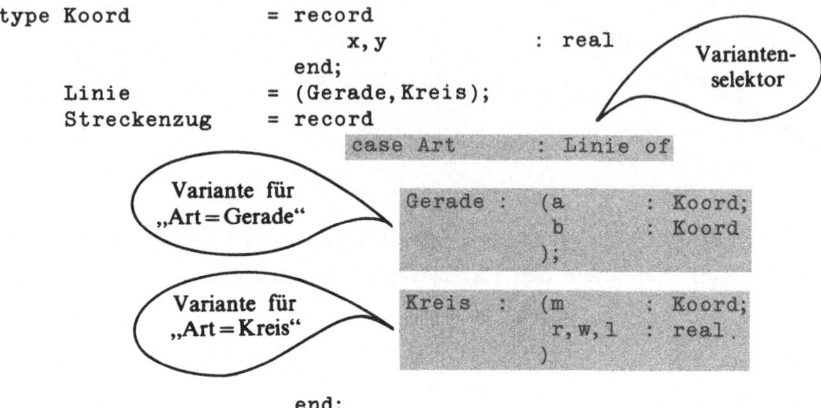

Die Definition des Recordtyps Streckenzug besagt folgendes:

1. Während der Programmausführung gibt der aktuelle Wert des Elementes Art (das vom Typ Linie ist) an, welche Variante das Objekt vom Typ Streckenzug gegenwärtig hat:

```
case Art : Linie of
```

2. Hat das Varianten-Selektorelement Art den Wert Gerade, so enthält der Rest des Records die Elemente:

```
a  : Koord;
b  : Koord
```

3. Hat das Varianten-Selektorelement Art den Wert Kreis, so enthält der Rest des Records die Elemente:

```
    m  : Koord;
r,w,l  : real
```

Sie sehen, daß jede Variante durch ein Klammernpaar (und) eingeschlossen wird. Das Klammernpaar hat damit eine ähnliche Funktion wie begin und end im Anweisungsteil.

Das Varianten-Selektorelement ist ein allen Varianten eines Records gemeinsames Element. Sollen noch weitere gemeinsame Elemente definiert werden, so erscheinen diese vor der case-Konstruktion. Wollen wir beispielsweise zu jedem Streckenzug noch Zeichenvorschriften abspeichern, so könnten wir den Record wie folgt ergänzen:

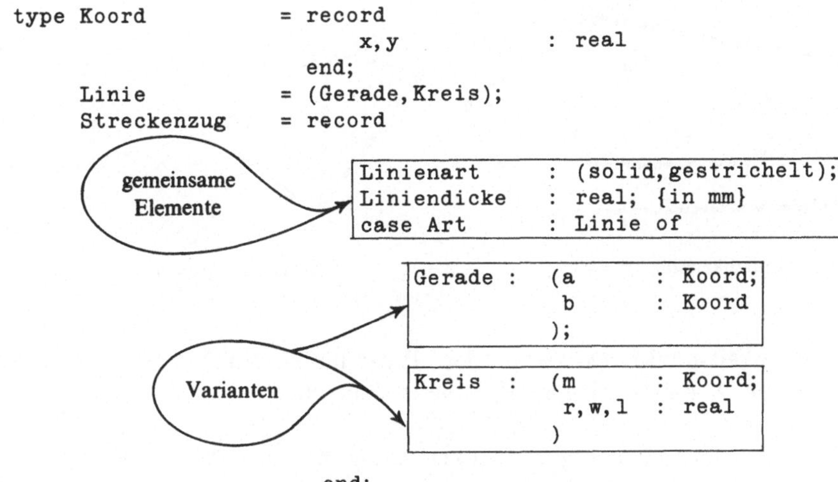


```
type Koord          = record
                          x,y              : real
                      end;
     Linie          = (Gerade,Kreis);
     Streckenzug    = record

                          Linienart        : (solid,gestrichelt);
                          Liniendicke      : real; {in mm}
                          case Art         : Linie of

                          Gerade :   (a         : Koord;
                                      b         : Koord
                                     );

                          Kreis  :   (m         : Koord;
                                      r,w,l     : real
                                     )

                      end;
```

Unter Verwendung dieser Typendefinitionen bilden wir nun den Typ Objekt
zur Darstellung eines ganzen zeichnerischen Objektes:

```
type Objekt = record
                  AnzStrecken    : 0..100;
                  Strecke        : array [1..100] of Streckenzug;
              end;
```

Als Beispiel für eine elementare Anwendung im Gebiet der grafischen Datenverarbeitung schreiben wir zwei Unterprogramme zur Behandlung eines solchen
Objektes.

Die Funktion Weg berechnet die Summe der Streckenlängen im angegebenen
Intervall:

```
function Weg (var Fig : Objekt; von,bis : integer) : real;
    var Strecke     : real;
        i           : integer;
begin
    Strecke := 0;
    if (von<1) or (bis>Fig.AnzStrecken) then
            writeln('ungueltiger Streckenbereich')
    else for i := von to bis do
            with Fig.Strecke[i] do
                case Art of
                    Gerade : Strecke := Strecke+sqrt(sqr(a.x-b.x)+
                                                     sqr(a.y-b.y));
                    Kreis  : Strecke := Strecke+2*r*w
                end;
    Weg := Strecke
end;
```

Das zweite Beispiel für ein Unterprogramm, die Prozedur Aehnl, erstellt
aus einem Objekt ein zu diesem ähnliches neues Objekt:

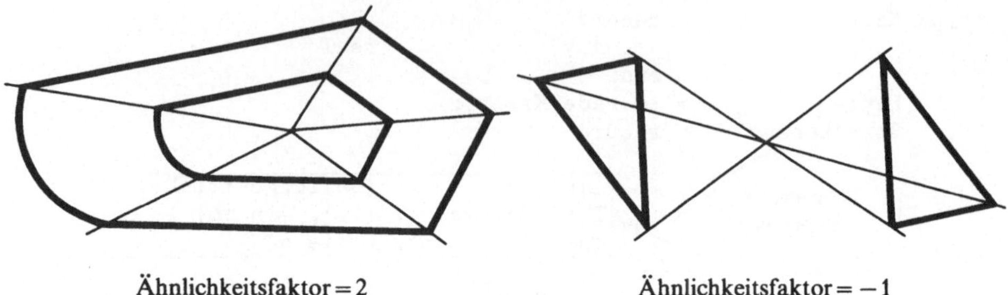

Ähnlichkeitsfaktor = 2
Ähnlichkeitsfaktor = −1

Der Ähnlichkeitspunkt (APt in der Prozedur Aehnl) und der Ähnlichkeitsfaktor (AFak) werden als Parameter übergeben.

```
procedure Aehnl (var Fig : Objekt; APt : Koord; AFak : real);
    var i          : integer;
begin
    for i := 1 to Fig.AnzStrecken do
            with Fig.Strecke[i] do
                case Art of
                    Gerade : begin
                            a.x := APt.x + (a.x-APt.x)*AFak;
                            a.y := APt.y + (a.y-APt.y)*AFak;
                            b.x := APt.x + (b.x-APt.x)*AFak;
                            b.y := APt.y + (b.y-APt.y)*AFak
                        end;
                    Kreis  : begin
                            m.x := APt.x + (m.x-APt.x)*AFak;
                            m.y := APt.y + (m.y-APt.y)*AFak;
                            r := r*AFak
                        end
    end;
```

In dieser Art könnten noch weitere Prozeduren und Funktionen zur Manipulation von zeichnerischen Objekten gebildet werden. Beispiele dafür wären Drehungen und Verschiebungen, Flächen- und Distanzberechnungen sowie Prozeduren für das eigentliche Zeichnen der Objekte. Es ließen sich durch komplexere Programme natürlich auch dreidimensionale Objekte behandeln, von denen dann Schnitt- oder Projektionszeichnungen erstellt werden könnten.

Noch etwas Theorie zu Varianten-Records

Beschließen wir das Kapitel *Records* mit der Besprechung einiger zusätzlicher Regeln für die Verwendung von Records mit Varianten. Dazu betrachten wir die folgenden Typendefinitionen:

```
type LfzTyp           = (Ballon,Flaechen,Heli);
     Luftfahrzeug   =
         record
             Kennzeichen  : packed array [1..8] of char;
             Marke        : packed array [1..30] of char;
             case Typ     : LfzTyp of
                 Ballon   : ( Volumen       : real; {m*m*m}
                              Art           : (Gas,Heissluft);
                              Gewicht       : real  {kg}
                            );
                 Flaechen,
                 Heli     : ( Laenge        : real; {m}
                              Gewicht       : real; {kg}
                              case Motor    : boolean of
                                  true      : ( Leistung : real; {kW}
                                              );
                                  false     : (
                                              )
                            )
     end;
```

falsch

1. Alle Elementnamen in einem Record müssen eindeutig sein, selbst wenn sie in unterschiedlichen Varianten auftreten. Der Elementname Gewicht im Typ Luftfahrzeug ist also fälschlicherweise zweimal deklariert worden.

2. Einer Varianten können mehrere Konstanten als Marken zugeordnet werden. Im Typ Luftfahrzeug gilt die zweite Variante demnach sowohl für Flächenflugzeuge als auch für Helikopter.

3. Varianten können verschachtelt auftreten. So werden innerhalb der zweiten Variante des Typs Luftfahrzeug Untervarianten für motorisierte und nicht motorisierte Flugzeuge geführt (ein Helikopter ohne Motor macht zwar nicht allzuviel Sinn, aber immerhin).

4. Varianten folgen stets auf die gemeinsamen Elemente. Das heißt auch, daß Varianten (und Untervarianten) stets am Ende des Records liegen.

5. Als Variantenselektor sind alle ordinalen Typen zulässig.

Bei der Verwendung von in Varianten deklarierten Elementen müssen wir darauf achten, daß nur solche in der sogenannten *aktiven Variante* angesprochen werden dürfen. Aktiv ist diejenige Variante, die durch den aktuellen Wert des Variantenselektors bezeichnet ist. Wechselt der Wert des Variantenselektors (beispielsweise durch eine Zuweisung), so haben alle Elemente der neuen aktiven Variante undefinierte Inhalte. Das bedeutet, daß ein Element einer neu aktivierten Variante erst einen definierten Wert annimmt, nachdem ihm ein Wert zugewiesen wurde.

Diese Regeln entsprechen der Pascal-Definition. Sie sind jedoch durch das Pascal-System in der Wirklichkeit nur sehr schwer zu verifizieren. Deshalb „merken" die meisten Pascal-Systeme nicht, wenn Sie sich in diesen Aspekten regelwidrig verhalten. Beachten Sie aber trotzdem die Grundsätze

> 1. Die Elemente nicht aktiver Varianten dürfen nicht angesprochen
>   werden.
>
> 2. Wird eine Variante neu aktiv, so haben alle ihre Elemente undefinierte
>   Werte.

Freie Varianten

Die Angabe eines Elementes als Variantenselektor ist nicht obligatorisch,
lediglich ein Typ ist immer zu spezifizieren:

```
case Typ of ...
```

Varianten, für die kein Element als Variantenselektor erscheint, nennt man
freie Varianten. Freie Varianten sollten nur in besonderen Fällen und nur
von erfahrenen Programmierern verwendet werden. Zwei Klassen von solchen
„besonderen Fällen" sind erwähnenswert.

In die erste Klasse sind die Fälle einzuordnen, in denen ein Objekt außerhalb
des Records selbst den Variantenselektor enthält:

```
type Kontoart    = (Bestand, Erfolg, Kostenstelle);
var  Art         : Kontoart;
     Konto       : record
                     case Kontoart of
                       Bestand       : (
                                         .
                                         .
                                         .
                                       );
                       Erfolg        : (
                                         .
                                         .
                                         .
                                       );
                       Kostenstelle  : (
                                         .
                                         .
                                         .
                                       )
                   end;
```

Hier könnte beispielsweise die Variable Art dazu verwendet werden, die aktuelle
Variante zu bezeichnen. Das Pascal-System weiß allerdings nicht, welches Objekt
die Rolle des Variantenselektors übernimmt. Deshalb ist allein der
Programmierer dafür verantwortlich, daß nur Elemente der aktuellen Variante
angesprochen werden.

Die zweite Klasse umfaßt die Fälle, in denen auf die maschineninterne
Darstellung von Objekten zugegriffen werden soll:

```
type Zugriff    = (normal, bitweise, byteweise);
var  ReelleZahl :
       record
         case Zugriff of
           normal    : (x      : real
                         );
           bitweise  : (xBit   : packed array [1..64] of boolean
                         );
           byteweise : (xByte  : packed array [1..8] of char
                         )
       end;
```

Mit einem solchen Record könnte man dem Element x einen reellen Wert zuweisen und dann bitweise (mit xBit) oder byteweise (mit xByte) auf die computerinterne Darstellung des reellen Wertes zugreifen. In diesem Beispiel wird angenommen, daß ein reeller Wert in 8 Bytes bzw. 64 Bits abgespeichert wird. *Vorsicht*: Eine solche Anwendung von Varianten ist maschinenabhängig und kann dazu führen, daß das Pascal-Programm auf anderen Computermodellen unter Umständen nicht mehr korrekt abläuft.

Kapitel 10: Mengen

Der Umgang mit Mengen als abstrakte mathematische Objekte wird den meisten
Lesern aus dem Schulunterricht bekannt sein. Heute wird ja häufig bereits auf
der untersten Schulstufe der Mathematikunterricht auf der Mengenlehre aufgebaut. Um auch Lesern ohne Vorbildung in Mengenlehre die interessanten Anwendungen von Mengen in Pascal näherzubringen, ist diesem Kapitel ein in
die Mengenlehre einführender Kurzabschnitt vorangestellt.

10.1 Eine kleine Einführung in die Mengenlehre

Eine Menge ist eine Zusammenfassung von Objekten eines einheitlichen Typs.
Die in einer Menge enthaltenen Objekte werden als *Elemente* der Menge bezeichnet. Einige Beispiele für Mengen sind:

- die für eine Lottoausspielung gezogenen Zahlen (Menge von sechs Zahlen
  aus dem Bereich 1..42)

- die im Fahrausweis eingetragenen Fahrzeugkategorien (Menge von Kategorien aus *leichte Motorräder, schwere Motorräder, PKW, LKW,* usw.)

- die Primzahlen < 100 (Menge aller natürlichen Zahlen < 100, die sich
  nur durch 1 und durch sich selber ohne Rest teilen lassen)

- die Professoren einer Hochschule (Menge aller Lehrkräfte der Hochschule,
  die den Titel *Professor* tragen)

- die geraden Zahlen (Menge aller ganzen Zahlen, die ohne Rest durch 2
  teilbar sind)

Eine Menge ist definiert durch ihre Elemente. Die ersten vier hier erwähnten
Beispiele für Mengen enthalten endlich viele Elemente, die letzte Menge enthält
unendlich viele Elemente. Wir wollen uns weiter nur noch mit endlichen Mengen
beschäftigen.

Oft beschreiben wir eine Menge durch Aufzählung ihrer Elemente, beispielsweise:

[3,4,7,9]   oder   [Meier,Huber,Kaiser]

Mathematiker verwenden üblicherweise { }, um die Elemente einer Menge ein-
zuschließen. Wir benutzen die Pascal-Notation [ ], da { } bereits für Kommentare in Gebrauch stehen.

Die Elemente einer Menge sind für unsere Zwecke ungeordnet. Deshalb sind die folgenden Mengen alle gleich:

[3,4,7,9]
[4,7,3,9]
[9,7,3,4]
[7,9,7,7,3,3,4,9,9,7]

Die Mengen sind gleich, weil sie alle die Elemente 3, 4, 7 und 9 enthalten. Generell gilt, daß zwei Mengen dann und nur dann gleich sind, wenn sie exakt dieselben Elemente enthalten, sonst sind sie ungleich.

[3,4,7,9] = [9,7,9,3,4,3]
[Regen,Wind] <> [Regen,Wind,Schnee]

Unterscheiden Sie genau zwischen [5] und 5. Ersteres ist eine Menge, deren einziges Element 5 ist, letzteres die Zahl 5, also keine Menge. Deshalb ist es ungültig zu schreiben

5 = [5]   oder   Regen <> [Regen,Schnee]

Ein Element kann nicht mit einer Menge verglichen werden. Lediglich der Vergleich zweier Elemente oder zweier Mengen ist gestattet.

Will man ausdrücken, daß ein Element Bestandteil einer Menge ist, so sagen wir: „a ist ein Element der Menge A". Im gegenteiligen Fall lautet die Aussage: „a ist nicht Element der Menge A". Beispiele:

5   ist Element von   [2,4,5,9]
3   ist nicht Element von [2,4,5,9]

Falls alle Elemente einer Menge A auch Elemente der Menge B sind, ist A eine *Untermenge* oder *Teilmenge* von B (geschrieben als A<=B bzw. B>=A):

[1,5]<=[1,2,5,6]   [gelb,blau,rot] >=[blau]
[7,3]<=[7,3]   [groß,dunkel,alt] >=[alt,groß]
   []<=[9,2,4]   [scharf,heiß] >=[]

Die beiden untersten Beispiele zeigen die Notation [] für eine *Leermenge*. Eine Leermenge enthält keine Elemente und ist somit Teilmenge jeder Menge. Passen Sie gut auf! Die Leermenge [] ist nicht gleich der Menge, deren einziges Element Null ist: [] <> [0]

Von der Menge [1,2,3] können folgende Teilmengen gebildet werden:

[] [1] [2] [3] [1,2] [1,3] [2,3] [1,2,3]

Die Menge aller möglichen Teilmengen einer Menge wird *Potenzmenge* genannt. Die Potenzmenge von [1,2,3] ist:

[[],[1],[2],[3],[1,2],[1,3],[2,3],[1,2,3]]

Da jedes Element der Menge [1,2,3] in jeder der Teilmengen entweder vorkommt oder nicht vorkommt, ist die Anzahl der Teilmengen = 2^3 = 8. Enthält eine

Menge n Elemente, so enthält deren Potenzmenge 2^n Elemente, wobei jedes Element der Potenzmenge seinerseits eine Menge ist.

Auf Mengen sind drei elementare Operationen definiert:

1. Die *Vereinigungsmenge* zweier Mengen E und F enthält die Elemente, die in E *oder* in F vorkommen:

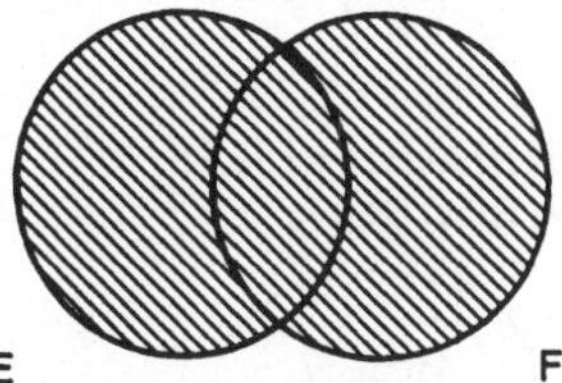

Ein Beispiel: Sei E die Menge aller Leute, die Englisch sprechen, und F die Menge aller Leute, die Französisch sprechen. Dann ist die Vereinigungsmenge von E und F die Menge aller Leute, die entweder Englisch oder Französisch oder beides sprechen.

2. Die *Durchschnittsmenge* zweier Mengen E und F enthält die Elemente, die in E *und* in F vorkommen:

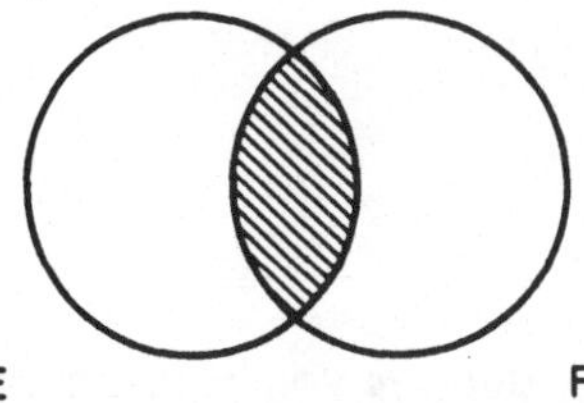

Auf das obige Beispiel bezogen, wäre die Durchschnittsmenge von E und F also die Menge aller Leute, die sowohl Englisch als auch Französisch sprechen.

3. Die *Mengendifferenz* E minus F enthält nur diejenigen Elemente, die in E, nicht aber in F enthalten sind:

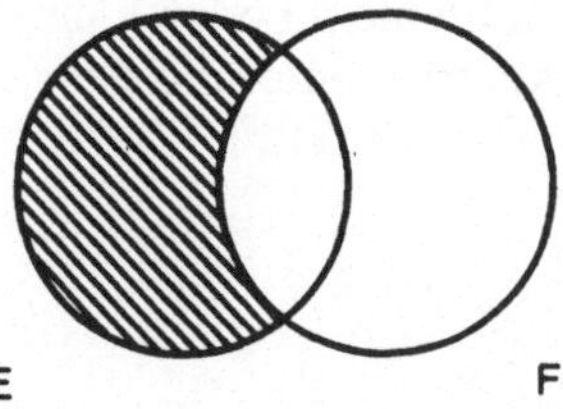

Im verwendeten Beispiel wäre das die Menge der Leute, die Englisch, nicht aber Französisch sprechen.

10.2 Mengen in Pascal

Der theoretische Mengenbegriff ist an keine bestimmten Typen von Mengenelementen gebunden. Wir kennen Mengen von Zahlen, Mengen von Mengen, Mengen von Funktionen, Mengen von Prädikaten, usw.

In Pascal müssen alle Elemente einer Menge vom selben Typ sein. Dieser Typ wird als *Basistyp* der Menge bezeichnet. Der Basistyp einer Menge muß ein ordinaler Typ sein. Beispiele:

```
type Farbe      = (rot, blau, gruen, gelb, braun, weiss);
     Tag        = (Mon, Die, Mit, Don, Fre, Sam, Son);
     Farbton    = set of Farbe;
     besetzt    = set of Tag;
     Zahlen     = set of 1..500;
     Zeichen    = set of char;
     Buchstaben = set of 'a'..'z';
```


Ein Mengentyp wird definiert durch die Konstruktion

```
set of T
```

wobei als *T* der Basistyp anzugeben ist. Variablen eines Mengentyps werden wie üblich deklariert:

```
var Tapete1, Tapete2   : Farbton;
    Primzahlen         : set of 2..1000;
```

Mengenkonstruktor

Der sogenannte Mengenkonstruktor dient zur Bildung von Mengen aus Elementen ihres Basistyps:

```
[blau, rot, weiss]
[2, 3, 5, 7, 11, 13]
[Mon, Mit]
[5..7]                 (entspricht [5, 6, 7])
[1, 3..6, 9..11]       (entspricht [1, 3, 4, 5, 6, 9, 10, 11])
```

Der Mengenkonstruktor enthält, eingeschlossen in [und], die zu einer Menge zusammenzufassenden Elemente. Die einzelnen Elemente oder Elementbereiche (z.B. 7..9) werden durch Komma getrennt. Als Elemente sind neben Konstanten auch Variablen gestattet:

```
var Zahlenmenge : set of -100..+100;
    i, j, k     : -100..+100
    .
    .
    .
Zahlenmenge := [i..j, k, 50]
```

Ist i>j, dann bildet i..j die Leermenge [ ].

Mengenoperationen

Symbol	Operation	Beispiele
+	Vereinigungsmenge	`[1,2]+[2,3]` ergibt `[1,2,3]` `[7,2,9]+[4]` ergibt `[2,4,7,9]`

–	Mengendifferenz	`[1,2]-[2,3]` ergibt `[1]`
		`[7,2,9]-[4]` ergibt `[7,2,9]`
		`[5,6]-[5,6]` ergibt `[]`

*	Durchschnittsmenge	`[1,2]*[2,3]` ergibt `[2]` `[7,2,9]*[4]` ergibt `[]`

Die Operanden der Mengenoperationen +, – und * müssen vom gleichen Mengentyp sein. Das Resultat der Mengenoperation ist eine neue Menge dieses Typs.

Vergleichsoperationen auf Mengen

Symbol	Operation	Beispiele
=	Mengengleichheit	`[1,2,5]=[1,2,5]` ergibt `true` `[1,2]=[1,2,5]` ergibt `false`
<>	Mengenungleichheit	`[1,2,5]<>[1,2,5]` ergibt `false` `[1,2]<>[1,2,5]` ergibt `true`

<=
>=
	Teilmenge	`[1,2]<=[1,2,5]` ergibt `true`
		`[1,2]<=[1,3,5]` ergibt `false`
		`[1,2]>=[1]` ergibt `true`
		`[1,2]>=[]` ergibt `true`

in	enthalten in	`2 in [1,2,5]` ergibt `true` `2 in [1,3,5]` ergibt `false`

Die durch =, <>, <= und >= verglichenen Mengen müssen vom selben Typ sein. Bezüglich der Definition von *Mengengleichheit, Mengenungleichheit* und *Teilmenge* siehe Abschnitt 10.1. Beachten Sie, daß die Operatoren < und > auf Mengen nicht definiert sind.

Der Operator `in` ergibt `true`, falls der Wert des linken Operanden ein Element der mit dem rechten Operanden angegebenen Menge ist. In manchen Situationen ist der `in`-Operator eine elegante Alternative zu logischen Ausdrücken (wenn auch nicht immer die effizientere!):

```
('0'<=Zeichen) and (Zeichen<='9')    ->   Zeichen in ['0'..'9']
(c='a') or (c='e') or (c='i') or     ->   c in ['a','e','i','o','u']
   (c='o') or (c='u')
(Wert<100) or (Wert>150)             ->   not (Wert in [100..150])
```

Programmbeispiel: Sieb des Eratosthenes

Nach soviel Theorie schreiben wir jetzt ein Programm mit Mengen. Das zu
programmierende Problem ist als das *Sieb des Eratosthenes* bekannt. Es ist
ein Verfahren zur Berechnung aller Primzahlen kleiner oder gleich einer bestimmten natürlichen Zahl n. Das Vorgehen ist sehr einfach. Man beginnt
mit der Menge aller Zahlen z, $2<=z<=n$. Dann werden fortlaufend alle
Zahlen ausgesiebt, die ein Vielfaches anderer Zahlen sind, zuerst die Vielfachen
von 2, dann die Vielfachen von 3, dann die Vielfachen von 5, usw. Die
Zahl 4 wird nicht mehr behandelt, da sie als Vielfaches von 2 bereits ausgesiebt
worden ist. Am Ende enthält die Menge genau die Primzahlen $<=n$.

Hier das Programm, das das Sieb des Eratosthenes nachbildet:

```pascal
program Sieb (input,output);

    const n      = 500;

    var   Sieb  : set of 2..n;
          i,j   : integer;

begin
    Sieb := [2..n];
    for i := 2 to trunc(sqrt(n))  do
        if i in Sieb then begin
            j := i*i;
            while j<=n do begin
                Sieb := Sieb-[j];
                j := j+i
            end
        end;
    for i := 2 to n do
        if i in Sieb then writeln(i)
end.
```

Wir brauchen `i` nur bis zu `trunc(sqrt(n))` laufen zu lassen, da alle nicht-
Primzahlen größer als `sqrt(n)` bereits als Vielfache von Primzahlen kleiner
gleich `sqrt(n)` ausgesiebt worden sind. Aus dem gleichen Grund beginnen
wir das Aussieben nach dem Antreffen einer Primzahl i mit der Zahl i*i. Alle
Vielfachen j*i für $2<=j<i$ sind ebenfalls bereits als Vielfache kleinerer Primzahlen ausgesiebt worden.

Programmbeispiel: Information Retrieval

Als weitere Übung zu der Anwendung von Mengen, betrachten wir ein einfaches
Beispiel aus dem Gebiete des sogenannten *information retrieval*. Beim *information retrieval* geht es grundsätzlich darum, attributierte Objekte abzuspeichern,
und diese Objekte aufgrund ihrer Attribute wieder aufzufinden. Beispielsweise

werden in einer Bibliothek alle Bücher mit Autor, Titel, Erscheinungsjahr und Stichworten als Attribute abgespeichert. Eine mögliche Fragestellung an ein *information retrieval*-System für die Bibliothek könnte wie folgt lauten:

Welche Bücher mit dem Erscheinungsjahr 1978 oder später, die nicht vom Autor „Huber" oder vom Autor „Meier" stammen, haben die Stichworte „Programmierung" oder „Software Engineering" aber nicht das Stichwort „Echtzeit".

Unsere *information retrieval*-Aufgabe stammt aus einem weniger ernsten Arbeitskreis als das Bibliothekswesen, nämlich aus dem Aufgabenbereich eines Barkeepers. Nehmen wir vereinfachend an, der Barkeeper habe folgende Ingredienzen zur Herstellung von Getränken zur Verfügung:

```
type Ingredienz = (AngosturaBitter,Eis,Gin,Grenadine,
                   OrangenBitter,Orangensaft,Rum,Soda,
                   Vermouth,Whisky,Zitronensaft,Zucker);
```

Ebenfalls stark vereinfachend, trauen wir unserem Barkeeper lediglich zu, folgende Aperitife mixen zu können:

```
type Aperitif   = (Bacardi,GinTonic,GinFizz,Manhattan,
                   Martini,OldFashion,OrangeBlossom,
                   OrangenPunsch,RumPunsch);
```

Ein bestimmter Aperitif besteht aus einer Mischung von Ingredienzen, in Pascal-Terminologie also aus einer Menge von Elementen vom Typ Ingredienz:

```
type Mischung   = set of Ingredienz;
```

Wir bauen als erstes einen Programmrahmen, der das Feld Rezept mit den Zutaten je Aperitif füllt:

```
program BarKeeper (input,output);

    type Ingredienz      = (AngosturaBitter,Eis,Gin,Grenadine,
                            OrangenBitter,Orangensaft,Rum,Soda,
                            Vermouth,Whisky,Zitronensaft,Zucker);
         Aperitif        = (Bacardi,GinTonic,GinFizz,Manhattan,
                            Martini,OldFashion,OrangeBlossom,
                            OrangenPunsch,RumPunsch);
         Mischung        = set of Ingredienz;

    var  Rezept          : array [Aperitif] of Mischung;

begin

    {----- Zusammensetzung der Aperitife -----}
    Rezept[Bacardi]        := [Eis,Rum,Zitronensaft,Grenadine];
    Rezept[GinTonic]       := [Eis,Gin,Zitronensaft,Soda];
    Rezept[GinFizz]        := [Zucker,Zitronensaft,Gin,Soda];
    Rezept[Manhattan]      := [Eis,Whisky,Vermouth,AngosturaBitter];
    Rezept[Martini]        := [Eis,OrangenBitter,Vermouth,Gin];
    Rezept[OldFashion]     := [AngosturaBitter,Zucker,Eis,Whisky];
    Rezept[OrangeBlossom]  := [Eis,Orangensaft,Gin];
    Rezept[OrangenPunsch]  := [Eis,Zucker,Orangensaft,Rum];
    Rezept[RumPunsch]      := [Eis,Zitronensaft,Rum];
end.
```

Bevor wir weiter mit diesem Programm experimentieren, erstellen wir noch eine Prozedur zum Ausschreiben der in einer Mischung enthaltenen Zutaten, sowie eine zweite Prozedur zum Ausschreiben des Namens eines Aperitifs:

```pascal
procedure WriteZutaten (Zutaten : Mischung);
    var Zutat   : Ingredienz;
begin
    for Zutat := AngosturaBitter to Zucker do
        if Zutat in Zutaten then
            case Zutat of
                AngosturaBitter : write('AngosturaBitter ');
                Eis             : write('Eis ');
                Gin             : write('Gin ');
                Grenadine       : write('Grenadine ');
                OrangenBitter   : write('OrangenBitter ');
                Orangensaft     : write('Orangensaft ');
                Rum             : write('Rum ');
                Soda            : write('Soda ');
                Vermouth        : write('Vermouth ');
                Whisky          : write('Whisky ');
                Zitronensaft    : write('Zitronensaft ');
                Zucker          : write('Zucker ')
            end
end;

procedure WriteName (Getraenk : Aperitif);
begin
    case Getraenk of
        Bacardi        : write('Bacardi        ');
        GinTonic       : write('GinTonic       ');
        GinFizz        : write('GinFizz        ');
        Manhattan      : write('Manhattan      ');
        Martini        : write('Martini        ');
        OldFashion     : write('OldFashion     ');
        OrangeBlossom  : write('OrangeBlossom ');
        OrangenPunsch  : write('OrangenPunsch ');
        RumPunsch      : write('RumPunsch      ')
    end
end;
```

Ein erstes praktisches Problem, das wir für unseren Barkeeper lösen wollen, ist die Ausarbeitung einer Getränkeauswahl für einen Gast, der fragt: „Was haben Sie mit Rum und Eis?". Unser Programm muß also alle Getränke finden, in deren Rezept Rum und Eis vorkommen. Mengentheoretisch ausgedrückt sind dies alle Rezepte, von denen [Rum, Eis] eine Teilmenge ist:

```pascal
var  Rezept     : array [Aperitif] of Mischung;
     Getraenk   : Aperitif;
     .
     .
     .
for Getraenk := Bacardi to RumPunsch do
    if [Rum,Eis]<=Rezept[Getraenk] then begin
        WriteName(Getraenk);
        write(' : ');
        WriteZutaten(Rezept[Getraenk]);
        writeln
    end
```

Wir erhalten:

```
Bacardi          : Eis Grenadine Rum Zitronensaft
OrangenPunsch    : Eis Orangensaft Rum Zucker
RumPunsch        : Eis Rum Zitronensaft
```

Nun kommt der nächste Gast und bestellt „etwas ohne Orangensaft und
ohne Gin". Auch die diesem Wunsch entsprechende Getränkeauswahl kann
mit Mengenoperationen einfach ermittelt werden. Es werden die Rezepte ausgewählt, deren Durchschnittsmenge mit [Orangensaft, Gin] leer ist:

```
for Getraenk := Bacardi to RumPunsch do
    if [Orangensaft,Gin]*Rezept[Getraenk]=[] then begin
        WriteName(Getraenk);
        write(' : ');
        WriteZutaten(Rezept[Getraenk]);
        writeln
    end
```

Die Auswahl:

```
Bacardi          : Eis Grenadine Rum Zitronensaft
Manhattan        : AngosturaBitter Eis Vermouth Whisky
OldFashion       : AngosturaBitter Eis Whisky Zucker
RumPunsch        : Eis Rum Zitronensaft
```

Die folgende Prozedur Auswahl ist eine Verallgemeinerung dieser beiden Pro-
grammstücke. Sie selektiert alle Rezepte, die eine bestimmte Menge Zutaten
enthalten und eine zweite Menge Zutaten nicht enthalten:

```
procedure Auswahl (mit,ohne: Mischung);
    var Getraenk    : Aperitif;
begin
    for Getraenk := Bacardi to RumPunsch do
        if (mit<=Rezept[Getraenk]) and
                  (ohne*Rezept[Getraenk] = []) then begin
            WriteName(Getraenk);
            write(' : ');
            WriteZutaten(Rezept[Getraenk]);
            writeln
        end;
    writeln; writeln
end;
```

Einige Getränkeprobleme und ihre Abbildung im Pascal-Programm:

```
var mit,ohne : Mischung;
    .
    .
    .
Auswahl([],[])                      {alle Getraenke ueberhaupt}

Auswahl([Rum,Eis],[])              {alle mit Rum und Eis}

Auswahl([],[Orangensaft])         {alle ohne Orangensaft}

Auswahl([Gin],[Zitronensaft])     {alle ohne Zitronensaft aber mit Gin}

mit := [Zitronensaft,Eis,Rum];    {alle mit genau Zitronensaft,Eis,Rum}
ohne := [AngosturaBitter..Zucker]-mit;
Auswahl(mit,ohne)
```

Für einen „praktischen Einsatz" unseres Programmes müßte man es natürlich um einige Getränke erweitern und durch die Möglichkeit der freien Eingabe der Gästewünsche ergänzen. Wir haben jedoch trotz der Einfachheit dieses Barkeeper-Programmes die wesentlichen Grundzüge des *information retrieval* kennengelernt und sind wohl auch in der Lage, die Vielfalt der Anwendungsmöglichkeiten von Pascal-Mengen zu erkennen.

Kapitel 11: Dynamische Variablen

Alle bisher besprochenen Variablen wurden im Variablen-Deklarationsteil eines Blockes definiert. Der Block war entweder der Programmblock, ein Prozedurblock oder ein Funktionsblock. Beispiel:

```
procedure Dist;
    var Faktor  : real;
        i,j     : integer;
        Matrix  : array [1..10,1..10] of real;
        .
        .
        .
```

Solche Variablen existieren genau gleich lang wie der Block, in dem sie deklariert werden. Bei Blockeintritt werden sie geschaffen (und enthalten undefinierte Werte), bei Blockaustritt werden sie aufgelöst. Die Übereinstimmung von Blocklebenszeit und Lebenszeit der Variablen ist der Grund, warum man solche Variablen *statische Variablen* nennt.

Statische Variablen werden immer dann verwendet, wenn sich die Speicherplatzbedürfnisse eines Programmes bereits beim Schreiben des Programmes voraussagen lassen. Es gibt jedoch viele Probleme, wo keine solche Voraussagen möglich sind. Betrachten Sie dazu das Problem des Nachführens einer Liste von Objekten. Wir können eine Liste natürlich in einem Feld speichern:

```
var Liste : array [1..Groesse] of Objekt;
```

Allerdings müssen wir mit einer solchen Speicherung einer Liste einige Unzulänglichkeiten in Kauf nehmen:

1. Wir müssen uns entscheiden, wieviele Elemente die Liste maximal aufnehmen soll, da wir den Wert von Groesse festzulegen haben.

2. Es wird stets Platz für diese maximale Listengröße benötigt, selbst wenn die Liste nur partiell gefüllt ist.

3. Es können nur Elemente am Ende der Liste zugefügt werden.

4. Das Löschen eines Elementes aus der Liste führt zu einem „Loch". Das Loch kann nur durch Verschieben aller folgenden Elemente eliminiert werden.

5. Wollen wir die Elemente der Liste sortiert halten, so müssen wir das Feld bei jeder Einfügung umsortieren.

Diese Unzulänglichkeiten können mit einer aus dynamischen Variablen aufgebauten *dynamischen Datenstruktur* umgangen werden. Dynamische Datenstrukturen gestatten das Einfügen und Löschen von Elementen, ohne daß man sich dabei zu kümmern hat, wo diese Elemente abgespeichert werden, und was nach einer Löschung mit dem entstehenden „Loch" passiert.

11.1 Das Arbeiten mit dynamischen Variablen

Ungleich einem Feld, das immer Platz für eine fixe Anzahl Elemente belegt, dehnt sich eine dynamische Datenstruktur während der Programmausführung aus und kann auch wieder kleiner werden. Weil wir nicht zum vornherein wissen, wieviele Elemente eine dynamische Datenstruktur enthält, können wir sie auch nicht in Form einer herkömmlichen Variablendeklaration definieren.

Bildung von dynamischen Variablen

Der Platz zur Speicherung eines Elementes einer dynamischen Datenstruktur, einer dynamischen Variablen also, wird bei Bedarf durch das Pascal-Programm vom System verlangt. Wir behandeln die entsprechenden Pascal-Mechanismen anhand folgender Deklarationen:

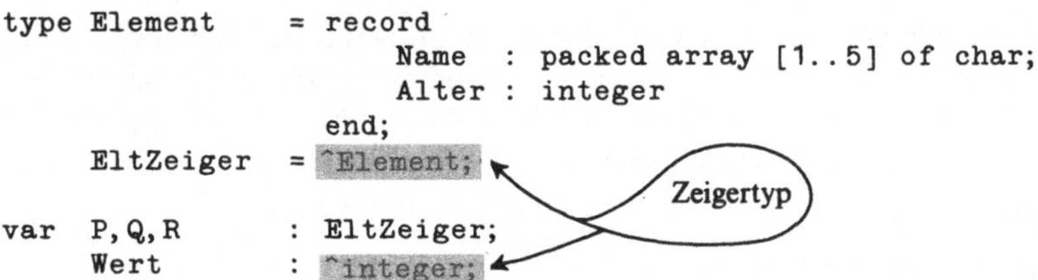

```
type Element    = record
                       Name  : packed array [1..5] of char;
                       Alter : integer
                  end;
     EltZeiger  = ^Element;

var  P,Q,R      : EltZeiger;
     Wert       : ^integer;
```


Wir erkennen in diesen Deklarationen einen neuen Typ, den sogenannten *Zeigertyp*. Ein Zeigertyp wird definiert durch das Symbol ^ (ein stilisierter Pfeil ↑) gefolgt von einem Typen*namen*. Ein Datenobjekt, dessen Typ ein Zeigertyp ist, nennt man einen *Zeiger*, resp. eine *Zeigervariable*. Zeiger enthalten anonyme Speicheradressen von dynamischen Variablen. Die Speicheradressen sind anonym, man kann sie weder einlesen noch ausschreiben noch sonstwie manipulieren. „Wie kommt man denn überhaupt zu Speicheradressen?" mögen Sie sich fragen. Die Antwort darauf ist die Standardprozedur new:

```
new(P)

new(Wert)
```

Der Aufruf von new veranlaßt das System, irgendwo im internen Arbeitsspeicher des Programms Platz für eine dynamische Variable zu suchen, deren Typ durch den als Argument für new angegebenen Zeiger definiert ist. Der Zeiger P zeigt gemäß seiner Deklaration auf eine Variable vom Typ Element, folglich sucht new(P) Platz für eine Variable vom Typ Element. Die Anweisung new(Wert) sucht entsprechend Platz für eine Variable vom Typ integer.

Ist ein Speicherplatz gefunden, so wird er reserviert und die Speicherplatzadresse
in den als Argument angegebenen Zeiger übertragen. Zeichnen wir einen Zeigerwert durch einen Pfeil vom Zeiger zur dynamischen Variablen, die durch ihn
referenziert wird, so haben wir nach den Anweisungen

```
type Element      = record
                          Name  : packed array [1..5] of char;
                          Alter : integer
                    end;
     EltZeiger    = ^Element;
var  P, Q, R       : EltZeiger;
     Wert          : ^integer;
            .
            .
            .
new(P);
new(Wert)
```

folgende Situation

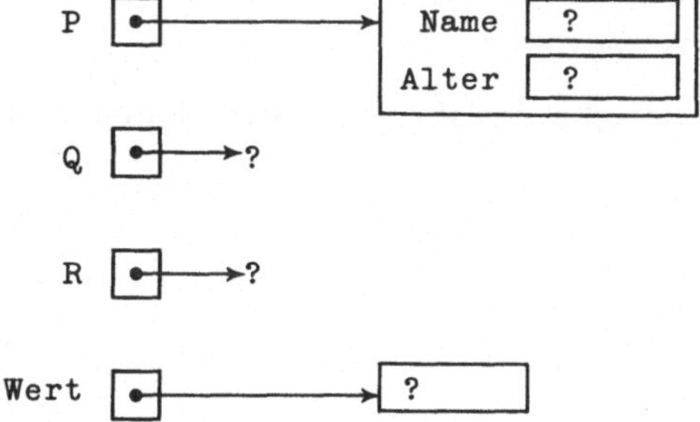

Undefinierte Werte sind durch ? dargestellt.

Zugriff auf dynamische Variablen

Eine Zeigervariable enthält eine Speicheradresse, also bezeichnet der Name einer
Zeigervariablen allein auch eine Speicheradresse. Wollen wir nicht eine Speicheradresse bezeichnen, sondern die dynamische Variable, die an dieser Speicheradresse abgespeichert ist, so müssen wir den Zeiger *dereferenzieren*:

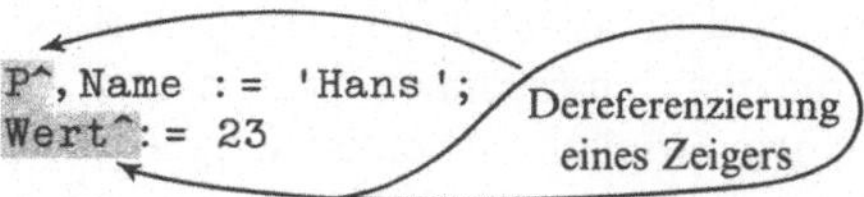

Mit der ersten Zuweisung haben wir dem Element Name der dynamischen Variablen, welche durch P referenziert wird (d.h., auf welche P zeigt), die Zeichenkette
'Hans ' zugewiesen. Die zweite Zuweisung setzt die durch Wert referenzierte
dynamische Variable auf 23. Die neue Situation:

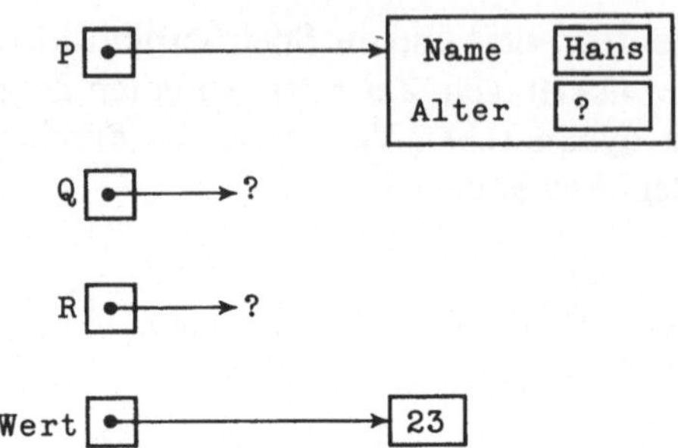

Beachten Sie auch bei Dereferenzierungen von Zeigern die konsequente Bezeichnung von Objekten:

P   bezeichnet eine Zeigervariable auf ein Objekt vom Typ `Element`

P^   bezeichnet eine ganze dynamische Variable vom Typ
            `Element`, das heißt, einen ganzen dynamischen Record

P^.Name   bezeichnet das Feld `Name` im dynamischen Record, auf den P zeigt

Wert   bezeichnet eine Zeigervariable auf ein Objekt vom Typ `integer`

Wert^   bezeichnet eine dynamische Variable vom Typ `integer`

Der Zeiger Q zeigt noch auf keine dynamische Variable, sein Wert ist undefiniert. Nun führen wir die Anweisungen

```
new(Q);
Q^.Name := 'Fritz';
Q^.Alter := Wert^;
P^.Alter := 31
```

durch und erhalten

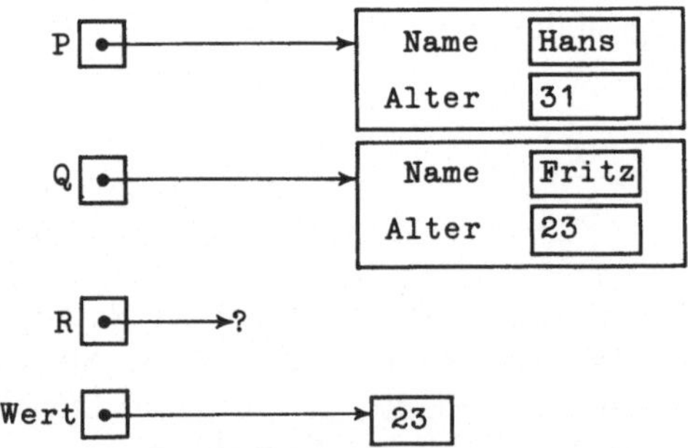

In den vorangehenden zwei Zuweisungen haben wir die zwei Zeiger P und Q benutzt, um die Elemente innerhalb zweier dynamischer Variablen zu bezeichnen. Der Zeiger wurde durch die Bildung der dynamischen Variablen gesetzt. Wir wollen nun demonstrieren, daß es auch möglich ist, einen Zeiger auf eine andere dynamische Variable umzusetzen, und daß ein und dieselbe dynamische Variable durch mehrere Zeiger referenziert werden kann.

Die Zuweisung

```
R := Q
```

kopiert den Wert des Zeigers Q in den Zeiger R. Das heißt, Q und R zeigen
nun auf dieselbe dynamische Variable:

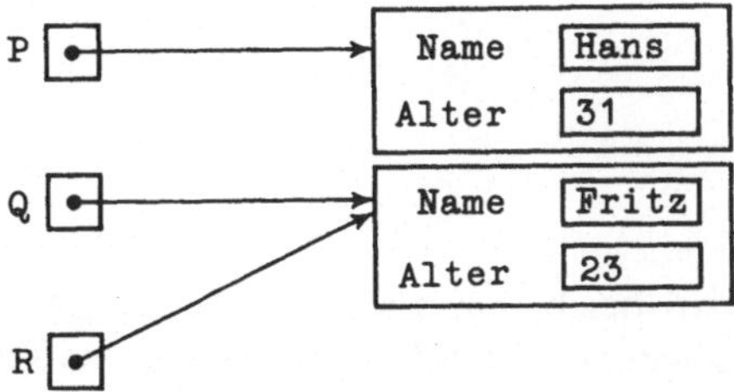

Die Anweisungen

```
Q := P;
P := R
```

bewirken die folgende Umsetzung der Zeiger P und Q:

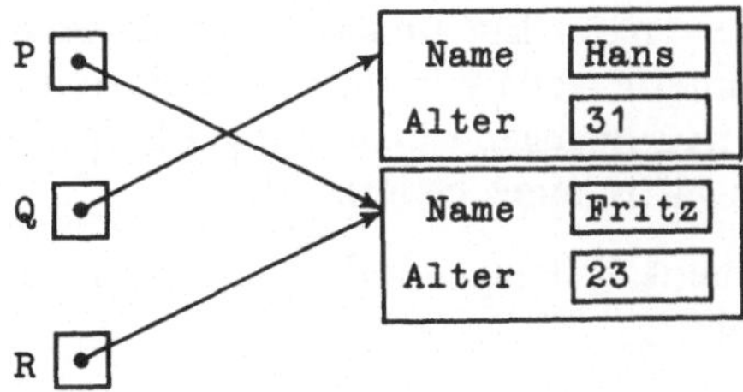

Zeiger sind gewissermaßen den Indices eines Feldes ähnlich. Beide selektieren
ein bestimmtes Element einer Datenstruktur. Im Unterschied zu einem Index
wird aber der Wertebereich eines Zeigers nicht deklariert. Der Umgang mit
Zeigern ist überdies starken Beschränkungen unterworfen, und dies absichtlich,
nota bene:

1. Zwei Zeiger vom selben Typ können einander zugewiesen sowie auf
   Gleichheit und Ungleichheit verglichen werden:

   ```
   P := Q;
   if P=R then ...;
   if R<>Q then ...
   ```

   Auf Zeigern sind keine anderen Operationen gültig. Insbesondere ist es
   auch nicht gestattet, Werte eines Zeigers auszuschreiben:

   ```
   write(P)
   ```

2. Ein Zeiger kann nur auf dynamische Variablen eines einzigen Typs zeigen.
   Der Typ wird in der Deklaration des Zeigers spezifiziert.

3. Die Prozedur new ist der einzige Mechanismus, um Werte eines Zeigertyps
   zu bilden. Es ist nicht möglich, einen Zeiger auf eine explizit deklarierte
   (statische) Variable zu kreieren.

Ein neu ins Leben gerufenes Pascal-Datenobjekt enthält vorerst immer einen
undefinierten Wert. Dies gilt für statische Variablen, die bei Blockeintritt erzeugt

werden, wie für dynamische Variablen, die durch new geschaffen werden. Auch Zeiger sind Datenobjekte, also haben auch sie nach ihrer Bildung undefinierte Werte und dürfen erst nach einer Zuweisung eines Zeigerwertes verwendet werden.

Der Zeigerwert nil

Wie Sie noch selbst erfahren werden, wird bei beinahe jeder Anwendung von dynamischen Variablen ein besonderer Zeigerwert benötigt, der besagt, daß der Zeiger gegenwärtig auf keine dynamische Variable zeigt. Dieser Zeigerwert wird durch das Wortsymbol nil bezeichnet:

```
R := nil

if (Q=nil) and (P<>nil) then ...
```

Achten Sie auf den wichtigen Unterschied zwischen einem undefinierten Zeigerwert und dem wohldefinierten Zeigerwert nil: Ein undefinierter Zeigerwert zeigt irgendwo hin, genau wie eine undefinierte reelle Variable irgendeinen undefinierten reellen Wert enthält. Der Wert nil dagegen ist ein gültiger Zeigerwert um auszudrücken, daß der Zeiger gegenwärtig nicht benutzt ist.

nil ist für jeden Zeigertyp gültig. Zeichnerisch stellen wir den Wert nil durch das Massesymbol der Elektrotechnik dar:

Auflösung von dynamischen Variablen

Noch ein letztes Stück Theorie bevor wir im Abschnitt 11.2 zu einer Anwendung des gelernten Stoffes schreiten. Wir müssen noch besprechen, wie wir eine nicht mehr benötigte dynamische Variable dem System zurückgeben. Das Mittel hierzu ist die Prozedur dispose:

```
dispose(P)
```

Die Prozedur dispose hat einen einzigen Parameter, den Zeiger auf die nicht mehr benötigte dynamische Variable. dispose übergibt den durch die dynamische Variable belegten Speicherplatz zur späteren andersweitigen Nutzung an das System zurück und weist dem Zeiger den Wert nil zu.

Nehmen wir folgende Ausgangslage an:

```
var p1,p2,p3   : ^real;
```

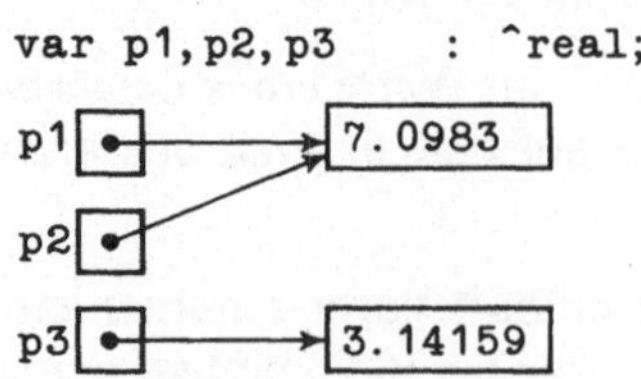

Nun führen wir die beiden Anweisungen

```
dispose(p2);
dispose(p3)
```

aus. Die zwei durch p2 und p3 referenzierten dynamischen Variablen sind verschwunden und diese Zeiger haben den Wert nil:

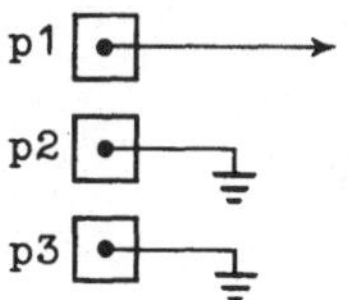

Doch was ist mit dem Zeiger p1 geschehen, der ursprünglich auf dieselbe dynamische Variable zeigte, wie p2? Er zeigt vermeintlich immer noch auf diese dynamische Variable, allerdings existiert diese nicht mehr. p1 ist zu einem sogenannten *hängenden Zeiger* geworden. Ein hängender Zeiger ist also ein Zeiger, der auf eine Speicherstelle zeigt, wo keine dynamische Variable mehr vorhanden ist. Im EDV-Fachlatein sagt man auch: „Der Zeiger zeigt in den Wald".

Wird ein hängender Zeiger dereferenziert, in unserer Situation also beispielsweise durch

```
write(p1^)
```

so merken dies manche Pascal-Systeme und melden einen entsprechenden Fehler. Andere Pascal-Implementation entdecken jedoch den Fehler nicht sogleich, was dann zu schwierig diagnostizierbaren Programmfehlern führen kann.

Es liegt in Ihrer Verantwortung als Programmierer, dafür zu sorgen, daß keine hängenden Zeiger verwendet werden. Sie sehen, der Umgang mit dynamischen Variablen ist nicht mehr so sicher wie der Umgang mit statischen. Dafür bieten dynamische Variablen die Basis zu einem breiten Anwendungsspektrum.

11.2 Verkettete Listen

Sie fragen sich jetzt möglicherweise, was denn Zeiger und dynamische Variablen mehr bringen als statische Variablen, wieso hier die Basis zu komplexeren Datenstrukturen liegen soll. Des Pudels Kern liegt darin, daß dynamische Variablen selbst Zeiger enthalten können, die auf typengleiche oder andere dynamische Variablen zeigen.

Als einfachere Anwendung einer solchen dynamischen Datenstruktur schreiben wir ein Programm, das uns die auf einem Bahnhof eintreffenden Züge nach erwarteter Ankunftszeit sortiert nachführt und auf Anfrage ausdruckt. Pro Zug wird eingegeben:

- Zugsnummer
- Fahrplanmäßige Ankunft
- Erwartete Ankunft

Nach Ankunft eines Zuges werden die Daten für diesen Zug gelöscht. Eine Modifikation der erwarteten Ankunftszeit eines Zuges bewirkt eine neue Einsortierung der Zugsdaten an die korrekte Stelle.

Die Daten werden in Form einer nach aufsteigender erwarteter Ankunftszeit verketteten Liste geführt:

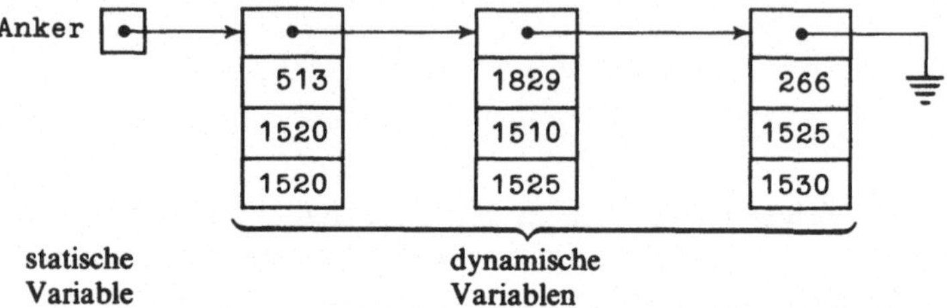

Der Zeiger Anker zeigt auf den nächsten erwarteten Zug, das heißt, auf die dem nächstankommenden Zug zugeordnete dynamische Variable. Jedes Element der Liste enthält neben der Zugnummer, der fahrplanmäßigen Ankunftszeit sowie der erwarteten Ankunftszeit einen Zeiger, der auf den Folgezug zeigt. Ist als Folgezug der Wert nil gespeichert, so gibt es vorerst keinen Folgezug, der betrachtete Zug ist der letzte in der Liste.

Legen wir unserem Programm folgende Deklarationen zugrunde:

```
type ZugsRef    = ^ZugsRec;
     ZugsRec    = record
                    Folgezug  : ZugsRef;
                    Zugsnr    : integer;
                    AnkftFp   : 0000..2359;
                    AnkftErw  : 0000..2359
                  end;

var  Anker       : ZugsRef;
```

Sie sehen, daß der in einem Zeigertyp angegebene Typenname auf einen später im selben Typendeklarationsteil definierten Typ verweisen darf (ZugsRec in obiger Typendeklaration von ZugsRef). Dies ist die *einzige* Ausnahme von der Regel, daß ein Name erst nach seiner Deklaration verwendet werden kann.

Wir wollen unser Programm so aufbauen, daß immer nach einer Zugsnummer gefragt wird. Je nach eingegebener Zugsnummer wird dann unterschieden:

a) Die *Zugsnummer* ist noch *nicht vorhanden*: Eine neue dynamische Variable wird geschaffen und die Zugsnummer, die fahrplanmäßige sowie die erwartete Ankunftszeit darin vermerkt. Danach wird die dynamische Variable an die korrekte Stelle in der Liste eingefügt.

b) Die *Zugsnummer* ist bereits *vorhanden*: Es wird nach der neuen erwarteten Ankunftszeit gefragt. Wird als neue Zeit Null eingegeben, so wird der Zug aus der Liste gelöscht, andernfalls muß er entsprechend der neuen erwarteten Ankunftszeit in die Liste eingefügt werden.

c) Als *Zugsnummer* wird *Null* eingegeben: Die Liste wird ausgedruckt.

Entsprechend dieser Vorgabe beginnen wir, unser Programm aufzubauen. Dabei gehen wir wiederum im Sinne einer schrittweisen Verfeinerung vor: Ausgehend von einem groben Programmrahmen erarbeiten wir die Prozeduren und Funktionen, welche die gewünschten Operationen ausführen.

```
program Zugsankuenfte (input,output);

    type ZugsRef      = ^ZugsRec;
         ZugsRec      = record
                          Folgezug  : ZugsRef;
                          Zugsnr    : integer;
                          AnkftFp   : 0000..2359;
                          AnkftErw  : 0000..2359
                        end;

    var  Anker       : ZugsRef;
         Zug         : ZugsRef;
         Zugsnummer  : integer;
begin
    Anker := nil;
    repeat
        write('Zugsnummer (0=Liste, -1=Ende)? '); read(Zugsnummer);
        if Zugsnummer=0 then DruckeListe
        else if Zugsnummer>0 then begin
                Zug := Finde(Zugsnummer);
                if Zug=nil then NeuerZug
                else Mutiere(Zug)
             end
    until Zugsnummer<0
end.
```

Zu Beginn der Programmausführung setzen wir den Zeiger Anker auf nil, das heißt, wir gehen von einer leeren Liste aus.

Die Funktion Finde sucht einen Zug mit der als Argument angegebenen Zugsnummer. Wird er gefunden, so gibt Finde einen Zeiger auf den Zug als Funktionsresultat zurück; wird keiner gefunden, so wird nil zurückgegeben.

```
function Finde (Nr: integer) : ZugsRef;
    var p1        : ZugsRef;
begin
    p1 := Anker;
    Finde := nil;
    while p1<>nil do
        if p1^.Zugsnr=Nr then begin
                Finde := p1;
                p1 := nil
             end
        else p1 := p1^.Folgezug
end;
```

Der Zeiger p1 durchläuft die Liste Element um Element, von vorne nach hinten, bis p1=nil wird. Dies ist der Fall

1. wenn das Ende der Liste erreicht wird (da der Folgezug des letzten Zuges nil ist),

2. wenn die Zugsnummer gefunden wird (da p1 explizit auf `nil` gesetzt wird), oder

3. wenn die Liste noch leer ist (da `Anker=nil`).

Findet die Funktion `Finde` keinen Zug mit der angegebenen Zugsnummer, so nimmt das Programm entsprechend der Programmvorgabe an, man wolle einen neuen Zug erfassen, und ruft die Prozedur `NeuerZug` auf.

```
procedure NeuerZug;
    var p1      : ZugsRef;
begin
    new(p1);
    p1^.Zugsnr := Zugsnummer;
    write('Fahrplanmaessige Ankunft? '); read(p1^.AnkftFp);
    write('Erwartete Ankunft      ? '); read(p1^.AnkftErw);
    FuegeEin(p1)
end;
```

Nach der Bildung einer dynamischen Variablen für den neuen Zug (`new(p1)`) werden dieser die zugehörigen Daten zugewiesen, dann wird sie durch die Prozedur `FuegeEin` an die korrekte Stelle in die Liste eingefügt.

Bevor wir die Prozedur `FuegeEin` schreiben, betrachten wir die folgenden zwei Ausgangslagen:

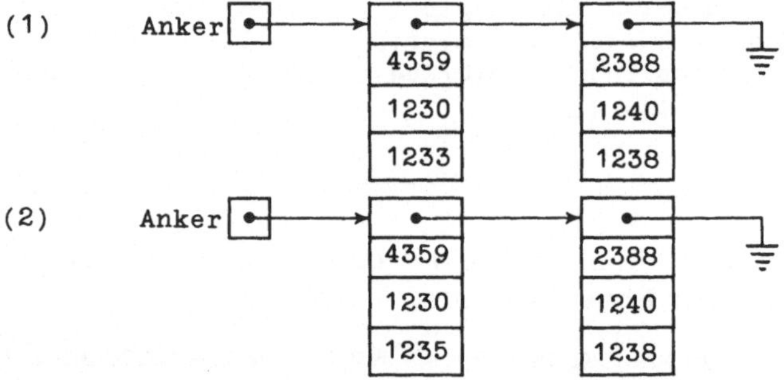

Das neu in die Liste einzufügende Element habe den Aufbau

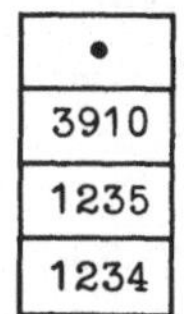

Der Zug Nummer 3910 wird also um 1234 Uhr erwartet. Im Fall (1) muß er zwischen die beiden Listenelemente eingefügt werden:

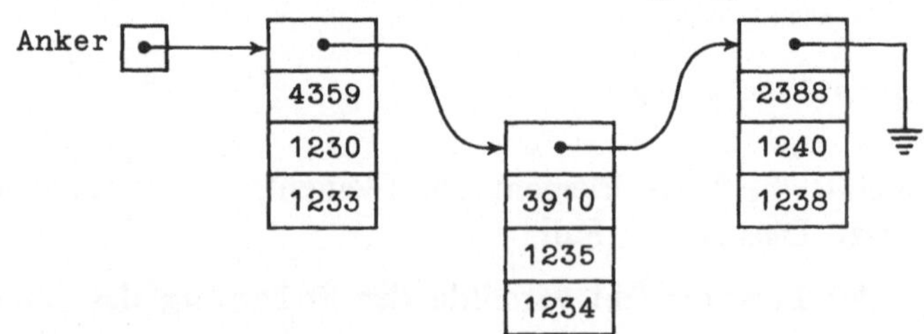

Nehmen wir die Ausgangslage (2), so kommt der neue Zug vor den ersten
Zug zu liegen:

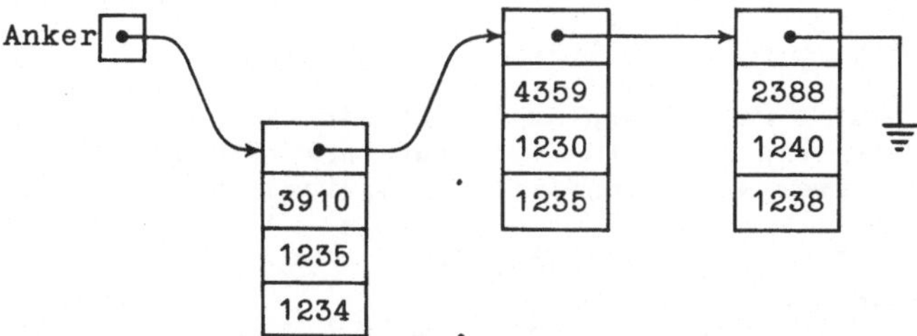

Im Fall (1) müssen wir den Zeiger Folgezug in einer dynamischen Variablen
umsetzen, im Fall (2) den statischen Zeiger Anker. Die Prozedur FuegeEin
muß sich um diese beiden unterschiedlich zu behandelnden Fälle kümmern.

```
procedure FuegeEin (Zug : ZugsRef);
    var p1,p2   : ZugsRef;
begin
    Zug^.Folgezug := nil;
    p1 := Anker;
    p2 := nil;
    while p1<>Zug^.Folgezug do
        if p1^.AnkftErw<Zug^.AnkftErw then begin
            p2 := p1;
            p1 := p1^.Folgezug
        end
        else Zug^.Folgezug := p1;
    if p2=nil then Anker := Zug
    else p2^.Folgezug := Zug
end;
```

Beachten Sie, daß der Zeiger p1 auf das gegenwärtig betrachtete Listenelement
zeigt und p2 stets um ein Element hintennach hinkt.

Wir werden auch eine Prozedur zur Löschung eines bestimmten Elementes
aus einer Liste brauchen. Eine solche Prozedur können wir ohne große Mühe
aus der Prozedur FuegeEin ableiten:

```
procedure Loesche (Zug : ZugsRef);
    var p1,p2   : ZugsRef;
begin
    p1 := Anker;
    p2 := nil;
    while p1<>Zug do begin
        p2 := p1;
        p1 := p1^.Folgezug
    end;
    if p2=nil then Anker := Zug^.Folgezug
    else p2^.Folgezug := Zug^.Folgezug
end;
```

Zeichnen Sie als Übung selbst einige Listen, und versuchen Sie, sich vor
Augen zu führen, welche Zeiger die Prozedur Loesche umsetzt.

Die Prozedur Mutiere wird vom Hauptprogramm aufgerufen, um den Zug
aus der Liste zu löschen (falls als neue erwartete Ankunftszeit Null eingegeben

wird), oder um den Zug entsprechend der neuen erwarteten Ankunftszeit
an die richtige Stelle innerhalb der Liste umzusetzen.

```
procedure Mutiere (Zug : ZugsRef);
begin
    writeln('Ankunft nach Fahrplan ', Zug^.AnkftFp:4);
    writeln('Erwartete Ankunft      ', Zug^.AnkftErw:4);
    write('Neue erwartete Ankunftszeit? '); read(Zug^.AnkftErw);
    Loesche(Zug);
    if Zug^.AnkftErw=0 then dispose(Zug)
    else FuegeEin(Zug)
end;
```

Nun verbleibt lediglich noch die einfache Prozedur `DruckeListe`, um unser
Programm zu vervollständigen.

```
procedure DruckeListe;
    var p1         : ZugsRef;
begin
    writeln;
    p1 := Anker;
    while p1<>nil do
        with p1^ do begin
            writeln(Zugsnr:4, AnkftFp:6, AnkftErw:6);
            p1 := Folgezug
        end;
    writeln
end;
```


In dieser Prozedur sehen Sie die Anwendung einer `with`-Anweisung für einen
dynamischen Record.

Wir haben ein Beispiel für die Anwendung einer einfach verketteten Liste besprochen. Selbstverständlich gibt es eine Unzahl weiterer Datenstrukturen, die
aus dynamischen Variablen zusammengesetzt sind. Beispiele dafür sind doppelt
verkettete Listen, orthogonal verknüpfte Listen und Bäume. Der Aufbau und
die Manipulation solcher dynamischer Datenstrukturen ist ein sehr wichtiges
Gebiet der Informatik und verdient mehr Behandlung, als dies in diesem Einfüh-
rungstext möglich ist.

Wir beschließen diesen Abschnitt über verkettete Listen mit ein paar weiteren,
erläuternden Bemerkungen zu der Arbeit mit Zeigern im allgemeinen.

Verkettete Zeiger

Zeiger können auch verkettet dereferenziert werden:

```
Anker^.Folgezug^.Folgezug^.Zugsnr
```

Diese Konstruktion ergibt die Zugsnummer des dritten Zuges in der Liste.
Natürlich muß die Liste in diesem Fall mindestens drei Züge enthalten, sonst
würde ja ein `nil` Zeiger dereferenziert, was zu einem Ausführungsfehler des
Programmes führen würde.

Typengleichheit von Zeigern

Der Abschnitt 7.2 war den Regeln bezüglich Typengleichheit zweier Pascal-Typen gewidmet. Wir haben gelernt, daß zwei Typen nur dann gleich sind, wenn ihnen ein und dieselbe Typendefinition zugrundeliegt.

Betrachten Sie folgende Deklaration:

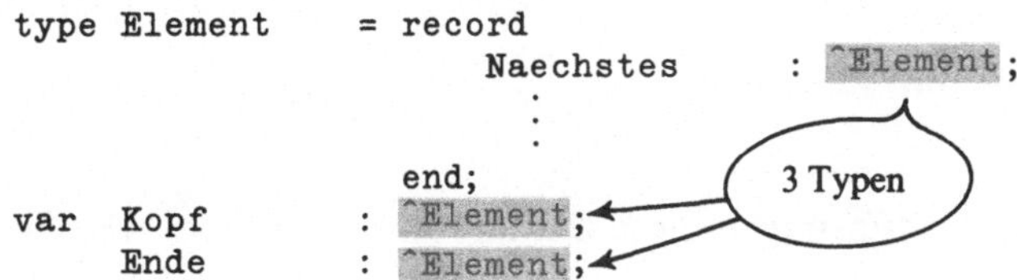


```
type Element    = record
                        Naechstes         : ^Element;
                        .
                        .
                        end;
     var Kopf          : ^Element;
         Ende          : ^Element;
```

Die drei Zeiger Naechstes, Kopf und Ende haben alle unterschiedliche Typen, da ihnen nicht eine, sondern drei Typendefinitionen zugrundeliegen. Die Anweisungen

```
Kopf := Kopf^.Naechstes

if Kopf=Ende then ...
```

würden beide als falsch markiert. Man muß sich wie folgt behelfen:


```
type EltZeiger  = ^Element;
     Element    = record
                        Naechstes         : EltZeiger;
                        .
                        .
                        end;
     var Kopf          : EltZeiger;
         Ende          : EltZeiger ;
```

Überlauf des Speicherbereiches

In den meisten Pascal-Implementationen wachsen die Speicherbereiche für statische und dynamische Variablen gegeneinander. Sobald die beiden Bereiche überlappen entsteht ein Speicherüberlauf, der sich in Fehlermeldungen wie

```
Speicherüberlauf
heap error
run time stack overflow
```

oder ähnlichem äußert. Auf nicht wenigen Systemen resultiert ein Speicherüberlauf sogar in nicht eben aussagekräftigen Betriebssystemmeldungen wie

```
system completion code 80A
memory fault – core dumped
```

Nicht zu reden von den Pascal-Kleincomputern, auf denen ein Speicherüberlauf zu einem Zustand führen kann, der nur noch durch ein neues Aufstarten des Systems zu beheben ist. Interessiert Sie das Verhalten Ihres Systems bei einem

Speicherüberlauf, so lassen Sie das folgende kleine Programm laufen:

```
program Chaos (input,output);
    var p   : ^real;
begin
    while true do new(p)
end.
```

11.3 Dynamische Records mit Varianten

Legen wir den folgenden Ausführungen diese Deklarationen aus dem Abschnitt
9.3 zugrunde:

```
type LfzTyp          = (Ballon,Flaechen,Heli);
     Luftfahrzeug   =
         record
             Kennzeichen  : packed array [1..8] of char;
             Marke        : packed array [1..30] of char;
             case Typ     : LfzTyp of
                 Ballon   : ( Volumen       : real; {m*m*m}
                              Art           : (Gas,Heissluft);
                              Gewicht       : real  {kg}
                            );
                 Flaechen,
                 Heli     : ( Laenge        : real; {m}
                              Gewicht       : real; {kg}
                              case Motor    : boolean of
                                  true      : ( Leistung : real; {kW}
                                              );
                                  false     : (
                                              )

                            )
         end;
     var  p          : ^Luftfahrzeug;
```

Bilden wir eine dynamische Variable vom Typ Luftfahrzeug (einen dynamischen Record) durch

```
new(p)
```

so wird ein Datenobjekt erzeugt, das groß genug ist, um jede Variante des
Records aufnehmen zu können. Oft weiß man jedoch, daß ein dynamischer
Record nur eine bestimmte Variante aufnehmen wird. Diese Variante wird
unter Umständen weniger Platz beanspruchen als die größte Variante.

Will man einen dynamischen Record nur für eine spezielle Variante bilden,
so kann die *zweite Form* von new verwendet werden:

```
new(p,Ballon)
```
ein Record für einen Ballon
(Variante Typ=Ballon)

```
new(p,Flaechen)
```
ein Record für ein Flächenflugzeug
(Variante Typ=Flaechen und
eine beliebige Untervariante Motor)

```
new(p,Flaechen,false)
```
ein Record für ein Segelflugzeug
(Variante `Typ=Flaechen` und
Untervariante `Motor=false`)

Allgemein nimmt `new` eine der beiden Formen

```
new(Z)
```
erste Form

$$\mathtt{new}(Z, w_1, w_2, \ldots, w_n)$$
zweite Form

an, wobei Z ein Zeiger ist. w_1 bis w_n sind Varianten-Selektorwerte, die die zu bildende Variante bezeichnen. Beachten Sie folgende Regeln bei der Erzeugung von dynamischen Records mit der zweiten Form von `new`:

- Die Varianten-Selektorwerte w_1 bis w_n müssen alles Konstanten sein.

- Die Varianten-Selektorwerte w_1 bis w_n müssen lückenlos entsprechend der Verschachtelung der Varianten erscheinen. Es ist dabei gestattet, Varianten-Selektorwerte nur bis zu einer bestimmten Verschachtelungs-stufe zu spezifizieren.

- Die angegebenen Varianten-Selektorwerte werden den Varianten-Selektor-elementen im Record *nicht* zugewiesen.

Wird ein dynamischer Record mit Varianten durch die Form

$$\mathtt{new}(Z, w_1, w_2, \ldots, w_n)$$

gebildet, dann muß er auch durch ein entsprechendes `dispose` freigegeben werden:

$$\mathtt{dispose}(Z, w_1, w_2, \ldots, w_n)$$

Dabei müssen die Varianten-Selektorwerte w_1 bis w_n im `new` und im `dispose` übereinstimmen.

Auch beim Gebrauch von mit der zweiten Form von `new` gebildeten dynamischen Records gilt es, Sonderregeln einzuhalten:

- Es dürfen nur die im Aufruf von `new` bezeichneten Varianten verwendet werden.

- Der Record als Ganzes darf weder als Operand in einem Ausdruck noch als Variable in einer Zuweisungs-Anweisung noch als Argument verwendet werden.

Leider werden die Regeln zur Behandlung von mit der zweiten Form von `new` gebildeten dynamischen Records nur von wenigen Pascal-Systemen auch tatsächlich überprüft. So bleibt es in der Verantwortung des Programmierers, die Regeln einzuhalten.

Die Arbeit mit dynamischen Objekten ist zwar interessant aber doch einigermaßen komplex. Die Verwendung der zweiten Form von `new` macht die Sache noch heikler. Deshalb sollte diese Form von `new` den erfahrenen Pascal-Programmierern vorbehalten bleiben.

Kapitel 12: Dateien (Files)

Ein Programm besteht aus Datenobjekten sowie aus Anweisungen, die die auf
den Datenobjekten durchzuführenden Aktionen beschreiben. Wären alle Datenobjekte rein programminterne Gegenstände, so hätte das Programm keine Möglichkeit, Daten von der Außenwelt entgegenzunehmen und Daten an die Außenwelt zu übermitteln. Ein solches, total autarkes Programm wäre natürlich sinnlos
– was nützte denn beispielsweise die programminterne Berechnung der Zahl
π auf 1000 Stellen, ohne das Resultat auszugeben?

Wir kennen die `read`- und die `write`-Anweisungen als Verbindungsglieder
zwischen der Außenwelt (d.h. dem Terminal) und dem Programm. Ohne dies
bis anhin ausdrücklich gesagt zu haben, basieren diese Anweisungen auf einer
sogenannten Datei, einem Strom von Zeichen vom Terminal in das Programm
herein (`read`) und vom Programm auf das Terminal hinaus (`write`). In diesem
Kapitel lernen wir den strukturierten Datentyp `file` als Strom von Datenobjekten zwischen dem Programm und seiner Außenwelt kennen. Als „Außenwelt"
betrachten wir in diesem Zusammenhang insbesondere folgende drei Kategorien
von Geräten:

Eingabegeräte:	Geräte zur Eingabe von Daten aus dem Computerumfeld in ein Programm (Terminal-Tastatur, Lochkartenleser, Strichcode-Leser, Sensor, Digitalisierer, etc.).
Ausgabegeräte:	Geräte zur Übermittlung von Daten aus einem Programm an das Computerumfeld (Terminal-Bildschirm, Drucker, Zeichengerät, Lochkartenstanzer, Lochstreifenstanzer, computergesteuerter Regler, etc.)
Speichergeräte:	Geräte zur programmexternen Speicherung von Daten-objekten zwecks späterer Wiederverwendung durch Pro-gramme (Plattenspeicher, Magnetbandspeicher, Floppy-Disk, etc.)

12.1 Dateien als Pascal-Datentyp

Eine Datei ist ein Datenobjekt, das aus einer Sequenz von typengleichen Elementen besteht. Diese Untergliederung in Elemente bedeutet, daß eine Datei ein
strukturierter Datentyp ist. Wir deklarieren einen Dateityp wie folgt:

```
type MesswertDatei      = file of real;
     Waehrung           = record
                              Code  : 1..999;
                              Kurs  : real
                          end;
     WaehrungsDatei      = file of Waehrung ;
```

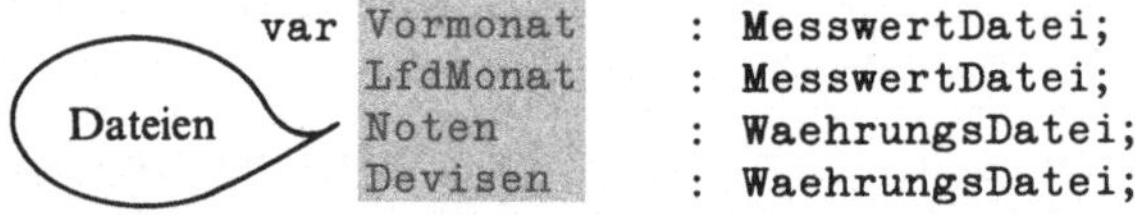

Mit der ersten Typendefinition ist ein Dateityp deklariert worden, dessen Elemente vom Typ `real` sind. Die unterste Typendefinition führt einen Dateityp ein, dessen Elemente vom Typ Waehrung sind, einem Record-Typ also. Als Elementtyp einer Datei ist jeder Typ außer `file` zugelassen.

Eine Typendefinition allein bewirkt nie die Bildung eines Datenobjektes. Deshalb ist nach einer Datei-Typendefinition auch noch keine Datei vorhanden. Eine solche wird erst durch eine entsprechenden Variablendeklaration geschaffen:

```
var Vormonat      : MesswertDatei;
    LfdMonat      : MesswertDatei;
    Noten         : WaehrungsDatei;
    Devisen       : WaehrungsDatei;
```


Hier haben wir vier Dateien deklariert, zwei vom Typ `MesswertDatei` und zwei vom Typ `WaehrungsDatei`. Die Dateien heißen `Vormonat`, `LfdMonat`, `Noten` und `Devisen`.

Die Typendeklaration einer Datei enthält lediglich die Angabe des Elementtyps, nicht aber eine Spezifikation der Anzahl Elemente in der Datei. Dies deshalb, weil die Anzahl der Elemente in einer Datei im Unterschied zu Feldern, Records und Mengen keine fixe Größe ist. Eine neue Datei enthält vorerst überhaupt keine Elemente. Durch spezielle Pascal-Konstruktionen kann dann Element um Element zur Datei zugefügt werden. Betrachten wir die Datei `Vormonat` vom Typ `file of real`, so könnten wir beispielsweise folgendes Wachsen der Datei feststellen:

nach Deklaration

nach 1. Zufügen eines Elementes | 5.3 |

nach 2. Zufügen eines Elementes | 5.3 | 2.0 |

nach 3. Zufügen eines Elementes | 5.3 | 2.0 | −7 |

nach 4. Zufügen eines Elementes | 5.3 | 2.0 | −7 | 1.2 |

Sie sehen, daß ein neues Element immer hinter das zuletzt zugefügte Element angehängt wird. Informell sagt man deshalb: „Eine Datei wächst von vorne nach hinten"[1]). Konkret geschieht dieses Zufügen von Elementen zu einer Datei, indem das neue Element in einem sogenannten *Dateifenster* aufbereitet und der Inhalt des Dateifensters hernach hinten an die Datei angehängt wird:

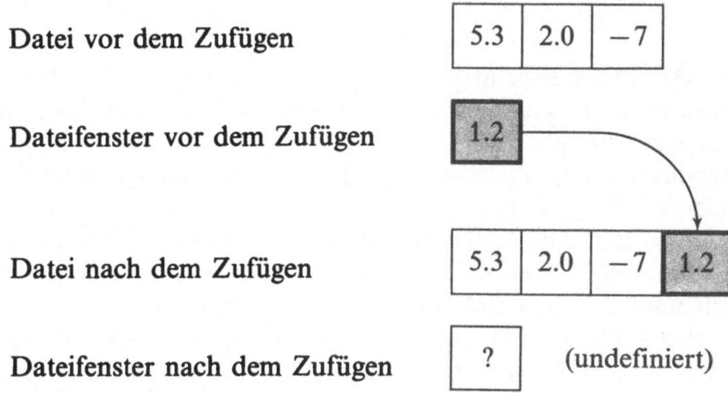

Eine einmal erstellte Datei kann beliebig oft wiederverwendet, das heißt eingelesen werden. Dabei läuft ein Vorgang ab, der zu dem für das Erstellen der Datei beschriebenen invers ist. Zuerst ist im Dateifenster das erste Element vorhanden (genauer gesagt die Daten des ersten Elementes):

Durch eine spezielle Konstruktion kann die Übertragung des jeweils nächsten Elementes in das Dateifenster verlangt werden:

---

[1] Dies gilt für Dateien, wie sie im Standard-Pascal definiert sind. In anderen Programmiersprachen und teilweise auch in Pascal-Erweiterungen sind zusätzliche Bearbeitungsarten von Dateien bekannt.

Datei … Dateifenster

Ist man am Ende der Datei angelangt, so kann man die Datei beliebig oft erneut von vorne nach hinten durchlesen. Die Dateien sind also ein Werkzeug zur Speicherung großer Mengen von Daten, um diese Daten dann mehrmals zu verwenden. Warum können mit Dateien größere Datenvolumen gespeichert werden als mit Feldern? In einem Feld kann wahlweise auf jedes Element zugegriffen werden. Dies bedingt das Vorhandensein eines jeden Elementes im Zentralspeicher des Computers. Von einer Datei sind nur die Daten im Dateifenster zugreifbar, deshalb muß lediglich das Dateifenster im Zentralspeicher gespeichert werden. Die eigentliche Datei kann auf einem sogenannten Sekundärspeicher gehalten werden. Sekundärspeicher können in der Regel ein um mindestens zwei Größenordnungen umfangreicheres Datenvolumen aufnehmen als der Zentralspeicher. Bekannte Typen von Sekundärspeicher sind Plattenspeicher (Disks), Disketten (Floppy Disks) und Magnetbänder (Tapes) verschiedenster Ausprägungen.

Jede Datei hat ein eigenes Dateifenster. Das Dateifenster wird bezeichnet durch den Namen der Datei, gefolgt von einem ^ Zeichen. Für die vier Dateien Vormonat, LfdMonat, Noten und Devisen würden die Dateifenster-Bezeichnungen also lauten:

```
Vormonat^
LfdMonat^
Noten^
Devisen^
```

Ein Dateifenster wird wie eine gewöhnliche Variable verwendet, also etwa

```
Vormonat^ := 27.5
if Vormonat^=LfdMonat^ then ...
Betrag := Fremdbetrag*Noten^.Kurs
Noten^ := Devisen^
```

Auf Dateien als Ganzes sind keinerlei Grundoperationen wie Vergleiche und Zuweisungen zugelassen. Falsch wären demnach beispielsweise

```
if Vormonat>LfdMonat then ...
Noten := Devisen
```


In den nächsten Abschnitten werden wir lernen, mit Pascal-Dateien umzugehen. Wir beginnen mit dem Erstellen einer neuen Datei.

12.2 Erstellen einer Datei

Wir wollen ein Programm zur Erfassung von Klimawerten und deren Abspeicherung auf eine Datei schreiben. Jede klimatische Messung soll folgende Daten enthalten:

- Wetterstation-Nr   (1..999)
- Datum   (Tag,Monat,Jahr)
- Niederschlag   (in mm)
- Höchsttemperatur   (in Grad Celsius)
- Tiefsttemperatur   (in Grad Celsius)

Als erstes deklarieren wir die nötigen Typen und die wichtigsten Variablen:

```
type Datum      = record
                      Tag          : 1..31;
                      Monat        : 1..12;
                      Jahr         : 1970..1999
                  end;
     KlimaRec   = record
                      Station      : 1..999;
                      Messdatum    : Datum;
                      Niederschlag : real; {in mm}
                      TempMax      : real; {in Grad Celsius}
                      TempMin      : real  {in Grad Celsius}
                  end;
     KlimaDatei = file of KlimaRec;
var  Wetter     : KlimaDatei;
```

Mit unserem Programm soll Messung um Messung erfaßt werden können. Dabei sind die Daten einer jeden Messung zuerst in das Dateifenster `Wetter^` zu übertragen. Ist dieses vollständig gefüllt (mit Nummer der Wetterstation, Meßdatum, Niederschlagsmenge, Höchst- und Tiefsttemperatur), dann wird der Inhalt des Dateifensters als neues Element an die Datei `Wetter` angehängt.

Bevor wir mit dem Ausschreiben von Dateifenstern beginnen können, muß die Datei zum Schreiben eröffnet werden. „Zum Schreiben" sagen wir, weil wir Elemente auf die Datei ausschreiben wollen. Eine Datei wird durch die Standard-Prozedur `rewrite` zum Schreiben eröffnet:

```
rewrite(Wetter)
```

Nach dieser Anweisung enthält die Datei kein Element, ist aber bereit, Elemente aufzunehmen. Wird eine `rewrite`-Anweisung auf eine bereits bestehende Datei ausgeführt, so wird diese gelöscht, das heißt, sie enthält nach der `rewrite`-Anweisung kein Element mehr.

Ist das Dateifenster mit Daten gefüllt, so wird es durch die Standard-Prozedur `put` (to put = legen, ablegen) auf die Datei ausgeschrieben. Für unsere Klimadatei lautet die Anweisung

```
put(Wetter)
```

Hier das Programm zur Erfassung der Klimadaten:

```
program KlimaErfassung (input,output);
    type Datum      = record
                          Tag          : 1..31;
                          Monat        : 1..12;
                          Jahr         : 1970..1999
                      end;
```

```pascal
        KlimaRec     = record
                          Station      : 1..999;
                          Messdatum    : Datum;
                          Niederschlag : real; {in mm}
                          TempMax      : real; {in Grad Celsius}
                          TempMin      : real  {in Grad Celsius}
                        end;
        KlimaDatei = file of KlimaRec;
    var Wetter       : KlimaDatei;
        Nr           : integer;
begin
    rewrite(Wetter);
    repeat
        write('Station-Nr (0=Ende)? '); read(Nr);
        if Nr<>0 then begin
            with Wetter^.Messdatum do begin
                Station := Nr;
                write('Tag Monat Jahr?   '); read(Tag,Monat,Jahr);
                write('Niederschlag?     '); read(Niederschlag);
                write('Maximale Temp?    '); read(TempMax);
                write('Minimale Temp?    '); read(TempMin)
            end;
            put(Wetter)
        end
    until Nr=0
end.
```


Dieses Programm ist noch mit einem kleinen, aber schwerwiegenden Fehler behaftet: Wir haben die Datei zwar fertig erstellt, da sie aber rein programmintern deklariert wurde, verschwindet sie nach Beendigung des Programmes genauso wie alle anderen Programmvariablen. Dies wäre korrekt für eine Datei, die nur innerhalb eines einzigen Programmes verwendet wird, beispielsweise zur Zwischenspeicherung von Werten, um diese später im selben Programmlauf wieder einzulesen. Wir wollen aber unsere Klimadatei zwecks Verwendung durch andere Programme über das Programmende hinweg retten, die Datei also als *extern* bezeichnen.

Eine Datei wird als extern bezeichnet, indem ihr Name im Programmkopf angegeben wird:

```pascal
program KlimaErfassung (input,output,Wetter);
```

Nun wird endlich klar, warum wir in jedem Programmkopf zu schreiben hatten

```pascal
(input,output)
```

Diese beiden Dateien sind nämlich die Standard-Dateien für die Kommunikation zwischen Programm und Terminal:

```
input      bezeichnet die Standard-Eingabedatei (meist die Tastatur)
```

```
output     bezeichnet die Standard-Ausgabedatei (meist der Bildschirm)
```

Ihr Pascal-Programm wird auf dem Computer unter Kontrolle des Betriebssystems ausgeführt. Das Betriebssystem ist verantwortlich für die Verwaltung aller Dateien. Deshalb müssen Sie in der Mehrzahl der Pascal-Implementationen einer externen Datei auch noch einen *externen Namen* geben. Die Datei ist dann dem Betriebssystem unter diesem Namen bekannt. Wie ein solcher externer Name zugeteilt wird, hängt von der Pascal-Implementation ab und kann hier nicht generell gesagt werden. Hinweise finden Sie im Pascal-Handbuch zu Ihrem Computersystem.

12.3 Einlesen einer Datei

Eine Datei wird durch die Standard-Prozedur `rewrite` zum Schreiben eröffnet. Das Gegenstück dazu ist die Standard-Prozedur `reset`, die eine Datei zum Lesen eröffnet. Zum Einlesen der im letzten Abschnitt erstellten Datei `Wetter` schreiben wir

```
reset(Wetter)
```

Nach dem Aufruf von `reset` steht bereits das erste Element der Datei im Dateifenster bereit. Um das nächste Element in das Dateifenster zu holen, wird die Standard-Prozedur `get` aufgerufen (to get = holen, beschaffen u.a.), für die Wetterdatei also

```
get(Wetter)
```

Beim Einlesen der Datei tritt natürlich das Problem auf, daß wir das Ende der Datei erkennen müssen. Wir wissen ja nicht, wieviele Elemente in der Datei vorhanden sind. Zum Erkennen des Dateiendes dient die Funktion `eof` (eof = end of file = Dateiende)

Funktion	Typ des Argumentes	Typ des Resultates	Funktionsbeschreibung
`eof(`d`)`	`file`	`boolean`	steht das Dateifenster hinter dem letzten Element der Datei?

Mit den Prozeduren `reset` und `get` sowie der Funktion `eof` sieht der Basisaufbau eines Programmabschnittes zum Einlesen einer Datei wie folgt aus:

```
reset(d);
   .
   .
while not eof(d) do begin
      .
      .  Verarbeiten Daten im Dateifenster
      .
   get(d)
end
```

Es ist wichtig, schon vor der Verarbeitung des ersten Dateifensters zu prüfen,
ob das Dateiende erreicht ist, denn eine Datei kann auch leer sein, das heißt,
kein einziges Element enthalten. In diesem Fall wird das Dateiende bereits
unmittelbar nach `reset` erreicht.

Als praktische Übung schreiben wir ein Programm, das die durch das Programm
`KlimaErfassung` (siehe 12.2) erstellte Datei `Wetter` auswertet. Unser Programm soll die durchschnittlichen monatlichen Niederschläge einer beliebigen
Menge von Wetterstationen als Säulendiagramm darstellen.

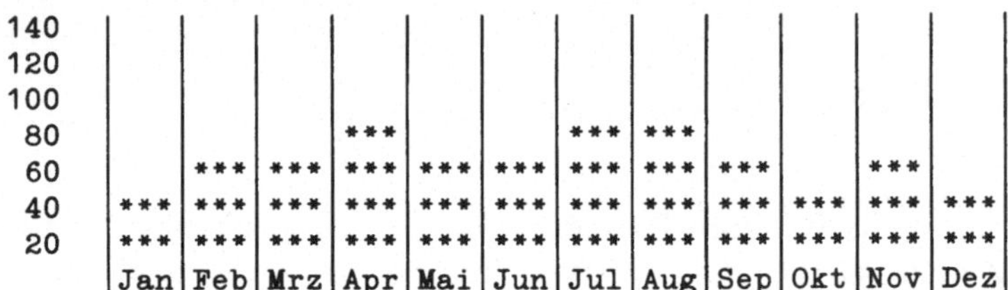

Bevor wir zur Ausarbeitung der Details schreiten, erstellen wir erst einen groben
Programmrahmen:

```pascal
program KlimaAuswertg (input,output,Wetter);

    type Datum        = record
                             Tag           : 1..31;
                             Monat         : 1..12;
                             Jahr          : 1970..1999
                        end;
         KlimaRec     = record
                             Station       : 1..999;
                             Messdatum     : Datum;
                             Niederschlag  : real; {in mm}
                             TempMax       : real; {in Grad Celsius}
                             TempMin       : real  {in Grad Celsius}
                        end;
         KlimaDatei   = file of KlimaRec;

    var  Wetter       : KlimaDatei;
         Auszuwerten  : set of 1..999;
         MessTab      : array [1..12] of
                             record
                                 AnzMessungen : integer;
                                 Regenmenge   : real
                             end;
         Messjahr     : 1970..1999;

begin
    ReadStationen;
    write('Auszuwertendes Jahr? '); read(Messjahr);
    AuswertenDatei;
    Diagramm
end.
```

Die Prozedur `ReadStationen` hat zur Aufgabe, die Nummern der auszuwertenden Stationen einzulesen und die angegebenen Stationen in die Menge
`Auszuwerten` aufzunehmen.

```
procedure ReadStationen;
var i,j     : integer;
    c       : char;
begin
    Auszuwerten := [];
    writeln('Geben Sie die auszuwertenden Stationsnummern an.');
    writeln('Als letzte Nummer ist immer 0 anzugeben!');
    writeln('Beispiel: 7 9 15 23-25 0');
    write('-> ');
    repeat
        read(i);
        if i<>0 then begin
            read(c);
            if c='-' then read(j)
            else j := i;
            Auszuwerten := Auszuwerten+[i..j]
        end
    until i=0
end;
```

Die Prozedur `AuswertenDatei` initialisiert erst einmal das Feld `MessTab`. Dann wird die Datei `Wetter` durchgelesen, wobei alle Elemente ausgewählt werden, deren Stationsnummer in der Menge `Auszuwerten` enthalten sind und deren Messung im eingegebenen Jahr liegt. Von jedem ausgewählten Element wird die Niederschlagsmenge im Feld `MessTab` kumuliert.

```
procedure AuswertenDatei;
    var i   : integer;
begin
    for i := 1 to 12 do
        with MessTab[i] do begin
            AnzMessungen := 0;
            Regenmenge := 0
        end;
    reset(Wetter);
    while not eof(Wetter) do begin
        with Wetter^, Messdatum do
            if (Jahr=Messjahr) and (Station in Auszuwerten) then
                with MessTab[Monat] do begin
                    AnzMessungen := AnzMessungen+1;
                    Regenmenge := Regenmenge+Niederschlag
                end;
        get(Wetter)
    end
end;
```

Das Säulendiagramm wird aufgrund der im Feld `MessTab` enthaltenen Daten durch die Prozedur `Diagramm` ausgedruckt.

```
procedure Diagramm;
    var i,j : integer;
begin
    writeln;
    i := 140;
    while i>0 do begin
        write(i:3, '   |');
        for j := 1 to 12 do
```

```
        with Messtab[j] do
                   if Regenmenge/AnzMessungen >= i then write('***|')
                   else write('    |');
           writeln;
           i := i-20
        end;
        writeln('        ',
        '|Jan|Feb|Mrz|Apr|Mai|Jun|Jul|Aug|Sep|Okt|Nov|Dez |')
end;
```

Ein Beispiel des Dialoges mit dem Programm KlimaAuswertung:

```
Geben Sie die auszuwertenden Stationsnummern an.
Als letzte Nummer ist immer 0 anzugeben!
Beispiel: 7 9 15 23-25 0
-> 13 19-28 32-34 37 0
Auszuwertendes Jahr? 1981

140  |    |    |    |    |    |    |    |    |    |    |    |    |
120  |    |    |    |    |    |    |    |    |    |    |    |    |
100  |    |    |    |    |    |    |    |    |    |    |    |    |
 80  |    |    |    |***|    |    |***|***|    |    |    |    |
 60  |    |***|***|***|***|***|***|***|***|    |***|    |
 40  |***|***|***|***|***|***|***|***|***|***|***|***|
 20  |***|***|***|***|***|***|***|***|***|***|***|***|
     |Jan|Feb|Mrz|Apr|Mai|Jun|Jul|Aug|Sep|Okt|Nov|Dez|
```

12.4 Mutieren einer Datei

In der EDV-Praxis ist es selten, daß eine Datei einmal erstellt wird und darnach unverändert bleibt. Vielmehr will man oft einer bestehenden Datei neue Elemente zufügen, bestimmte Elemente aus der Datei entfernen und Daten in einzelnen Elementen verändern. Diese Vorgänge nennt man in der EDV-Fachsprache *mutieren*.

Leider bietet Pascal keine direkte Unterstützung solcher Dateimutationen. Es ist weder möglich, Elemente hinten an eine bestehende Datei anzuhängen, noch Elemente aus einer Datei zu löschen, noch Elemente in der Datei zu verändern. Wir müssen uns behelfen, indem wir die ganze zu mutierende Datei umkopieren und während des Kopiervorganges die nötigen Mutationen vornehmen.

Um übermäßig viele solcher Kopiervorgänge zu vermeiden, kann man die Mutationen in einer Mutationsdatei zusammenfassen. Ist diese Mutationsdatei nach demselben Schlüssel aufsteigend sortiert wie die zu mutierende Datei, so können alle Mutationen in einem Lauf erledigt werden. Dabei kann folgendes Schema verwendet werden:

```
{ Mutieren der Datei "Alt" aufgrund der Datei "Mut" }
{ und erstellen der Datei "Neu"                      }
   .
   .
const EofSchluessel = ... ;      {siehe nachfolgenden Kommentar}
```

```
type StammRec  = record
                    Schluessel : ... ;
                       .
                       .
                       .
                 end;
     MutRec    = record
                    Art           : (Loeschen, Veraendern, Zufuegen);
                    Schluessel : ... ;
                       .
                       .
                       .
                 end;

var NeuOK      : boolean;  {Daten im Dateifenster "Neu^"?}
    Alt,Neu    : file of StammRec;
    Mut        : file of MutRec;
    .
    .
    .
reset(Alt);
rewrite(Neu);
reset(Mut);
while not (eof(Alt) and eof(Mut)) do begin
    if Alt^.Schluessel<=Mut^.Schluessel then begin
        Neu^ := Alt^;
        NeuOK := true;
        get(Alt);
        if eof(Alt) then Alt^.Schluessel := EofSchluessel
    end
    else begin
        Neu^.Schluessel := Mut^.Schluessel;
        NeuOK := false
    end;
    while Neu^.Schluessel=Mut^.Schluessel do begin
        if not NeuOK then
            if Mut^.Art=Zufuegen then begin
                {Aufbau Daten in "Neu^"};
                NeuOK := true
            end
            else {Fehler: Schluessel nicht vorhanden}
        else case Mut^.Art of
                Loeschen   : NeuOK := false;
                Zufuegen   : {Fehler: Bereits vorhanden};
                Veraendern : {Veraendern Daten in "Neu^"}
             end;
        get(Mut);
        if eof(Mut) then Mut^.Schluessel := EofSchluessel
    end;
    if NeuOK then put(Neu)
end
```


Als *Schlüssel* bezeichnen wir im Zusammenhang mit Dateiverarbeitungen ein
Datenobjekt, aufgrund dessen Wert wir Elemente einer Datei selektieren. Werden Kundendaten auf einer Kundendatei gespeichert, so wäre beispielsweise
die Kundennummer oder der Kundenname ein Schlüssel.

Dem gezeigten Basisschema für Mutationen einer Datei liegen folgende Voraussetzungen zugrunde:

1. Der Schlüssel ist in allen drei Dateien (alte, neue und Mutationsdatei) in jedem Dateielement abgespeichert (mit dem Record-Elementnamen `Schluessel`).

2. Sowohl die alte Datei wie die Mutationsdatei sind nach demselben Schlüssel aufsteigend sortiert (d.h. der kleinste Schlüsselwert zuerst, der größte zuletzt).

3. In der alten Datei und in der produzierten neuen Datei haben alle Elemente eindeutige Schlüssel, das heißt, kein Schlüsselwert kommt mehr als einmal vor.

4. In der Mutationsdatei können für einen Schlüssel mehrere Mutationen vorkommen.

5. Die Konstante `EofSchluessel` enthält einen Schlüsselwert, der größer ist, als alle in den Dateien möglichen Schlüsselwerte.

12.5 Textdateien

Im Abschnitt 7.5, wo wir über Zeichenketten als eindimensionale Felder sprachen, haben wir gelernt, daß Pascal dieser Art von Feld eine Sonderstellung einräumt: Im Unterschied zu anderen Feldern können Zeichenketten miteinander verglichen und als Einheit ausgeschrieben werden. Der Grund für diese Sonderstellung liegt in der Tatsache, daß der Umgang mit Zeichenketten in vielen Anwendungen einen erheblichen Teil der Programmierarbeit und der Programmausführungszeit ausmacht. Man wollte durch die Sonderstellung der Zeichenketten sowohl die Arbeit des Programmierers erleichtern wie auch die Ausführungszeit verkürzen.

Ähnliche Überlegungen führten auch zur Sonderstellung der Dateien vom vordefinierten Typ `text`:

```
type text = file of char
```

Solche sogenannten *Textdateien* sind gemäß dieser Typendefinition Dateien, deren Elemente Zeichen sind. Dateien also, die Zeichen um Zeichen eingelesen bzw. Zeichen um Zeichen ausgeschrieben werden.

Wir arbeiten seit dem ersten Kapitel dieses Buches mit Textdateien, denn die `read`-, `readln`-, `write`- und `writeln`-Anweisungen bezogen sich stets auf Textdateien:

```
read (td, ... )
readln (td, ... )
write (td, ... )
writeln (td, ... )
```


In allen bisherigen Anwendungen haben wir diese Anweisungen lediglich ohne die Angabe eines Dateinamens *td* gebraucht. Wird der Dateiname weggelassen, so wird substituiert:

```
in read und readln     : input
in write und writeln   : output
```

Die Dateinamen `input` und `output` sind als Standard-Textdateien für die Dateneingabe resp. Datenausgabe vordefiniert. Sie erscheinen als externe Dateien im Programmkopf, weil sie Daten von außerhalb des Programmes importieren (zum Beispiel von der Tastatur) und nach außen exportieren (beispielsweise auf den Bildschirm).

An dieser Stelle verbleibt zu den `read`- und `write`-Anweisungen nicht mehr viel zu sagen, denn wir haben alle ihre Möglichkeiten bereits besprochen. Lediglich auf die folgenden Punkte müssen wir kurz unsere Aufmerksamkeit lenken:

1. `read`, `readln`, `write` und `writeln` sind auf beliebige Textdateien anwendbar:

```
var Rohtext  :  text;
    Liste    :  text;
    .
    .
    .
read (Rohtext,...)
writeln (Liste,...)
```

2. Nach einer `read`- oder `readln`-Anweisung steht das Dateifenster stets auf dem nächsten, noch nicht eingelesenen Zeichen (bei `readln` also auf dem ersten Zeichen der neuen Zeile); nach einer `write`- oder `writeln`-Anweisung sind alle Zeichen bereits auf die Datei ausgegeben, das heißt, das Dateifenster ist frei.

3. Die Funktion `eof` ist selbstverständlich auch auf Text-Eingabedateien anwendbar.

4. Die Funktion `eoln` kann unter Angabe des Dateinamens auf beliebige Text-Eingabedateien angewendet werden:

Funktion	Typ des Argumentes	Typ des Resultates	Funktionsbeschreibung
`eoln(`*td*`)`	`file`	`boolean`	steht das Dateifenster auf dem Zeilenende?

Seitenvorschübe

Eine häufige Verwendung von Textdateien ist der Ausdruck von Listen. Wollen Sie bestimmte Resultate nicht auf den Bildschirm schreiben sondern auf einen Drucker ausgeben, so erstellen Sie eine Textdatei, die gedruckt werden kann:

```
program Auswertung (input, output, Rohdaten, Liste);
   .
   .
   .
var Rohdaten    : file of ... ;
    Liste       : text;
   .
   .
page(Liste) ;
writeln(Liste, 'Auswertung Gruppe ', Nr:2);
writeln(Liste, '------------------ ');
writeln(Liste); Writeln(Liste);
   .
   .
   .
```

Die Anweisung

page(*td*)

bewirkt auf der angegebenen Textdatei *td* einen Vorschub des Papiers auf eine neue Seite. page-Anweisungen können auf jede Text-Ausgabedatei angewendet werden. Ist die Text-Ausgabedatei mit dem Bildschirm verbunden, bewirkt page meist das Löschen des Bildschirms.

12.6 `read` und `write` auf nicht-Textdateien

Die Standardprozeduren `read` und `write` können auch auf andere als nur Textdateien angewendet werden. Die `read`-Anweisung ist dann wie folgt definiert:

$read(d, v_1, v_2, \ldots, v_n)$ entspricht

```
begin
    read(d, v₁);
    read(d, v₂);
        .
        .
    read(d, vₙ)
end
```

$read(d, v)$ entspricht

```
begin
    v := d^;
    get(d)
end
```

Die Variablen v_i müssen vom Elementtyp der Datei d sein.

Beachten Sie, daß als Folge dieser Definition von `read` die Funktion `eof(d)` wahr wird, sobald das letzte Element der Datei d eingelesen wurde, und nicht erst, wenn über das Dateiende hinausgelesen wird! Das Basisschema zum Einlesen einer Datei mit read ist also:

```
reset(d);
while not eof(d) do begin
    read(d, v);
        .
        .      Verarbeiten der in v enthaltenen Daten
        .
end
```

Die `write`-Anweisung ist definiert als:

```
write(d,e₁,e₂,...,eₙ)        entspricht    begin
                                               write(d,e₁);
                                               write(d,e₂);
                                                     ·
                                                     ·
                                               write(d,eₙ)
                                           end
write(d,e)                   entspricht    begin
                                               d^ := e;
                                               put(d)
                                           end
```

Die Ausdrücke e_i müssen mit dem Elementtyp der Datei d typenkompatibel sein.

12.7 Dateien als Parameter

Eine Datei kann auch als Variablenparameter in eine Prozedur oder Funktion übernommen werden:

```
program Beispiel (input,output,Direkt,Versand,Export);

    type Verkaeufe  = file of ... ;

    var  Direkt     : Verkaeufe;
         Versand    : Verkaeufe;
         Export     : Verkaeufe;
         Datei      : 1..3;

    procedure Auswerten (var UmsatzDatei : Verkaeufe);
           ·
           ·
    begin
        reset(UmsatzDatei);
        while not eof(UmsatzDatei) do begin
              ·
              ·
              get(UmsatzDatei)
        end
    end;
```



```
begin
    writeln('Welche Datei wollen Sie auswerten?');
    writeln('1=Direktverkaeufe, 2=Versand, 3=Export');
    read(Datei);
    case Datei of
        1 : Auswerten(Direkt);
        2 : Auswerten(Versand);
        3 : Auswerten(Export)
    end
end.
```

Kapitel 13: Rekursive Programmierung

Dieses Kapitel stellt keine neuen Pascal-Konstruktionen vor. Es wird lediglich eine besondere Anwendung bereits bekannter Konstruktionen besprochen, Situationen nämlich, wo eine Prozedur oder Funktion sich selbst aufruft:

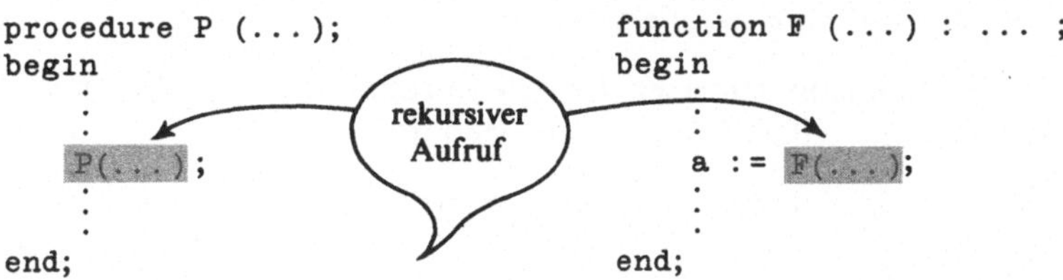

Hier rufen sich die Prozedur P und die Funktion F selbst auf. In anderen Worten könnte man sagen: „Das Unterprogramm enthält sich selbst".

Enthält ein Objekt sich selbst, so spricht man von einer sogenannten *Rekursionsrelation*. Wir kennen Rekursionsrelationen insbesondere aus der Optik. Bilder, die sich selbst enthalten, sind beispielsweise:

- Die vielfache Erscheinung eines Gegenstandes, der zwischen zwei parallele Spiegel gehalten wird.

- Die ineinander verschachtelte Reproduktion eines Fernsehbildes, wenn eine Kamera den eigenen Monitor aufnimmt.

- Die Etikette eines bekannten Aperitifs, auf welcher eine Sonne dargestellt ist, auf der eine Flasche mit einer Etikette steht, auf welcher eine Sonne dargestellt ist, auf der eine Flasche ...

Das Verfahren der rekursiven Programmierung hat einen wichtigen Stellenwert in manchen Gebieten der Informatik. Es würde den Rahmen eines in die Methodik des Pascal-Programmierung einführenden Buches sprengen, wollten wir hier auch nur einigermaßen breit gefächert in höhere Anwendungen rekursiver Prozeduren und Funktionen eingehen. Das Ziel dieses Kapitels ist, das Konzept der Rekursionen in Pascal zu erklären und durch wenige Beispiele in einen praktischen Zusammenhang zu stellen.

13.1 Rekursive Prozeduren

Aus Sicherheitsgründen müssen Beträge auf Checkformularen meist nicht nur in Ziffern, sondern auch in Worten angegeben werden:

2475.50   Zweitausendvierhundertfünfundsiebzig

Diese Regel gilt auch für Checks, die auf einem Computersystem gedruckt werden. Um das Leben der Programmierer nicht über Massen zu erschweren, gibt es spezielle Checkformulare, auf denen der Betrag nicht als ein einziges Wort geschrieben werden muß, sondern als ein Wort pro Dezimalstelle:

2475.50

10000	1000	100	10	1
null	zwei	vier	sieben	fuenf

Obschon die Umwandlung eines Betrages in ein einziges Wort nicht allzu komplex ist (etwa 100 Zeilen Pascal), wollen wir uns hier auf den einfacheren Fall der ziffernweisen Wortbildung beschränken.

Man kann dieses Problem auf verschiedene Arten programmieren. Wir entschließen uns, zur Behandlung jeder Ziffer eine Prozedur zu schreiben:

```
procedure WriteZiffer (Ziffer : integer);
begin
    case Ziffer of
        0 : write('null   ');       5 : write('fuenf  ');
        1 : write('eins   ');       6 : write('sechs  ');
        2 : write('zwei   ');       7 : write('sieben ');
        3 : write('drei   ');       8 : write('acht   ');
        4 : write('vier   ');       9 : write('neun   ')
    end
end;

procedure Ziffer1 (Zahl : integer);
begin
    WriteZiffer(Zahl)
end;

procedure Ziffer2 (Zahl : integer);
begin
    Ziffer1(Zahl div 10);
    WriteZiffer(Zahl mod 10)
end;

procedure Ziffer3 (Zahl : integer);
begin
    Ziffer2(Zahl div 10);
    WriteZiffer(Zahl mod 10)
end;

procedure Ziffer4 (Zahl : integer);
begin
    Ziffer3(Zahl div 10);
    WriteZiffer(Zahl mod 10)
end;

procedure Ziffer5 (Zahl : integer);
begin
    Ziffer4(Zahl div 10);
    WriteZiffer(Zahl mod 10)
end;
```

Zur Umwandlung eines Wertes in Worte rufen wir die Prozedur Ziffer5
auf:

```
Ziffer5(trunc(Betrag))      (Betrag<100000)
```

Diese Prozedur ruft zuerst die Prozedur Ziffer4 zur Behandlung der vierten
Ziffer auf, wobei dieser nur mehr die um die hinterste Ziffer beraubte Zahl
weitergegeben wird (Zahl div 10). Diese abgeschnittene hinterste Ziffer (Zahl
mod 10) wird nach Rückkehr von der Prozedur Ziffer4 durch Aufruf
von WriteZiffer ausgegeben.

Dieser Vorgang wiederholt sich entsprechend in den Prozeduren Ziffer4,
Ziffer3 und Ziffer2, bis schließlich Ziffer1 die einzige verbleibende
Ziffer ausdruckt.

Im Grunde genommen geschieht in den Prozeduren Ziffer5 bis Ziffer2
dasselbe:

1. Die hinterste Ziffer wird abgespalten.

2. Mit der verbleibenden Zahl als Argument wird die nächstfolgende Prozedur aufgerufen.

3. Die abgespaltene Ziffer wird als Wort ausgeschrieben.

Einzig die Prozedur Ziffer1 ist anders. Sie ruft keine weitere Prozedur
zur Behandlung der verbleibenden Zahl auf, da eben keine Zahl mehr vorhanden
ist (nimmt man einer einstelligen Zahl eine Ziffer weg, so bleibt nichts übrig).

Nun ist der Schritt zu einer rekursiven Lösung nur noch ein kleiner. Wir
schreiben nur eine einzige Prozedur Ziffer, der wir mit einem zusätzlichen
Argument mitteilen, wieviele Ziffern noch zur Behandlung verbleiben:

```
procedure Ziffer (Zahl : integer; AnzZiffern : integer);
begin
    if AnzZiffern>1 then Ziffer(Zahl div 10,AnzZiffern-1);
    WriteZiffer(Zahl mod 10)
end;
```

Die Prozedur wird nur einmal hingeschrieben, trotzdem existiert sie zur Behandlung eines fünfstelligen Wertes fünfmal? Und die Parameter? Wie weiß denn
die Prozedur, welche Argumentswerte zu welchen Parametern in welchem
der fünf Vorkommen der Prozedur gehört? Es ist alles einfacher, als es auf
den ersten Blick scheint. Führen wir uns die Mechanismen der Rekursion
an einem Modell vor Augen:

Sie spielen den Computer, der Pascal-Anweisungen ausführen kann, aber keinerlei Gedächtnis für Daten hat. Die auszuführenden Anweisungen liegen
in einer einzigen Kopie vor, der rekursiven Prozedur Ziffer. Nun nehmen
Sie einen Block Papier und klappen alle Blätter nach hinten, sodaß nur der
Pappboden bleibt. Wir haben den Initialzustand erreicht.

Jemand verlangt von Ihnen die Umwandlung der Zahl 31862 in Worte. Dazu
übergibt er Ihnen zwei Parameter: Die Zahl 31862 und 5 als Befehl, eine

fünfstellige Zahl zu behandeln. Das heißt, der „Jemand" aktiviert Ihre Prozedur durch einen Aufruf

```
Ziffer(31862,5)
```

Sie klappen, da Sie kein Gedächtnis für Daten haben, sofort ein Blatt Papier nach vorn und schreiben die zwei Werte auf:

```
Zahl=31862, AnzZiffern=5
```

Nun führen Sie die Prozedur aus und werden gleich bei der ersten Anweisung

```
if AnzZiffern>1 then Ziffer(Zahl div 10,AnzZiffern-1)
```

sich selbst aufrufen. Der Aufruf geschieht aber mit anderen Argumentswerten, nämlich mit 3186 und 4. Sofort klappen Sie wieder ein Blatt nach vorn und notieren sich diese Werte:

```
Zahl = 3186, AnzZiffern = 4
```

Das erste Blatt ist nun verdeckt. Sie sehen neu zum Namen `Zahl` den Wert 3186 und zum Namen `AnzZiffern` 4, nicht mehr 31862 und 5 wie vorher. Daß Sie zwei Blätter nach vorn geklappt haben, bedeutet, daß die Prozedur `Ziffer` zweimal aktiviert ist.

Dieses Spiel geht weiter, bis schließlich auf dem fünften Blatt

```
Zahl = 3, AnzZiffern = 1
```

steht. Da jetzt die Bedingung

```
AnzZiffern>1
```

nicht mehr zutrifft, rufen Sie sich selber nicht mehr auf, sondern drucken die Ziffer als Wort aus und verlassen die Prozedur. Das Verlassen der Prozedur resultiert im Abreißen und Wegwerfen des obersten Blattes. Das heißt, dessen Daten sind unwiederbringlich verloren. Dies schadet jedoch nichts, denn sie werden auch nicht länger benötigt.

Haben Sie das fünfte Blatt abgerissen, so liegt des vierte zuoberst:

```
Zahl = 31, AnzZiffern = 2
```

Mit diesen Daten fahren Sie in der Ausführung der Prozedur exakt da fort, wo Sie sie seinerzeit zwecks Ausführung der fünften Aktivierung von `Ziffer` verlassen haben. Das ganze Spiel ist beendet, wenn Sie wieder den Pappboden vor sich haben.

Haben Sie verstanden,

- daß eine Prozedur im Sinne einer Sammlung von Anweisungen nur einmal existiert,

- daß sie aber mehrere Male aktiviert werden kann, und

- daß in jeder Aktivierung, bzw. Rekursionsstufe nur die dieser Aktivierung zugehörenden Datenobjekte (lokale Variablen, Parameter) unter dem deklarierten Namen angesprochen werden,

dann haben Sie das Wesen der Rekursion begriffen.

Vorsicht mit Variablenparameter

Wertparameter sind eigentlich lokale Variablen, deren Initialwerte gleich den entsprechenden Argumentsausdrücken sind (siehe 8.3). Deshalb wird bei jeder Rekursionsstufe eine neue Kopie der Wertparameter gebildet, entsprechend den jeweils nach vorne geklappten Blättern im Papierblock-Rekursionsmodell.

Variablenparameter sind aber eine Referenz auf die als Argument angegebene Variable. Deshalb wird im folgenden Beispiel auch nach beliebig vielen Rekursionsstufen der Parameter X stets noch die Variable V referenzieren und kein lokales Objekt:

```
program VarParm (input,output);
    var V : real;

    procedure P (var X : real);
    begin
        :
        :
        P(X);
        :
        :
    end;
begin
    P(V)
end.
```


13.2 Rekursive Funktionen

Auch Funktionen können rekursiv verwendet werden. Die besprochenen Rekursionsprinzipien bleiben alle auch für die Funktionen gültig. Das Funktionsresultat wird der jeweils vorangehenden Rekursionsstufe zurückgegeben.

Als kleines Beispiel einer rekursiven Funktion schreiben wir eine Funktion zur Bestimmung des größten gemeinsamen Teilers (GGT) zweier natürlicher Zahlen m und n. Der GGT ist wie folgt definiert:

1. Der GGT einer natürlichen Zahl *m* und Null ist gleich *m*.

2. Der GGT zweier natürlicher Zahlen *m* und *n* ($m>0$, $n>0$) ist gleich dem GGT von *n* und dem Rest der Division von *m* durch *n*.

Diese Definition können wir direkt in eine rekursive Funktion übernehmen:

```
program GGTProg (input,output);
    var a,b      : integer;

    function GGT (m,n : integer) : integer;
    begin
        write('GGT(', m:1, ',', n:1, ')=');
        if n=0 then GGT := m
        else GGT := GGT(n, m mod n)
    end;

begin
    repeat
        write('GGT von? '); read(a,b);
        if (a<>0) or (b<>0) then writeln(GGT(a,b):1)
    until (a=0) and (b=0)
end.
```


Wir haben in die Funktion GGT eine write-Anweisung eingebaut, die uns erlaubt, das Fortschreiten der Rekursionen zu verfolgen. Betrachten Sie die folgenden Beispiele:

```
GGT von? 53 29
GGT(53,29)=GGT(29,24)=GGT(24,5)=GGT(5,4)=GGT(4,1)=GGT(1,0)=1
GGT von? 196 21
GGT(196,21)=GGT(21,7)=GGT(7,0)=7
GGT von? 21 196
GGT(21,196)=GGT(196,21)=GGT(21,7)=GGT(7,0)=7
GGT von? 0 0
```

Die letzte Berechnung zeigt, daß der erste Rekursionsschritt lediglich die Werte von *m* und *n* vertauscht, falls $m<n$.

13.3 Indirekte Rekursion

In den bisherigen Beispielen von Rekursionen rief sich die Prozedur bzw. die Funktion direkt selber auf. Man nennt diese Art von Rekursion daher *direkte Rekursion*.

Eine *indirekte Rekursion* entsteht dann, wenn die Rekursion über andere Prozeduren oder Funktionen läuft. Beispiel:

```
 procedure P1 (...);
        .
        .
    P2(...);
        .
        .
 end;

 procedure P2 (...);
        .
        .
    P1(...);
        .
        .
 end;
```

Hier geht die Aufrufsequenz von P1 nach P2, und erst P2 ruft wieder P1
auf. Es liegt also eine indirekte Rekursion vor.

Mit indirekten Rekursionen entsteht ein Dilemma: Eine aufgerufene Prozedur
oder Funktion muß *vor* dem Aufrufpunkt deklariert werden (siehe 8.1). Bei
einer indirekten Rekursion rufen sich aber beide Prozeduren oder Funktionen
gegenseitig auf. Dadurch wird es unmöglich, die Regel der vorgängigen Deklaration im herkömmlichen Sinn einzuhalten. Die sogenannte forward-Deklaration einer Prozedur oder Funktion ist die Lösung des Problems:

```
procedure P1 (...); forward;              function F1 (...) : ... ; forward;

procedure P2 (...);                       function F2 (...);
        .                                         .
    P1(...);                                      writeln(F1(...));
        .                                         .
end;                                      end;

procedure P1;                             function F1;
        .                                         .
    P2(...);                                      writeln(F2(...));
        .                                         .
end;                                      end;
```

(forward Deklaration)

Mit der forward-Deklaration wird der ganze Prozedur- bzw. Funktionskopf
deklariert, inklusive der Parameter und eines allfälligen Resultattyps. An Stelle
des Deklarations- und Anweisungsteils steht lediglich das Wort forward. Die
eigentliche Prozedur oder Funktion folgt später, dann aber ohne Parameter-
und Resultattyp-Deklaration.

Berechnung ganzzahliger Ausdrücke

Zum Abschluß des Kapitels über rekursive Programmierung wagen wir uns
an ein zwar etwas kompliziertes, dafür aber recht interessantes Problem: Die

Berechnung eines ganzzahligen Ausdrucks wie beispielsweise

```
(13+7)*5-(2*3+7)/(-8)
```

Der Ausdruck darf als Operanden nur ganzzahlige Werte enthalten. Als Divisionszeichen verwenden wir /. Die Operatorprioritäten sind dieselben wie in Pascal (siehe 2.2). Wir erwarten einen gemäß folgender Syntax syntaktisch korrekten Ausdruck ohne eingestreute Leerstellen.

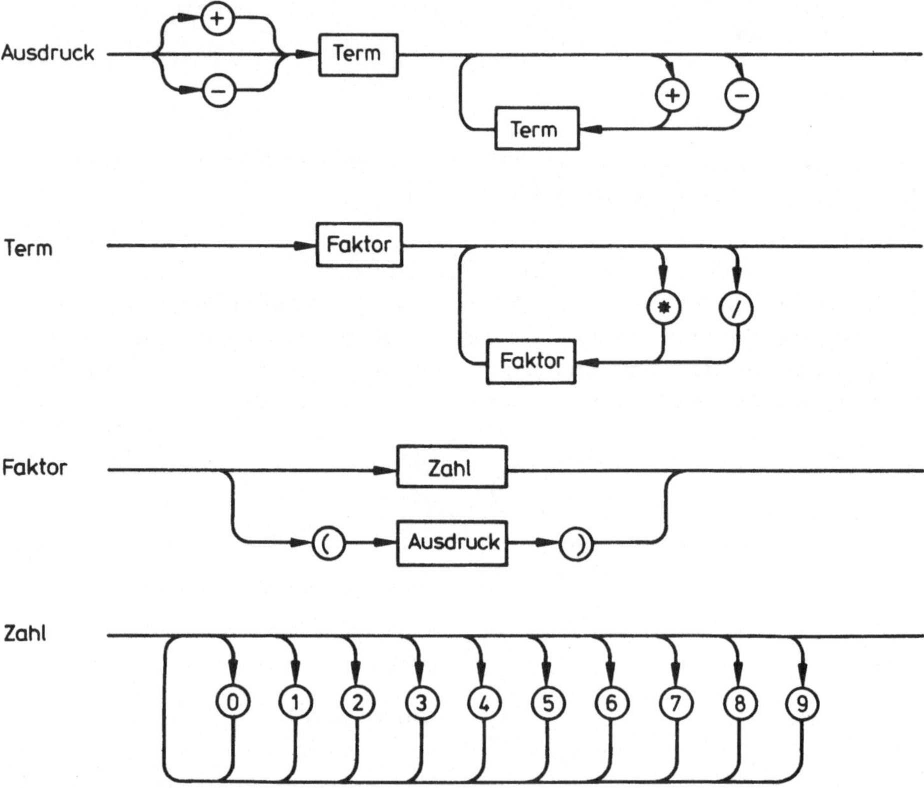

Wir schreiben für jedes Syntaxdiagramm eine Funktion, die als Resultat den Wert zurückgibt, den die durch dieses Diagramm behandelte Konstruktion hat. Damit sind ohne weiteres Dazutun auch die Regeln der Operatorprioritäten und des Vorranges eingeklammerter Unterausdrücke erledigt.

```
function Zahl : integer;
    var Z   : integer;
begin
    Z := 0;
    while input^ in ['0'..'9'] do begin
        Z := Z*10+ord(input^)-ord('0');
        get(input)
    end;
    Zahl := Z
end;
```

ergibt
Ziffernwert

Diese Funktion zeigt, wie wir „von Hand" eine ganze Zahl einlesen können, ohne die read-Anweisung zu verwenden.

```pascal
function Ausdruck : integer;   forward;


function Faktor : integer;
begin
    if input^='(' then begin
        get(input);
        Faktor := Ausdruck;
        if input^<>')' then writeln('Rechte Klammer fehlt')
        else get(input)
    end
    else Faktor := Zahl
end;


function Term : integer;
    var T        : integer;
begin
    T := Faktor;
    while (input^='*') or (input^='/') do
        if input^='*' then begin
            get(input);
            T := T*Faktor
        end
        else begin
            get(input);
            T := T div Faktor
        end;
    Term := T
end;


function Ausdruck;   {wurde in forward-Deklaration definiert}
    var A        : integer;
begin
    if input^='-' then begin
        get(input);
        A := -Term
    end
    else begin
        if input^='+' then get(input);
        A := Term
    end;
    while (input^='+') or (input^='-') do
        if input^='+' then begin
            get(input);
            A := A+Term
        end
        else begin
            get(input);
            A := A-Term
        end;
    Ausdruck := A
end;
```

Beachten Sie die Kongruenz zwischen der Struktur der Syntaxdiagramme und der Funktionsstruktur. Hier hat uns das Konzept der Rekursion geholfen, ein nicht triviales Problem sehr einfach zu lösen.

Ein Rahmenprogramm zum Austesten der Funktionen könnte beispielsweise wie folgt aussehen:

```
program Berechnung (input,output);
    .
    .   beschriebene Funktionen
    .
    .
begin
    write('>>');
    while input^<>'e' do begin
        writeln(Ausdruck);
        readln;
        write('>>')
    end
end.
```

Das Programm bricht ab, sobald als erstes Zeichen einer Zeile ein e eingegeben wird. Ein Dialogbeispiel mit diesem Programm:

```
>>2+3*5
17
>>(2+3)*(-5)
-25
>>13*(-(17-2)/3)
-65
>>e
```

Kapitel 14: Programmverzweigungen in Ausnahmesituationen

Ein gutes Programm zeichnet sich unter anderem dadurch aus, daß es einfach und klar geschrieben ist. Ein wichtiger Schlüssel zur Einfachheit und Klarheit eines Programmes ist die Regel, daß an jedem Punkt des Programmes absolute Klarheit darüber herrschen soll, woher und unter welchen Bedingungen dieser Punkt erreicht wird. Die besprochenen Pascal-Konstruktionen gehorchen dieser Regel. Deshalb sollte man sich wenn immer möglich mit ihnen begnügen.

Es gibt aber bestimmte Probleme, die unnatürlich abgewandelt werden müssen, sollen sie mit den bisher besprochenen Konstruktionen allein gelöst werden. Die beiden am häufigsten auftretenden Grundmuster solcher Probleme sind:

1. Eine Programmschleife muß mittendrin verlassen werden:

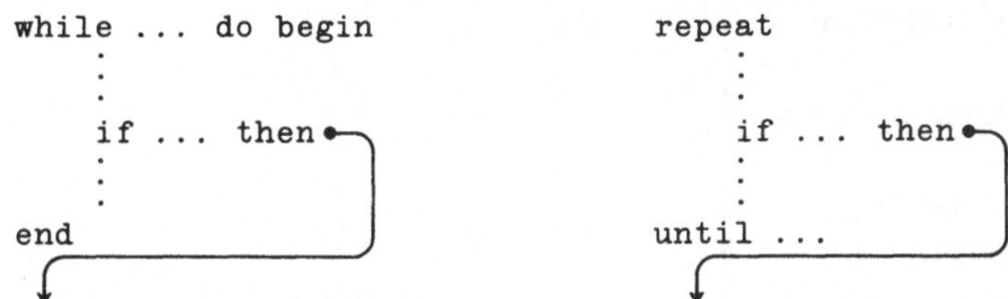

2. Irgendwo tief in verschachtelten Konstruktionen wird eine Bedingung entdeckt, unter der ein Austritt auf eine höhere Verschachtelungsebene erforderlich ist:

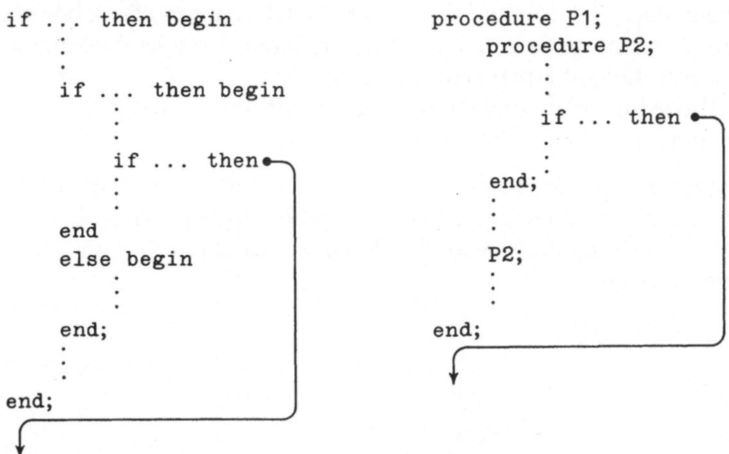

Vielfach treten solche Bedingungen, die zum Verlassen einer Schleife oder verschachtelter Konstruktionen zwingen, in Fehlersituationen auf.

Zur Verlagerung des Programmablaufs an eine andere Stelle im Programm dient die `goto`-Anweisung:

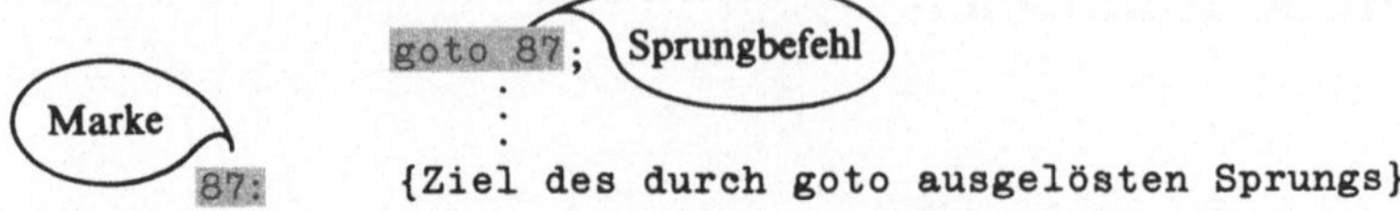

Die `goto`-Anweisung verursacht einen Sprung im Programmablauf zu der mit der entsprechenden Marke versehenen Anweisung. Marken sind ganze Zahlen im Bereich 0..9999. Alle im Anweisungsteil eines Blockes (Programmblock, Prozedurblock oder Funktionsblock) verwendeten Marken müssen im *Markendeklarationsteil* dieses Blockes deklariert werden:

```
label 27, 52, 87, 123;
```

Der Markendeklarationsteil erscheint, falls vorhanden, vor dem Konstantendeklarationsteil:

Markendeklarationen
Konstantendeklarationen
Typendeklarationen
Variablendeklarationen
Prozedur- und Funktionsdeklarationen

Beachten Sie folgende Regeln zum Gebrauch von `goto`-Anweisungen:

1. Man kann mit einer `goto`-Anweisung innerhalb einer Verschachtelungsstufe (`begin`-`end`, Prozeduren, Funktionen) umherspringen und auch aus einer inneren auf eine äußere Verschachtelungsstufe verzweigen. Es ist jedoch nicht gestattet, aus einer äußeren Verschachtelungsstufe in eine innere hineinzuspringen. Im besonderen ist es zwar erlaubt, aus einer Prozedur oder Funktion hinauszuspringen, nicht jedoch in eine solche hinein.

2. Das Symbol `end` ist keine Anweisung. Deshalb wird eine Marke vor einem `end` als zu einer Leeranweisung gehörend betrachtet. Die vorangehende Anweisung muß also durch einen Strichpunkt von der Marke getrennt werden:

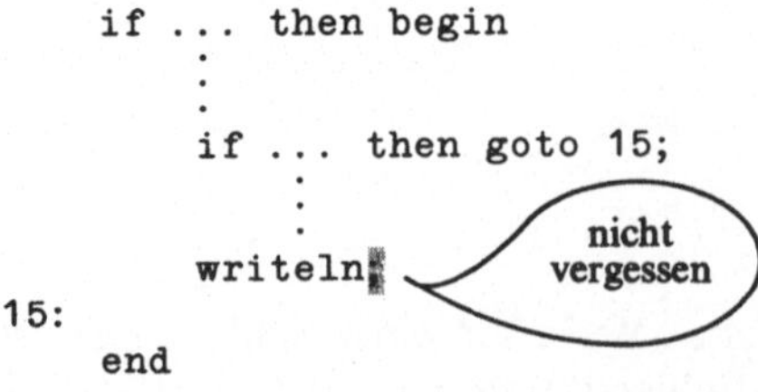

3. Schreiben Sie die Marken ganz an den linken Rand des Programmes, damit sie optisch hervorstechen.

4. Vermeiden Sie die Verwendung von goto-Anweisungen wo immer möglich. Wenn schon, dann springen Sie nur vorwärts im Programm. Rückwärtssprünge sind durch geeignete Schleifenkonstruktionen zu ersetzen.

Anhang A: Pascal-Syntaxdiagramme

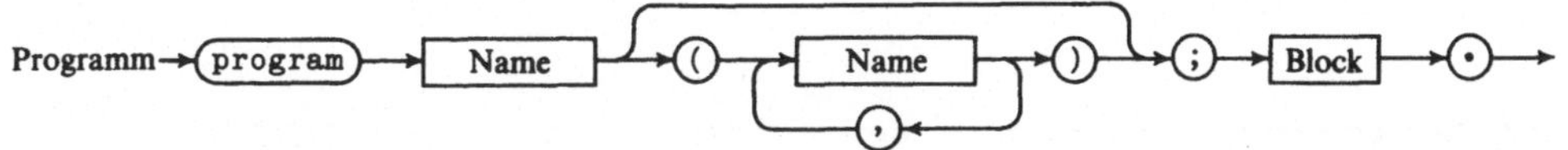

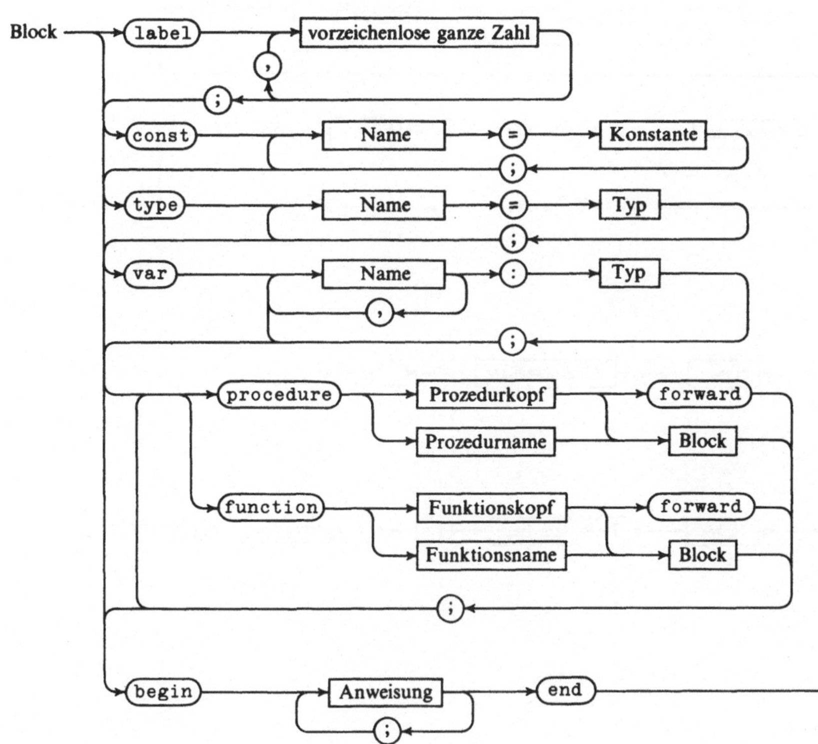

Typ

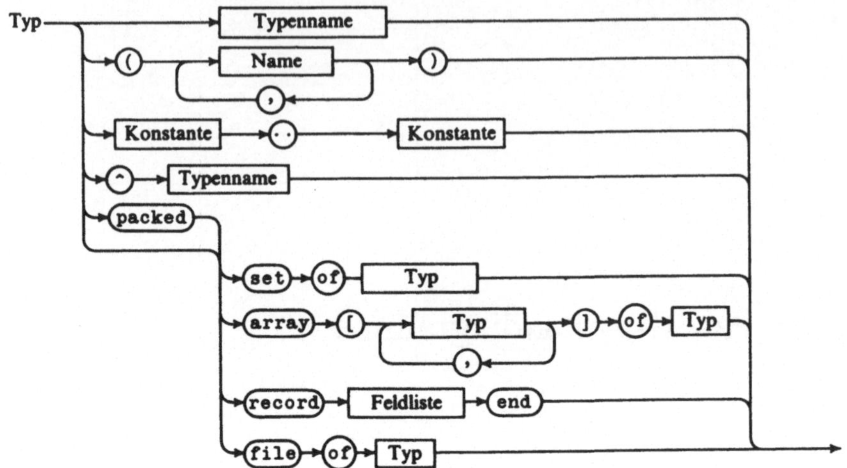

Feldliste

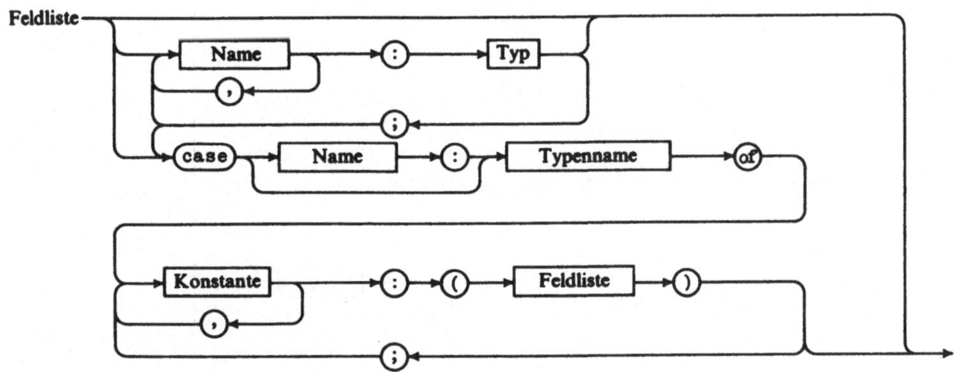

Prozedurkopf

Funktionskopf

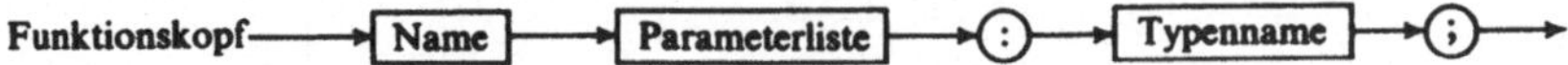

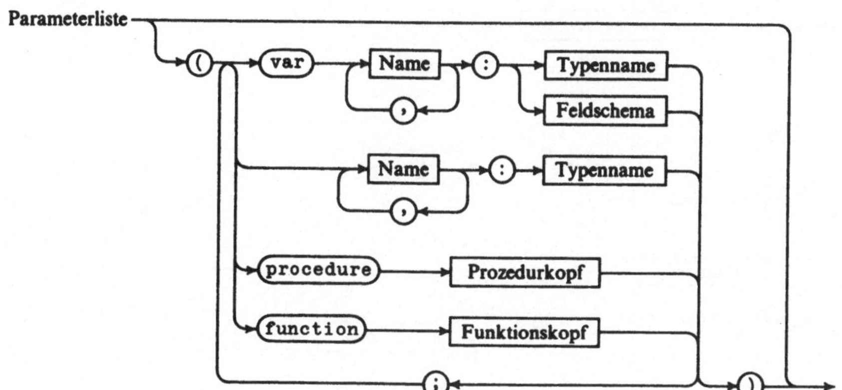

Parameterliste
(
var
Name
:
Typenname
Feldschema
,
Name
:
Typenname
,
procedure
Prozedurkopf
function
Funktionskopf
;
)

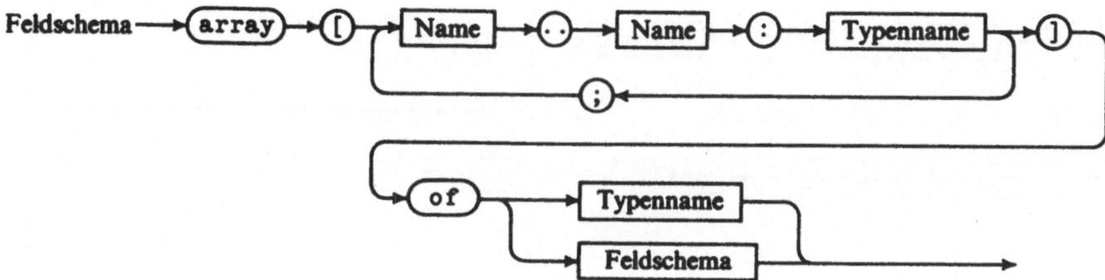

Feldschema
array
[
Name
..
Name
:
Typenname
]
;
of
Typenname
Feldschema

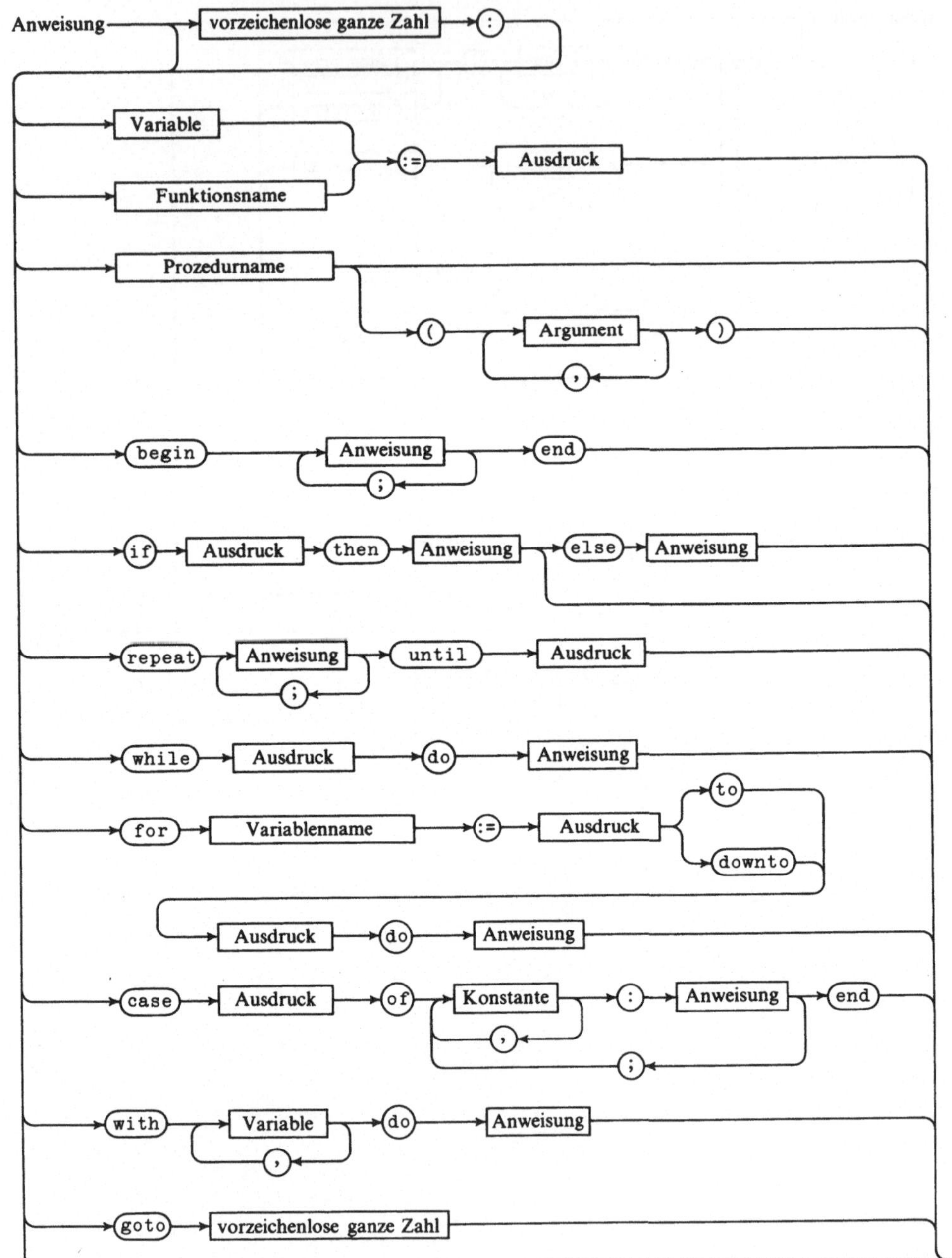

Anweisung
vorzeichenlose ganze Zahl
:
Variable
Funktionsname
:=
Ausdruck
Prozedurname
(
Argument
,
)
begin
Anweisung
;
end
if
Ausdruck
then
Anweisung
else
Anweisung
repeat
Anweisung
;
until
Ausdruck
while
Ausdruck
do
Anweisung
for
Variablenname
:=
Ausdruck
to
downto
Ausdruck
do
Anweisung
case
Ausdruck
of
Konstante
,
:
Anweisung
;
end
with
Variable
,
do
Anweisung
goto
vorzeichenlose ganze Zahl

Argument

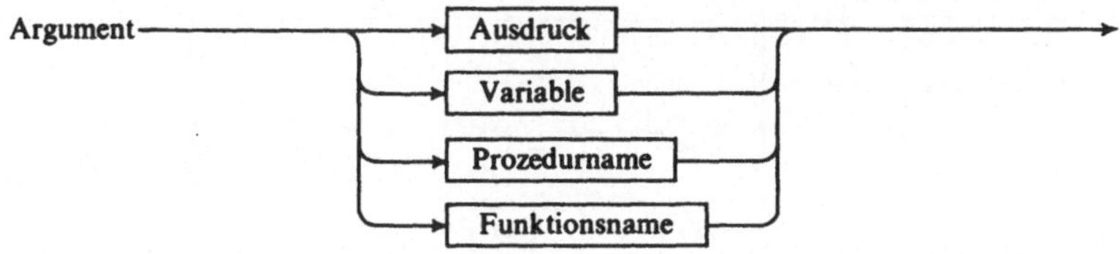

Ausdruck

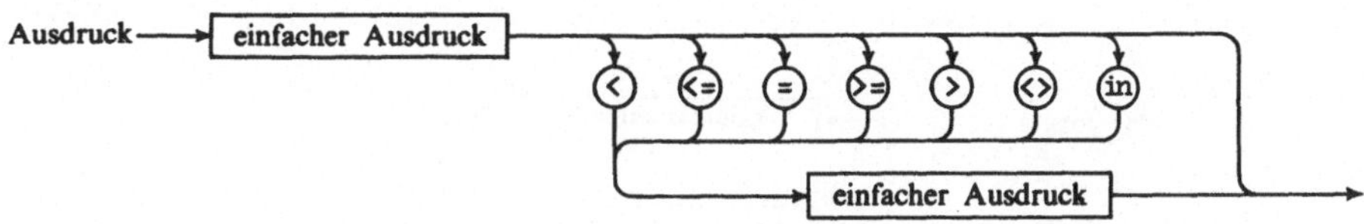

einfacher Ausdruck

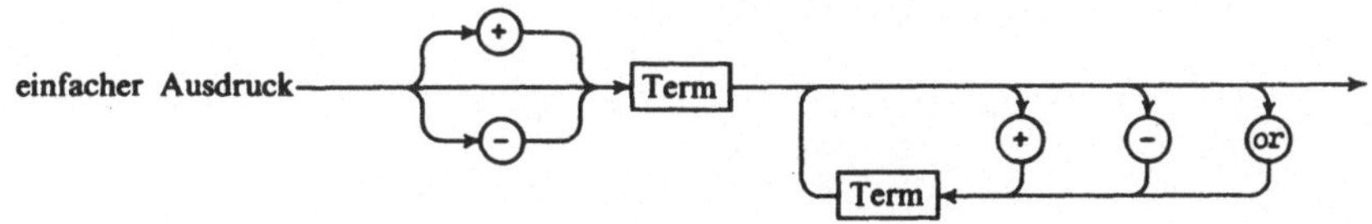

Term

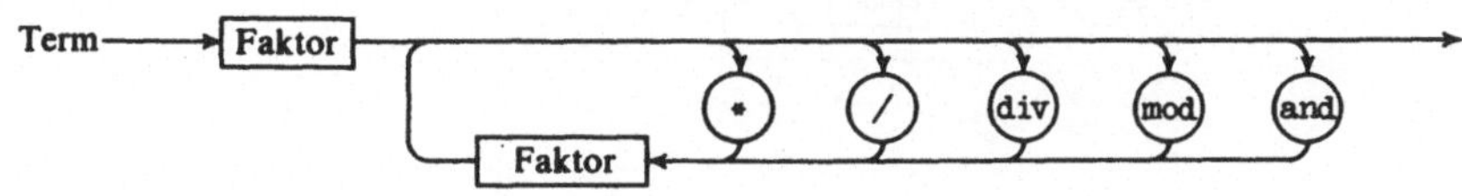

Faktor

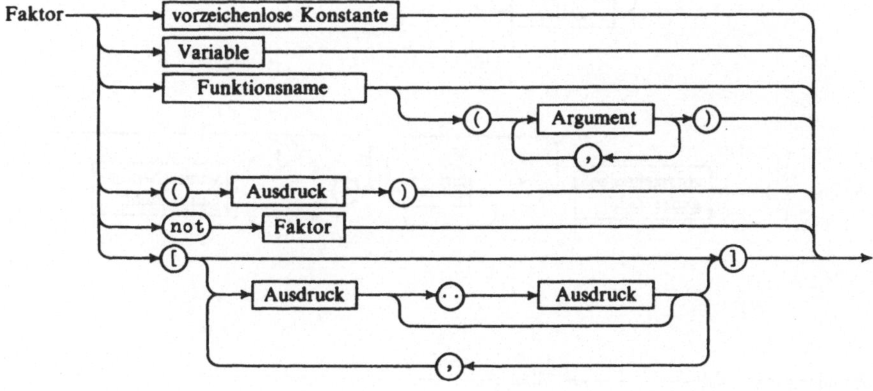

Variable

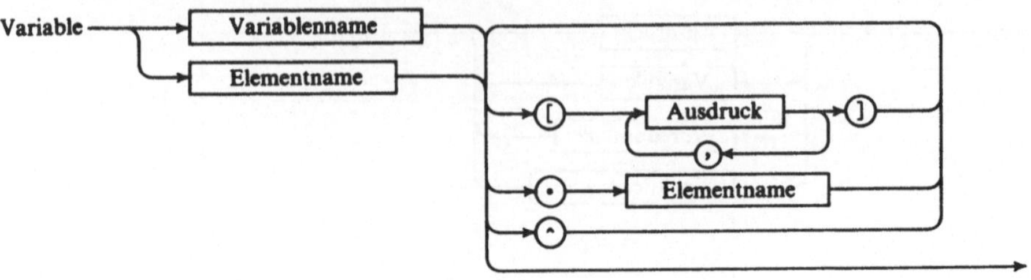

Konstante

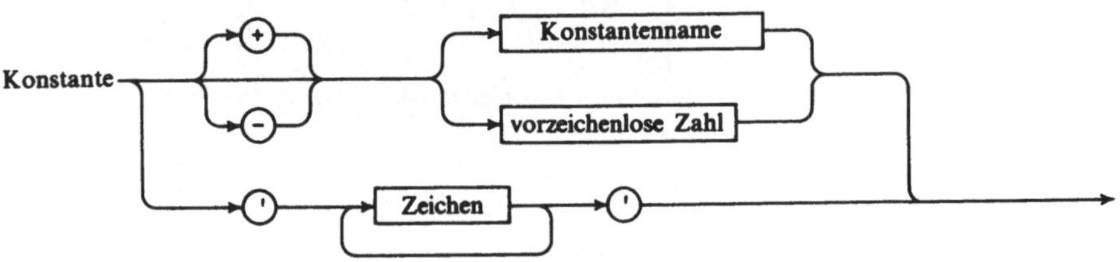

vorzeichenlose Konstante

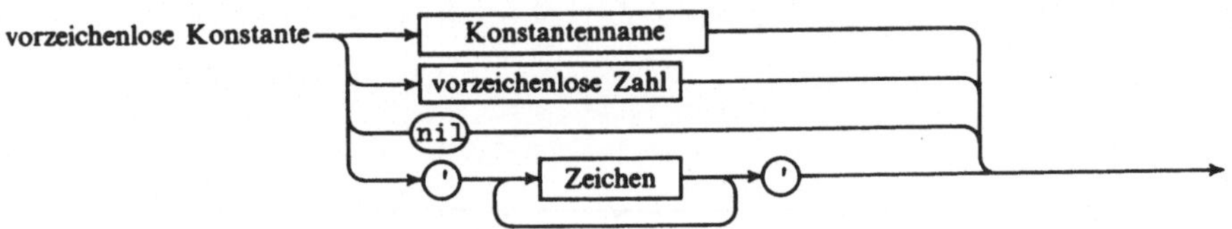

Name

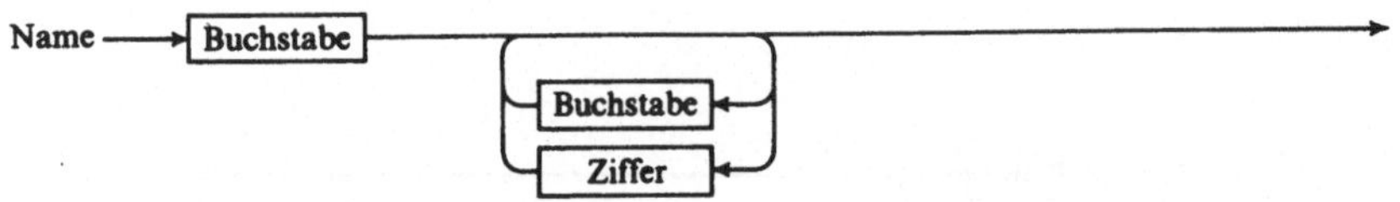

vorzeichenlose Zahl

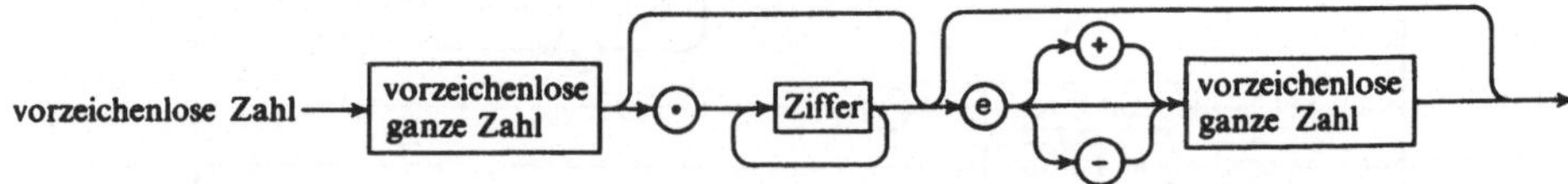

vorzeichenlose ganze Zahl

Anhang B: Auswahl weiterführender Literatur

Allgemeine Grundlagen der Datenverarbeitung

Bauknecht K, Zehnder CA (1980) Grundzüge der Datenverarbeitung, Stuttgart, Teubner

Dworatschek S (1977) Grundlagen der Datenverarbeitung, Berlin, de Gruyter

Ganzhorn KE, Schulz KM, Walter W (1981) Datenverarbeitungssysteme, Berlin, Springer

Pascal

BS 6192, Specification for Computer Programming Language Pascal, British Standards Institution, 1982 (entspricht ISO Standard 7185).

Barron DW (Editor) (1981) Pascal – The Language and its Implementation, Chichester, Wiley

Hoare CAR, Wirth N (1975) An Axiomatic Definition of the Programming Language Pascal, in: Acta Informatica, Vol 2, Seiten 335–355

Programmiermethodik

Wirth N (1975) Systematisches Programmieren, Stuttgart, Teubner

Jackson MA (1979) Grundsätze des Programmentwurfs, Darmstadt, Toeche-Mittler

Kernighan BW, Plauger PJ (1974) The Elements of Programming Style, New York, McGraw-Hill

Myers GJ (1979) The Art of Software Testing, New York, Wiley

Algorithmen und Datenstrukturen

Bauer FL, Wössner H (1981) Algorithmische Sprache und Programmentwicklung, Berlin, Springer

Horowitz E, Sahni S (1978) Algorithmen, Berlin, Springer

Horowitz E, Sahni S (1976) Fundamentals of Data Structures, Potomac, Computer Science Press

Knuth DE (1973) The Art of Computer Programming, Vol 1: Fundamental Algorithms, Vol 2: Seminumerical Algorithms (1969), Vol 3: Sorting and Searching (1973), Reading, Addison-Wesley

Wirth N (1975) Algorithmen und Datenstrukturen, Stuttgart, Teubner